中国金融四十人论坛

CHINA FINANCE 40 FORUM

致力于夯实中国金融学术基础，探究金融界前沿课题，引领金融理念突破与创新，推动中国金融改革与实践。

中国金融四十人论坛书系
CHINA FINANCE 40 FORUM BOOKS

金融秩序与行为监管

——构建金融业行为监管与消费者保护体系

孙天琦 等◎著

中国金融出版社

责任编辑：张　铁　黄　羽
责任校对：孙　蕊
责任印制：陈晓川

图书在版编目（CIP）数据

金融秩序与行为监管——构建金融业行为监管与消费者保护体系/
孙天琦等著.—北京：中国金融出版社，2019.3
（中国金融四十人论坛书系）
ISBN 978 - 7 - 5220 - 0025 - 1

Ⅰ.①金…　Ⅱ.①孙…　Ⅲ.①金融监管—研究—中国②金融
市场—消费者权益保护—研究—中国　Ⅳ.①F832.1②D922.204

中国版本图书馆 CIP 数据核字（2019）第 046838 号

金融秩序与行为监管——构建金融业行为监管与消费者保护体系
Jinrong Zhixu yu Xingwei Jianguan：Goujian Jinrongye Xingwei
Jianguan yu Xiaofeizhe Baohu Tixi

出版
发行　中国金融出版社

社址　北京市丰台区益泽路 2 号
市场开发部　（010）63266347，63805472，63439533（传真）
网 上 书 店　http://www.chinafph.com
　　　　　　（010）63286832，63365686（传真）
读者服务部　（010）66070833，62568380
邮编　100071
经销　新华书店
印刷　北京市松源印刷有限公司
尺寸　170 毫米 ×230 毫米
印张　20.5
字数　265 千
版次　2019 年 3 月第 1 版
印次　2019 年 3 月第 1 次印刷
定价　58.00 元
ISBN 978 - 7 - 5220 - 0025 - 1
如出现印装错误本社负责调换　联系电话（010）63263947

中国金融四十人论坛书系
CHINA FINANCE 40 FORUM BOOKS

　　"中国金融四十人论坛书系"专注于宏观经济和金融领域，着力金融政策研究，力图引领金融理念突破与创新，打造高端、权威、兼具学术品质与政策价值的智库书系品牌。

　　中国金融四十人论坛是中国最具影响力的非官方、非营利性金融专业智库平台，专注于经济金融领域的政策研究与交流。论坛正式成员由40位40岁上下的金融精锐组成。论坛致力于以前瞻视野和探索精神，夯实中国金融学术基础，研究金融领域前沿课题，推动中国金融业改革与发展。

　　自2009年以来，"中国金融四十人论坛书系"及旗下"新金融书系"已出版100余本专著。凭借深入、严谨、前沿的研究成果，该书系在金融业内积累了良好口碑，并形成了广泛的影响力。

序　言

金融是服务经济发展和人们生活的重要工具，但它在促进经济发展和财富积累的同时也带来了风险。特别是 2008 年爆发的国际金融危机和近年来国内产生的金融乱象，让人不得不对金融风险给予更大的重视。2017 年 7 月，习近平总书记在全国金融工作会议上指出，要强化监管，提高防范化解金融风险能力。加强功能监管，更加重视行为监管。加快建立完善有利于保护金融消费者权益、有利于增强金融有序竞争、有利于防范金融风险的机制。要坚决整治严重干扰金融市场秩序的行为，严格规范金融市场交易行为。

要落实好党中央对行为监管与审慎监管的要求，必须注意加强功能监管，处理好机构监管与功能监管、行为监管之间的关系。机构监管就是金融监管部门对金融机构的市场准入、持续的稳健经营、风险管控和风险处置、市场退出进行监管。功能监管是对相同功能、相同法律关系的金融产品按照同一规则由同一监管部门监管。行为监管就是无论任何人、任何机构，从事金融活动都要遵守金融法律和规则。对有牌照的机构要监管，对没有牌照从事金融业务的人和机构更要监管，无照经营更要严厉打击。相同功能的金融产品不按照同一原则统一监管是造成监管空白、监管套利的重要原因，也是当前金融秩序混乱的重要原因。

监管部门对金融机构经营行为的监管，包括信息披露要求、反欺诈和误导、个人金融信息保护、反不正当竞争，打击操纵市场和内幕交易，规范广告行为、合同行为和债务催收行为；促进弱势群体保护，提升金融机构的诚信意识和消费者的诚信意识，消费争议解决等。通过制定相关规则，建立现场检查和非现场监管工作体系，促进公平交易，维持市场秩序，增强消费者信心，确保金融市场的稳健运行。监管部门对消费者的行为监管既包括对消费者权益的保护，更包括对消费者的教育。金融是公民财产权的运用活动，公民是自己财产保护的第一责任人。为了自己财产的安全，公民必须了解金融工具，遵守金融规则。

如何构建中国的行为监管体系，目前无论是理论界还是实务界正在摸索中。孙天琦同志的这部著作从法律体系、金融监管者、金融机构、金融消费者、国际组织等视角进行研究，囊括了行为监管的主要领域，分析了我国行为监管的主要问题，并针对性地提出了构建我国行为监管体系的政策建议。我国金融业改革、发展和开放的深化，必须有有效的金融业行为监管体系护航。它是确保政策落地、防止市场失序、维护金融稳定、捍卫金融秩序的关键基础。

孙天琦同志的这部著作，是近年来行为监管研究领域的有益探索，希望更多的读者能够了解这本书、阅读这本书，能从这本书中汲取营养。

吴晓灵

2019 年 3 月 15 日

摘　要

　　金融消费者（本书取广义概念，包含投资者）乃金融业之"本"。唯"本"固，"业"方安。加强行为监管，是金融秩序得以维护的保证，否则必失序、出乱象。2015 年以来，我国金融业行为监管日趋严格，但仍然存在一定不足。本书建议，应通过完善金融业行为监管和消费者保护法律体系、加强行为监管、强化金融机构行为风险管理、提高金融消费者素养等方面，建立有效的行为监管和金融消费者保护体系，从长远巩固金融风险攻坚战、金融乱象整治的成果，夯实金融稳定与安全的微观基础。

一、加强行为监管和金融消费者保护的必要性

（一）从政治角度看

　　习近平总书记在党的十九大报告中 203 次提到"人民"，并指出坚持以"人民为中心"是新时代坚持和发展中国特色社会主义的重要内容。强化我国行为监管与金融消费者保护体系，正是从行动上落实"以人民为中心"、践行习近平新时代中国特色社会主义思想的重要举措。2017 年全国金融工作会议指出，要强化监管，提高防范化解金融风险能力。加强功能监管，更加重视行为监管。加快建立完善有利于保护金融消费者权益、有利于增强金融有序竞争、有利于防范金融风险的机制。要坚决整治严重干扰金融市场秩序的行为，严格规范金融市场交易行为。2019 年 2 月 22 日，

习近平总书记在中共中央政治局第十三次集体学习中指出，加强监管协调，坚持宏观审慎管理和微观行为监管两手抓、两手都硬、两手协调配合。

（二）从经济学角度看

一是金融消费者在交易中处于弱势地位，需要倾斜保护。二是市场机制下的自由竞争、优胜劣汰可以给金融消费者提供一种保护，但因市场失灵，无法从根本上解决金融消费者保护问题。近些年行为经济学的研究也表明，消费者的行为具有系统性、长期性和可预测的偏差，需要通过市场化手段、准市场化手段（柔性政府干预）和加强监管等多种方式纠正。三是需要政府（监管者）提供监管保护，但也要不断提高监管者保护的有效性，防止政府失灵/监管失灵。四是加强金融消费者保护需要掌握好平衡，防止逆向选择、道德风险，防止阻碍创新。

（三）从法理角度看

在手工作坊小商品生产、简单物物交换时期，消费者和经营者博弈力量基本均等，政策取向就是丛林法则、自由竞争。当人类社会发展到全球化分工、社会化大生产、数字经济时代，单个消费者、投资者往往面对的是庞然大物——公司法人，个体消费者与经营者的博弈力量严重不对等。在这个过程中，各国立法思想从形式公平向实质公平演化、从契约自由向契约公平和契约正义演化，向保护个体消费者扩展、深化。这是人类文明进步的表现。

二、目前我国金融业行为监管存在的主要问题

我国金融业改革、发展和开放过程中，金融服务质量不断提高，行为监管和金融消费者保护不断加强，越来越多的金融消费者享受到了金融业改革发展的好处。

随着金融新业态的蓬勃发展，跨市场、跨行业交叉性金融产品与服务

的不断增加，金融消费纠纷快速增长，涉众类案件时有发生，部分极端案件成为社会舆论关注的焦点，例如操纵股市、"e 租宝"、新型高利贷、校园贷"裸条"、各类非法交易所等。这些大致可以分为三类：第一类是操纵市场、内幕交易；第二类是经营行为不规范，误导销售，暴力催收，个人信息泄露等；第三类是非法经营金融业务，集资诈骗、资金传销等。这三大类线上、线下都存在，威胁经济金融安全。

综合分析，目前行为监管存在的问题主要有以下四个方面。

（一）法律体系方面

一是立法滞后，缺乏金融消费者保护专门性法律法规，现有规定层级低。二是机械适用"谁主张谁举证"，金融消费者举证责任过重。三是现有公益诉讼、集体诉讼无法兼顾公共利益和个人利益，且存在司法实践障碍。四是非诉第三方纠纷解决机制建设分散，缺乏统一规划，传统调解效率低、效力弱。五是以互联网为平台的跨境金融服务增多，跨境金融消费纠纷中，现有管辖方式难以保护我国消费者和投资者权益，缺乏跨境监管合作。六是银行同业拆借市场、外汇交易市场、大宗商品交易市场等批发市场行为监管体系建设滞后。

（二）金融监管者方面

一是行为监管理念存在偏差，重审慎监管、准入监管，重"出交规"，轻"上街执勤"，行为监管成为"没人要的孩子"（Unwanted Child）。经费和人员不足，尤其是地方，行为监管专业人员力量非常薄弱。二是存在监管真空和监管重叠，跨部门协调成本高、效率低。央地权责不清，经常出现相互推脱的现象，对新型金融服务提供商的监管尤显突出。三是在监管的三个环节上表现为"在促发展、准入管理上都很积极，有人管，甚至抢着管；出问题后的后事料理有人不想管也得管；日常行为监管都想避而远之，一推了事，监管远远不够"。各方争着想干能够显政绩、促发展、促开放的事，都想把麻烦的日常行为监管推别人，推不出去了，就推给

3

地方。很多地方政府也没有专业的金融监管力量的积累，有的试图推回给中央，更多的只能是层层往下推：省一级推给省会和地市，省会和地市又推给县区，重大群体性事件发生后才会重视，表现为事后、被动的运动式整顿，周而复始，教训深刻。四是行为风险发现预警不足，缺乏投诉数据分析和行为偏差监测体系。五是行为监管部门"准司法权"机制欠缺，行政处罚轻、力度小、威慑弱。六是大多数监管部门对于具有检验政策是否真正落地执行的传感器功能的消费者投诉工作，能躲则躲、能推则推，不当回事，演变为涉众事件后才灭火，没有站在人民的立场考虑问题。

（三）金融机构方面

一是监管部门的监管指引、金融机构的内控制度执行不到位，存在政策执行的"最后一公里"问题。二是缺少行为风险管理的企业文化，合规部门在机构内部比较弱势，一些业务部门只顾业务、不顾合规。三是公司治理机制不完善，未建立行为风险监督管理和有效制衡机制。四是寡头垄断易造成"店大欺客"。五是绩效考核激进、不符合实际，激励机制不科学，导致一线经理和柜员频频"铤而走险"。六是一些新型金融服务提供商以"大数据"为名对金融消费者个人信息过度采集、滥用，有的发生严重泄露。

（四）金融消费者方面

一是消费者存在系统性行为偏差，容易被金融机构用以谋利。二是金融素养不足、风险意识不强，维护自身权益的能力不够。三是一些消费者责任意识和诚信意识较弱，存在"逆向选择"（交易之前的不负责任行为）和"道德风险"（交易之后的不负责任行为）。四是相关管理部门各自都开展各自的金融知识普及活动，基层金融机构全年应接不暇，疲于应付，有效性需要提高。

三、政策建议

"九层之台，起于累土。千里之堤，毁于蚁穴。" 2008 年国际金融危机后，行为监管与金融消费者保护正日益成为全球金融监管改革的重要内容，更多的国家和国际组织从法律与监管架构上强化金融业行为监管。笔者认为，应充分借鉴域外良好实践，针对我国行为监管和金融消费者保护存在的实际问题，精准施策，不断提升我国行为监管和金融消费者保护工作水平。

（一）完善金融业行为监管和消费者保护法律体系

一是出台《金融消费者权益保护法》，完善相关法律法规，倾斜保护金融消费者，明确举证责任倒置的适用标准和集体（公益）诉讼机制安排。二是建设统一的线上金融消费纠纷非诉解决机制（ADR）平台，线下维持现有分部门 ADR 模式，条件成熟时也可统一。三是互联网无国界，金融牌照必须有国界，跨境提供金融服务必须持牌经营。四是探索行为监管"域外效力"，拓展跨境监管合作和司法合作。

（二）加强行为监管

一是重视行为监管，处理好其与审慎监管的关系，明晰中央金融监管部门间、央地金融监管职责分工。功能监管要落地，重点是对非金融企业违法违规开展金融业务的治理不能相互推脱。二是强化行为监管能力，提高法律背景人员的比重，增加行为监管在机构准入、业务准入、高管准入等事项上的发言权重。重视金融科技在行为监管中的应用。三是建立分级监管模式，重点加强对高市场占有率机构、高风险业务的监管。四是监管部门建立全国性呼叫中心，作为"政务服务一网通办、企业和群众办事力争只进一扇门、最多跑一次"的措施之一，便利消费者咨询和纠纷解决，把矛盾化解在基层，化解在"早"、"小"阶段。重视投诉数据库建设和数据分析，发挥投诉作为金融监管政策执行情况的温度计和传感器的积极作用。五是借鉴国外做法，建立对举报揭发（Whistle Blower）的重奖机制，充分发挥人民群众的力量。六是增强监管协同，探索行政、民事与刑事的有效对接、合作。七是加大对违法违规行为的处罚力度。八是在防范风险的前提下，降低市场准入门槛，提升金融业的竞争性。九是加快完善金融业批发市场行为监管体系。

（三）金融机构应强化行为风险管理

一是在公司治理层面强化行为风险管理体制机制。二是科学设定业绩考核目标，完善对一线柜员和管理层的激励机制，建立绩效薪酬延期支付和追回制度，对销售业绩突出或异常的员工不能只是重奖，要加强对其合规检查。三是确保监管政策和自身内控制度的执行落地。

（四）重视金融知识普及

受过良好教育的金融消费者是金融市场稳定的基石。一是引导金融消费者主动学习金融知识和风险特征，尤其是数字金融知识。二是通过金融知识普及，引导消费者树立"自享收益，自担风险"的意识，不断提高诚信意识。三是整合"一行两会"开展的金融知识普及活动，统一于每年9月集中开展，很多省份已经先于中央层面进行了整合。四是发挥好消费者协会、行业协会、新闻媒体、学校等其他组织在行为监管和消费者保护、金融知识普及方面的建设性作用。

我国金融业改革、发展和开放的深化，必须要有有效的金融业行为监管与金融消费者保护体系护航。行为监管和金融消费者保护工作非常具体，不显宏大，在长期形成的"抬头朝上"讲大故事、大战略的工作习惯下，这些工作很难进入很多人的视野，但它又是确保政策落地、防止市场失序、维护金融稳定的关键基础。只有将更多注意力也关注到金融交易的需求侧——金融消费者权益的时候，而不是仅仅关注金融交易的供给侧——金融机构的发展与利益，金融乱象才能从根本上得到长久遏制，金融失序状态才能得到扭转，金融稳定才会长久实现。

目　录

第一章 行为监管与
金融消费者保护的理论分析

加强金融业行为监管和金融消费者保护，是贯彻习近平新时代中国特色社会主义思想、践行"以人民为中心"的基本要求。无论是从新古典经济学还是从行为经济学视角看，金融消费者在金融交易中都处于弱势地位，需要倾斜保护。从法理视角分析，立法思想不断向保护个体消费者这个方向上扩展和深化，这是人类文明进步的表现之一。

一、从政治学角度的分析

习近平总书记在党的十九大报告中 203 次提到"人民"，并指出坚持以"人民为中心"是新时代坚持和发展中国特色社会主义的重要内容。强调要坚决打好防范化解重大风险、精准脱贫、污染防治的攻坚战。健全金融监管体系，守住不发生系统性金融风险的底线。

2017 年全国金融工作会议指出，要强化监管，提高防范化解金融风险能力。加强功能监管，更加重视行为监管。加快建立完善有利于保护金融消费者权益、有利于增强金融有序竞争、有利于防范金融风险的机制。要坚决整治严重干扰金融市场秩序的行为，严格规范金融市场交易行为。要把主动防范化解系统性金融风险放在更加重要的位置，科学防范，早识别、早预警、早发现、早处置。金融管理部门要努力培育恪尽职守、敢于监管、精于监管、严格问责的监管精神，形成有风险没有及时发现就是失职、发现风险没有及时提示和处置就是渎职的严肃监管氛围。2017 年中央经济工作会议强调要保护金融消费者长远和根本利益。

2019 年 2 月 22 日，习近平总书记在中共中央政治局第十三次集体学习中指出，加强监管协调，坚持宏观审慎管理和微观行为监管两手抓、两手都硬、两手协调配合。

强化我国行为监管与金融消费者保护体系，正是从行动上落实"以人民为中心"、践行习近平新时代中国特色社会主义思想的重要举措。

二、从经济学角度的分析

在金融交易中，金融消费者处于弱势地位，需要倾斜保护金融消费者。自由竞争、优胜劣汰的市场机制可以对消费者提供一种保护，但是由于市场失灵，无法给金融消费者提供充分的保护，也无法从根本上解决金融消费者保护问题。金融消费者需要政府来提供保护，但是要不断提高政府提供保护的有效性，防止政府失灵/监管失灵。加强金融消费者保护需要掌握好平衡，防止滋生道德风险和逆向选择，促进消费者为自己的金融决策负责，树立"收益自享、风险自担"的意识。加强金融消费者保护也不能阻碍金融创新和发展。

（一）金融消费者在交易中处于弱势地位，需要倾斜保护

1. 金融交易中消费者处于信息劣势地位

相较于金融机构，金融消费者在产品性质、风险特征、价格以及经营者信誉等方面存在的信息劣势，导致消费者无法准确判断金融产品的质量如何、与自身的抗风险能力匹配与否，当产品提供者打出误导性的广告或提供部分的和令人迷惑的产品信息时，消费者可能作出不适当的选择，甚至接受一些可能伤害他们的产品。

2. 金融消费者金融专业知识贫乏

金融消费具有高度专业性的特点。Lusardi 和 Mitchell（2006、2007）及 Lusardi、Mitchell 和 Curto（2008）等人的案例研究证明，金融消费者基本金融知识普遍缺乏，对于诸如年化利率计算等一系列简单的金融问题，50～69 岁与 23～28 岁两个年龄段的受访者回答完全正确率仅仅为 24% 和 27%。这就增加了金融消费者犯错误的可能性，而且这些错误往往本可以避免，却最终导致了严重的后果。这种情况在受教育程度较低和收入水平较低的消费者人群中更为普遍，他们可能只有有限的认识、知识和技能去评估产品的适当性、成本和风险（孙天琦，2017）。

3. 金融消费者维护自身权益的能力、财力有限

金融消费者相对侵权机构力量弱小，一旦纠纷产生，有限的解决途径便是诉诸诉讼或者仲裁程序，大多情况是金融消费者无力耗费大量金钱、精力来捍卫合法权益。

（二）市场机制下的自由竞争、优胜劣汰可以给消费者提供一种保护机制，但是因市场失灵，市场机制也无法从根本上解决金融消费者保护问题

1. 市场机制可以为金融消费者提供保护

（1）市场机制下的自由竞争、优胜劣汰可以提供一种保护。Janis Pappalardo（2004、2007）通过构造完全竞争的金融市场环境，证明了完全信息情况下，竞争对金融消费者的天然保护作用。金融机构有强烈的意愿通过维护金融消费者的利益来增强消费者对自己产品的信心，维护自身声誉，因此，市场在一定程度上将金融机构与消费者的利益进行了融合与平衡，对金融消费者进行着保护。

一些金融行业组织也出台同业自律规则，保护消费者权益，因为这本身也是对金融机构自身和行业长期利益的保护。这些自律规则往往也得到了监管部门的认可，监管部门检查的内容之一就是金融机构是否遵守了行

业自律规则。

（2）信息购买。消费者的信息劣势、金融知识的贫乏，也催生了一个市场，产生了专门的咨询服务公司向消费者提供专业的金融知识和信息。当然，也需要付费。

（3）金融消费者的集体行动。从原理上讲，金融消费者可以组织起来，与金融机构抗衡，通过集体行动来保护自己的权益。次贷危机中一些受损的普通消费者就通过集体行动挽回了一部分损失。消费者的集体行动，往往也会导致监管部门、司法部门更加重视对相关问题的调查和处理。

2. 由于市场失灵，导致单纯依靠市场力量，无法给金融消费者提供完全有效的保护，市场无法从根本上解决金融消费者保护问题

（1）信息不充分导致声誉约束机制大打折扣。McCoy（2009）对美国混合浮动利率抵押贷款市场进行研究发现，复杂的产品设计导致消费者无法识别产品的性质与优劣，进而无法通过产品的质量来判断金融机构的质量。对于金融机构的声誉，消费者的认识也是滞后的，需要根据新的信息来调整对金融机构的认识。这种认识上的滞后时间持续越久，金融机构就越容易通过提高产品的复杂程度来向金融消费者出售低质量产品，提高自身收益，侵害消费者的利益。

（2）某些金融消费具有负外部性特征。例如，在住房抵押贷款市场，丧失赎回权不仅会降低被抵押房屋的价值，还会影响附近房产的价格，对其他物业所有人产生明显的负外部性影响。即便放弃赎回权对个人而言是理性的最优选择，而所产生的负外部性却无法通过市场自身来消除，最终对其他消费者产生不利影响。这种金融消费的负外部性，不仅会使金融消费者利益受损，而且会影响整个金融体系与宏观经济的稳定。

（3）复杂的金融市场结构可能对金融消费者保护起到负面影响。随着金融专业化程度的日益提高，金融机构的生产职能与销售职能逐步分化，

一部分金融机构突出行使金融中介职能，与产品的提供者形成一种代售关系，而代售行为的薪酬结构与佣金模式有可能激励金融中介给予消费者不恰当的购买建议，从而损害消费者利益，而这种潜在的威胁无法通过市场本身来消除而需要监管部门加以限制。

（4）市场上的自由竞争、优胜劣汰，导致金融市场或者某种金融服务市场的集中度提高，很容易形成寡头垄断格局或者政府干预形成行政垄断，在这种市场结构下，生产者很容易损害消费者福利。金融业作为一个利益集团，对市场、对监管的影响力量远远大于消费者，有时候会成功阻止消费者保护政策的出台和执行，成功阻止促进金融竞争政策的出台和实施，形成所谓的"监管俘获"。

（5）"搭便车"问题也使得消费者很少组织起来通过集体行动有效地进行自我保护。维护集体利益的集体行动没有想象的多，"看不见的手"为什么会失灵？原因就在于集体行动的成果具有公共性，所有集体的成员都能从中受益，包括那些没有分担集体行动成本的成员，这样导致的结果是，大家都想仅仅享受成果，不想负担成本，最终集体行动很少成功。

（6）非营利性组织对金融消费者提供的免费保护，往往专业性不强，权威性不足，有的动机还被怀疑，所以作用比较有限（Campbell 等，2011）。

行为经济学的研究也从更深层次发现，消费者的行为具有系统性、长期性和可预测的偏差，需要通过市场化手段、准市场化手段（柔性政府干预）和加强监管等多种方式纠正。

（三）需要政府（监管者）提供监管保护，但同时也要防止政府失灵/监管失灵

1. 通过政府的监管来提供对金融消费者的保护

根据管制经济学中的规制理论，作为规制者的政府通过平衡生产者与消费者的利益来寻求社会福利最大化。金融消费者保护的实质正是对金融机构与消费者的短期利益进行一个平衡，防止金融机构为了短期利益侵害

金融消费者。这种平衡无法由交易双方通过市场来完成，只能依靠拥有强制力的第三方——政府来完成。因此，政府有必要承担起金融消费者保护的义务。

政府有权力通过规则制定等手段明确金融消费者具备哪些权益，在相当程度上纠正前述的市场失灵，改善社会福利水平。政府可以通过颁布法规，强制金融机构进行信息披露，使消费者更容易比较各种金融产品的风险，缓解信息不对称问题、降低搜寻成本（Ehrbeck等，2012）。同时，只要愿意，政府有能力限制金融垄断，提高市场竞争程度，从而降低因市场失灵对金融消费者的损害。

泰勒关于监管的"代表理论"的逻辑在金融消费者保护这个问题上也是成立的：由于银行的债权主要由众多的、分散的小储蓄者持有，而小储蓄者既没有激励机制也没有能力去搜寻银行经营的信息或干预银行的管理，其对银行经营绩效恶化的反应仅限于抽走银行存款，无力真正干预银行的管理。因此，储蓄者需要一个独立的第三方来为金融交易提供客观公正的信息，并代表他们在银行绩效不佳时实施外部干预。而且，由于现代经济中高效、安全的银行体系已经成为一种公共产品，为避免"搭便车"行为，只能由政府为广大储蓄者提供一个代表，即银行监管者，代表他们对银行采用预防性监管措施，尽可能化解银行在日常经营过程中出现的问题。

2. 政府介入并不必然完全有效，"政府并不必然比市场聪明"，也会发生政府失灵

政府干预在相当程度可以纠正导致市场失灵的公共物品问题、外部性问题、垄断和信息不对称等问题。但是，政府也不是万能的，在力图弥补市场失灵的过程中，政府干预行为本身的局限性又可能导致另一种非市场失灵——政府失灵。次贷危机的例子再次教训人们，政府提供的金融消费者保护也并非万能，监管失当是造成次贷危机爆发的根源之一。

从一般意义上讲，政府失灵的原因可以归纳为如下四个方面：（1）在决策层面上，公共决策过程中的缺陷会导致公共政策的低效甚至偏离公共目标；（2）在执行层面上，公共政策执行的低效率也可以导致政策失灵；（3）政策自身的不确定性导致政府干预失灵；（4）权力寻租导致政府失灵。

具体到金融消费者保护的监管失灵，也有同样的原因：（1）监管者并不一定为公共利益服务。斯蒂格勒（1971）、佩兹曼（1989）、贝克尔（1985）等人提出"监管俘虏论"，认为监管者本身也是一个有着独特利益的理性经济体，在监管的过程中监管者可能会被贿赂收买或屈服于利益集团的政治压力，导致监管效果最终偏离公共利益最大化目标。（2）监管者也并非无所不知，监管过程本身也存在信息不对称的问题。监管的有效性依赖于监管当局所获得的信息，监管者与被监管者之间的信息不对称会损害监管效果，导致监管失灵。（3）政府提供保护的主要手段就是管制与干预，这除了带来高成本以外，如果干预不当，还有可能造成市场价格扭曲、市场秩序紊乱等不良后果，导致政府失灵。（4）金融消费者保护在实际操作层面缺乏力度，"监管者睡着了"。次贷危机的冲击，使一部分学者开始了对现有金融消费者保护体系的反思，认为虽然次贷危机前，美国的法律中不乏涉及金融消费者保护的条款（Bair，2003），并且较之大多数国家而言，美国的金融监管制度相对完善（Jackson，2007），但是对于金融消费者保护松懈的执行却导致监管制度没有起到应有作用（Sharon，2009）。Wilmarth（2004）在报告中统计，1994年到2004年10年间，美国货币监理署（OCC）没有提起一起针对主要银行关于违反金融消费者保护相关法律的诉讼；Levitin（2009）也在其报告中指出，2000年至2008年，美国货币监理署所有69起罚款之中，只有6起与消费者保护有关。（5）复杂的监管体系使得监管机构之间权责难以界定清楚，出现监管真空。美国就是典型的例子，由于搞不清楚各监管部门的权属，许多消费者不得不放弃投诉（Sharon，2009）。

（四）加强金融消费者保护需要掌握好平衡，防止逆向选择、道德风险，防止阻碍创新

目前一些金融消费者的责任意识和诚信意识较弱，存在"道德风险"和"逆向选择"。接受金融产品或服务时，对权利、义务和责任的内涵边界认识不清，存在部分金融消费者隐瞒自身收入、虚报风险偏好甚至"客大欺店"的现象。这些现象提醒我们在加强金融消费者保护的同时也要注意掌握好平衡，防止出现逆向选择和道德风险。

另外，金融创新的快速发展也给政府提供金融消费者保护提出了挑战（Hillebrand，2009）。金融监管与金融创新之间存在着一种冲突（Shiller，2009）：过于严厉的监管，有可能抑制金融创新的发展，导致可供金融消费者选择的金融产品种类减少，这在某种程度上也使消费者的福利产生损失；而如果监管放松，又有可能催生出过于复杂的金融衍生产品，加剧金融消费者的信息劣势，增加了其因购买不适宜产品而蒙受额外损失的风险（GPFI，2013）。因此，如何找到金融监管与金融创新之间的均衡点，既能更好地保护金融消费者的利益，又能够促进负责任的金融创新活动，增加消费者的选择空间，是政府与监管机构必须克服的一个难题。

三、从法理角度的分析

从法理视角分析，人类社会从手工作坊小商品生产、简单物物交换时期发展到全球化分工、社会化大生产时期，发展到数字经济、数字化社会，商品和服务越来越复杂，彻底改变了个体消费者与经营者（庞大的公司法人）博弈的均势地位，在这个演进过程中，立法思想不断向保护个体消费者这个方向上扩展和深化。这是人类文明进步的表现之一。

（一）法律的社会化运动与消费者保护

回溯历史，在物物交换时期及手工作坊小商品经济时期，消费者与生产者的博弈地位基本对等，信息基本对称，消费者保护问题并不十分突出，供求双方自由竞争，市场机制自由调节，政策取向可以自由放任。

当手工作坊小商品生产发展到社会化大生产，市场结构从自由竞争发展到垄断竞争、寡头垄断，以及不断加深的全球化分工和竞争对社会化大生产的深化、对市场结构垄断竞争格局的强化，完全改变了消费者与经营者博弈的对等度，加上市场具有的信息不对称、外部性等问题，需要"看得见的手"对经济活动进行调控与管理，如颁布劳动法，缓和劳资矛盾；进行反垄断立法，维护公平市场竞争。在法律领域就表现为法律社会化趋势，即适应社会发展需要，劳工法、社会保障法、环境保护法、公共交通法等社会立法不断出现，公权力和私权利互相渗透，混合权利产生。在这一立法趋势下，国家有针对性地对处于弱势地位、权利易受侵害的法律主体进行保护。法律在实体权利配置、诉讼权利保障及举证责任分配等方面作出特别性安排，增强弱势一方的法律地位，以期能与强者相平衡，也就是法律社会化过程中对弱者的倾斜性保护，对消费者保护的强化是其一个方面。

（二）作为秩序、正义综合体的法律与金融消费者保护的总体视角

法律作为秩序与正义的综合体，通过构建秩序以实现社会运行的稳定性，并注以正义作为价值内核，实现其社会职能。法律对秩序和正义的囊括，也构成了分析金融消费者保护法理基础的总体视角。

加强金融消费者保护是维护金融市场秩序的重要保障。在金融消费中，由于知识结构、交易经验等方面影响，消费者较之经营者处于相对劣势的地位，其权利易受侵害。如果金融消费者的权益大面积长期受侵害，就会出现类似于"自然状态"中正当权利无法保障的混乱局面，金融市场的秩序将不复存在，引发金融机构和金融消费者互不信任、相互转嫁风

险、以邻为壑的乱象，最终导致市场失序。

从分配正义的角度看，金融机构和金融消费者都是市场活动的参加者，都有自身"应得的利益"。在进行分配时应当符合分配正义的核心要求，即应把权利按照比例原则公平分配给双方。而现实中一些金融机构往往利用己方在信息、经济实力等方面的优势，侵夺本应属于消费者的权益。这时，即使表面上形成了金融市场的秩序，这种秩序也仍然是以牺牲弱者利益，违背正义原则为代价达致的。因此法律应从"矫正正义"的立场出发，对金融机构课以与其经济实力对等的义务，要求其充分履行告知义务，保障消费者的知情权、选择权、公平交易权、求得赔偿权等。

客观上分析，在绝大多数情况下，只有给予金融消费者倾斜性保护，才能平衡双方关系，规范市场主体的行为，确保市场交易的正常秩序；同时，为秩序注入分配正义和矫正正义的内核，实现秩序与正义的统一，保护金融消费者合法权益。①

（三）金融消费者保护的私法视角：从形式平等到实质平等，从契约自由到契约公平

1. 现代民法价值追求的内在含义——从形式平等到实质平等

（1）近代民法与现代民法的价值追求：从形式平等到实质平等。近代民法上的平等，更多是着眼于形式意义而言，立足于对人格的抽象化处理，不考虑每个民事主体在经济地位、权利行使的可能性、文化程度等方面的差异（因为当时参与市场活动的主要是农民、手工业者和小商人，其本质上差异不大），而是统一规定每个人的民事权利能力始于出生、终于死亡，一律平等。②

进入 20 世纪，民商事主体由"近代民法中的人"向"现代民法中的

_____

① 博登海默. 法理学：法律哲学与法律方法［M］. 邓正来，译. 北京：中国政法大学出版社，2004.

② 王利明. 民法的人文关怀［J］. 中国社会科学，2011（4）.

人"转变,法律地位也相应地由平等向不平等转变。社会生产方式产生巨大变化,交易的一方变为具有高度集中性和强大经济实力的大企业、大集团,普通消费者在经济实力、专业知识水平等方面都处于绝对劣势,近代民法意义上的形式平等开始转向现代民法意义上的实质平等。

所谓实质平等,其目的是为了纠正由于忽略双方当事人的地位差异、单纯强调形式平等所导致的事实上的不平等。现代民法把近代民法的形式平等转化为实质平等,从近代民法中的抽象人格分化出具体人格,承认交易主体在经济实力、专业水平、维权能力等方面的实质性不平等,从而对处于弱势的进行倾斜性保护。

(2)对金融消费者实质平等法律地位的保护。在金融消费交易中,金融消费者与金融机构表面上都是平等民事主体,但实质地位并不平等,主要表现为经济实力的差别及信息不对称等方面,金融机构很容易运用其经济实力、信息优势地位损害消费者权益,而实践中国内外类似的案件也时有发生,因此需要从实质平等的角度出发,对金融消费者进行倾斜性保护,以平衡二者因经济实力、信息不对称所引致的法律地位不平等。

2. 合同法理念的扩展与深化——从契约自由到契约公平

(1)从契约自由到契约公平。契约自由,是民法及合同法的重要原则,使得市场主体在法律允许的范围内按照真实意思表示签订合同,合同一旦成立,对当事人具有法律约束力。契约自由的实现,有赖于双方法律地位的实质平等,没有一方将自己的意思表示强加在对方身上。这在小商品交易时期没有问题。在社会分工细化、生产日益专业化的背景下,个体消费者和经营者之间表面的法律人格平等掩盖了其实质的不对等,经营者可以凭借自身优势和专业知识,使消费者的真实意思表示得到抑制,以契约自由为名可能接受了不平等的义务。这样,法律开始更多地关注对契约公平的保护,即确保双方当事人在自由订立契约时,不得使契约的内容违反正义原则的要求。

（2）格式合同的法律控制：契约自由与契约公平的平衡。在金融消费中，金融产品、服务多以格式合同的形式出现，其中有关交易条件、责任承担等的规定多由金融机构事先拟定，金融消费者处在单纯接受合同内容的被动地位，无权参与讨论合同内容。金融机构可能利用格式条款，加重对方义务，转嫁交易风险；或通过保留合同解释权，随意扩大自身权利。当争议发生时，消费者才发现其本应享有的权利，在很大程度上已经被格式条款预先排除，契约公平遭到了极大侵害。

法律开始从维护契约公平的角度出发，限制格式合同提供方在"合同自由"的名义下，利用己方优势，滥用格式条款进而侵犯契约公平的行为。法律明确了格式条款的明示性及提供者的说明义务，约束了格式合同提供者的行为，在不妨碍格式条款使用的前提下，对交易相对方予以倾斜性保护，从实质意义上保证其意思表示的真实和自由。在金融消费者保护中，一方面应坚持尊重契约自由，另一方面应抑制契约中不真实的意思表示和无选择的自由，从而实现契约公平。

3. 需要一种平衡

对金融消费者的倾斜性保护也不可走向极端。在金融交易博弈中，当金融消费者处于明显劣势时，法律就必须突出对消费者进行倾斜性保护，以保证其利益的优先性；当金融消费者实力不断增强，劣势逐渐缩小乃至足以抗衡时，法律就应渐次减少对其利益的倾斜性保护，最终达至平等保护。这里需要一种平衡，立法以及对法律原则性规定的"具体化"处理应根据社会发展的需要而不断变化，增强法律与社会实践之间的适应性，有效维护正常的社会秩序。

四、行为风险、行为监管和金融消费者保护

（一）行为风险

2011 年，英国金融服务管理局（Financial Supervision Authority，FSA）

在其发布的《零售行为风险展望》（*Retail Conduct Risk Outlook*）中指出，零售业务的行为风险是金融机构零售业务行为给消费者带来不良后果的风险，如隐瞒产品信息、销售误导/欺诈、个人金融信息泄露、歧视以及不当债务催收等。

2013 年，新成立的英国金融行为监管局（Financial Conduct Authority，FCA）发布《风险展望》（*FCA Risk Outlook* 2013），对行为风险的关注从零售业务行为风险扩展到了批发业务行为风险。英国金融行为监管局指出，过去对金融批发市场的行为监管的理念是，批发市场各相关金融机构参与复杂交易多，经验丰富，完全有能力保护自己的利益，但事实证明，这些并不足以杜绝危害市场诚信、甚至跨国界的不端市场行为，典型案例包括操纵 LIBOR、操纵汇率等。批发市场参与者的行为风险在于其不诚信行为的可传染性可能损害整个市场的诚信度。此外，批发业务行为风险和零售业务行为风险也并不是相互孤立的，批发市场的行为风险完全有可能传递到零售市场，危害金融市场的诚信度，最终会影响到零售消费者。

专栏 1–1　LIBOR 操纵丑闻

LIBOR 操纵丑闻是指多家跨国大银行从 2005 开始并在国际金融危机期间对全球最重要的关键利率——LIBOR（London Interbank Offered Rate，伦敦银行间同业拆借利率）进行操纵，以利用利率走向信息获利，或者通过美化银行的融资成本以维护银行声誉的丑闻。丑闻席卷多家跨国银行，多个国家的监管机构先后介入了调查。

自 1986 年正式诞生以来，LIBOR 一直是金融市场上重要的基准指标，直接影响利率期货、利率掉期、工商业贷款、个人贷款以及住房抵押贷款等金融产品的定价甚至一些国家货币政策的制定。根据美国商品期货交易委员会的数据，全球有超过 800 万亿美元的证券或贷款与 LIBOR

相联系，包括直接与 LIBOR 挂钩的 350 万亿美元掉期合约和 10 万亿美元贷款。这意味着 LIBOR 微小的变动，就可能给金融机构带来巨大的利润或亏损。

此外，在金融危机期间，LIBOR 还曾被视为反映银行业健康水平的"晴雨表"而受到市场的密切关注，部分国家央行甚至将 LIBOR 作为其货币政策操作的目标之一，如此重要的基准利率遭受操纵会对整个世界金融体系的安全产生威胁。

LIBOR 由英国银行家协会（British Bankers Association，BBA）主持设定，并由汤森路透（Thomson Reuters）进行每日的计算工作。英国银行家协会使用 8 家至 20 家报价银行的报价来设定 10 种货币的 LIBOR。报价银行报出它们认为能以之在公开市场借款的利率。去除掉最高和最低的报价后，余下报价的平均值即为英国银行家协会公布的 LIBOR。LIBOR 正常发挥作用是基于这样的假设：各银行就它们自认为能够借到资金的利率提交诚实的评估。但是，多家跨国银行长期以来提交的数据都受到了自身利益的影响——为了从衍生品交易中获利，或者为了维护该银行在市场上的声誉，这些银行故意夸大或者缩小提交的利率。

以巴克莱银行为例，根据巴克莱银行向监管部门和调查机构所提供的初步材料，以该银行 2007 年正常每天的金融交易头寸计算，每日盈亏规模至少达到 4000 万美元。LIBOR 的轻微波动可立刻导致盈亏转换，一夜暴富或一夜巨亏只在转瞬之间。巴克莱银行如何可以操控 LIBOR 呢？根据初步调查的结论，操控主要有两种方式。

第一种，巴克莱银行交易员们根据自己的金融交易头寸，计算出 LIBOR 处于何种水平才可以盈利，经过精心计算之后，报出能够确保交易盈利的 LIBOR。为确保万无一失，他们必须和其他银行交易员进行合谋、分享、乃至贿赂和公开收买。

第二种，蓄意报出较低借贷利率，以便让同行和外界相信自己银行的流动性充足，资产负债表稳健，无须以高价去拆借资金。初步调查结论显示，2007 年金融危机之后，尤其是 2008 年金融海啸期间，包括巴克莱银行在内的许多大银行都刻意使用第二种操纵手法，甚至还可能得到过英国央行的默许和首肯。

2017 年，著名时事电视节目全景画（Panorama）栏目组揭露了一份秘密记录，揭露了英格兰银行（Bank of England）涉嫌牵连至此前的 LIBOR 利率操纵丑闻之中。在金融海啸期间，2008 年的这次录音再次佐证了英格兰银行反复施压商业银行，以调低 LIBOR 利率的证据。而英格兰银行表示伦敦同业拆借利率当时在英国并未受到监管。根据这一秘密记录显示，2008 年 10 月 29 日，时任英格兰银行执行董事的塔克与巴克莱银行首席执行官鲍勃·戴蒙德通话，讨论巴克莱银行操纵 LIBOR 利率。2012 年，戴蒙德和塔克被要求在财政部专责委员会召开之前提供相关证据。但双方都表示，他们最近才意识到低价揽客的事实。戴蒙德接受 BBC 采访时坚称他从未误导过议会。

2011 年 3 月，瑞士联合银行（UBS）、美国银行（Bank of America）、花旗集团（Citigroup）、巴克莱银行（Barclays Bank）收到监管机构的传票，调查它们在 2006 年至 2008 年间美元 LIBOR 设定方面的问题。这些监管机构包括美国证券交易委员会（Securities and Exchange Commission, SEC）、美国商品期货交易委员会（Commodity Futures Trading Commission, CFTC）、美国司法部（Department of Justice, DOJ）、英国金融服务管理局（Financial Services Authority, FSA）以及日本金融厅（Financial Supervisory Agency, FSA）等。

巴克莱银行成为美英监管部门的主要调查对象。调查人员调查巴克莱银行的交易员及其资金部门的信息交流是否违反了"中国墙"（Chinese

Wall）规定，这一规定旨在防止一家银行不同部门之间的信息共享。巴克莱银行在 2012 年 6 月 27 日与美英监管机构达成和解，支付罚款总计约 4.5 亿美元，其中美国商品期货交易委员会罚款 2 亿美元，美国司法部罚款 1.6 亿美元，英国金融服务管理局罚款 5950 万英镑。2012 年 7 月 2 日，时任巴克莱银行主席马库斯·阿吉斯辞职，一天之后，时任巴克莱银行首席执行官鲍勃·戴蒙德辞职。

因为 LIBOR 操纵丑闻被欧美监管机构处罚的银行还有：

1. 瑞士联合银行（UBS）：2012 年 12 月 19 日，瑞士联合银行被欧美监管机构罚款超过 15 亿美元，其中被美国商品期货交易委员会罚款 7 亿美元，被美国司法部罚款 5 亿美元，被英国金融服务管理局罚款 1.6 亿英镑，被瑞士金融市场监管局罚款 5900 万瑞士法郎。

2. 苏格兰皇家银行（RBS）：2013 年 2 月 6 日，苏格兰皇家银行被美国商品期货交易委员会罚款 3.25 亿美元，被美国司法部罚款 1.5 亿美元，被英国金融服务管理局罚款 8750 万英镑。2013 年 12 月 4 日，被欧盟委员会罚款 3.91 亿欧元，其中 1.31 亿欧元因其在 2005—2008 年间操纵 Euribor，2.6 亿欧元因其在 2007—2010 年间操纵日元 LIBOR。

3. 毅联汇业（ICAP）：2013 年 9 月 25 日，毅联汇业被美国商品期货交易委员会罚款 6500 万美元，被英国金融服务管理局罚款 1400 万英镑。

4. 荷兰合作银行（Rabobank）：2013 年 10 月 29 日，荷兰合作银行被美国商品期货交易委员会罚款 4.75 亿美元，被美国司法部罚款 3.25 亿美元，被英国金融服务管理局罚款 1.05 亿英镑，被荷兰公共检察官办公室罚款 7000 万欧元。

5. 德意志银行（Deutsche Bank）：2013 年 12 月 4 日，被欧盟委员会罚款 7.26 亿欧元，其中 4.66 亿欧元因在 2005—2008 年间操纵 Euribor，

2.6 亿欧元因在 2007—2010 年间操纵日元 LIBOR。2015 年 4 月 23 日，德意志银行被美国商品期货交易委员会罚款 8 亿美元，被美国司法部罚款 7.75 亿美元，被纽约州金融服务局罚款 6 亿美元，被英国金融服务管理局罚款 2.268 亿英镑。

6. 法国兴业银行（Societe Generale）：2013 年 12 月 4 日，被欧盟委员会罚款 4.46 亿欧元，因其在 2005—2008 年间操纵 Euribor。2014 年 10 月 21 日，因其在 2008 年 3 月至 2009 年 7 月间操纵瑞士法郎 LIBOR，被欧盟委员会罚款 6160 万欧元。

7. 摩根大通（JPMogan）：2013 年 12 月 4 日，因在 2007—2010 年间操纵日元 LIBOR 被欧盟委员会罚款 8000 万欧元。

8. 花旗银行（Citigroup）：2013 年 12 月 4 日，因在 2007—2010 年间操纵日元 LIBOR 被欧盟委员会罚款 7000 万欧元。

9. RP Martin：2013 年 12 月 4 日，因在 2007—2010 年间操纵日元 LIBOR 被欧盟委员会罚款 24.7 万欧元。2014 年 5 月 15 日，被罚款 63 万英镑。

10. 劳埃德银行（Lloyds Bank）：2014 年 7 月 28 日，劳埃德银行被美国商品期货交易委员会罚款 1.05 亿美元，被美国司法部罚款 8600 万美元，被英国金融服务管理局罚款 1.05 亿英镑。

（二）行为监管

行为监管指的是监管部门对金融机构经营行为的监督管理，包括信息披露要求、反欺诈和误导、个人金融信息保护、反不正当竞争；打击操纵市场和内幕交易；规范广告行为、合同行为和债务催收行为；促进弱势群体保护；提升金融机构的诚信意识和消费者的诚信意识；消费争议解决等。通过制定相关规则，建立现场检查和非现场监管工作体系，促进公平交易，维持市场秩序，增强消费者信心，确保金融市场的稳健运行。

（三）行为监管和金融消费者保护

行为监管和金融消费者保护在很多语境下被等价使用或者替换使用。严格来说，二者不是等价的概念。金融消费者保护，是通过监管部门的监管，规范金融机构经营行为，减少消费者在购买任何金融产品和接受相关服务过程中面临的风险和危害。

从工作内容看，金融消费者保护是行为监管工作的一部分，行为监管外延更宽。行为监管既规范金融机构和自然人消费者之间交易时的行为，也规范金融机构之间、金融机构与非金融企业之间交易时的行为。例如，打击操纵同业拆借市场利率、打击操纵汇率、反洗钱等属于行为监管的内容，超出了消费者保护的范畴。当然，行为监管的大量工作是属于金融消费者保护方面的工作。

（四）关于行为经济学和行为监管

行为经济学研究的是个人的行为特点，该理论试图对新古典经济学提出挑战，主要研究消费者个体行为不完全符合新古典经济学假设的行为特点，发现消费者具有违背完全理性的行为偏差、偏好不一致的行为偏差、违背效用最大化的行为偏差以及有限注意力导致过多信息成为负担等，这些偏差是系统性的、可以预测的，需要政府介入以纠正消费者的系统性行为偏差，从更深的层面上纠正市场的失效。可以看出，行为经济学主要是研究个人的行为，行为监管则主要针对机构的行为，当然其中也必然涉及消费者的个人行为，所以行为经济学是行为监管的理论支持之一，但并不是行为监管的唯一理论支持。泰勒的"代表理论"等一般监管理论也可以应用于行为监管。

五、审慎监管和行为监管

（一）审慎监管与行为监管的关系

审慎监管是监管当局为了防范金融机构的资不抵债风险，维护金融体系稳定，制定资本充足率、资产质量、贷款损失准备、风险集中度、流动性、证券公司清偿能力、保险公司偿付能力等审慎指引，定期组织现场检查，监测、评估风险状况，及时进行风险预警和处置，维护金融稳定。其与行为监管的差异表现在以下五个方面。

1. 风险分析的主要工具不同

审慎监管主要是通过诸如资本充足率、动态拨备率和流动性比率等大量的监管指标，分析金融机构是否稳健。行为监管主要通过发布行为准则和产品准则，对金融机构的服务行为和金融产品进行规范和干预，往往需要进行调查取证、查封冻结、法律剖析、纠纷数据库分析、暗访等。

2. 知识结构要求不同

前者以风险专家、财务专家、金融工程专家为主，侧重于金融风险分析防范，数据分析多，逻辑性强，很多环节可以标准化处理。后者以律师为主，侧重于法务工作，直接面对客户的事务多，一事一策，更多需要判断，而且同一个案例，不同的人判断结果不一样，很难进行标准化处理。

3. 工作侧重点及监管机构基础不同

审慎监管的工作重点在金融交易的供给方，而金融消费者保护的工作重点在金融交易的需求方。比如，资产负债期限错配、货币错配在资产价格波动、汇率变动中导致较大损失，审慎监管部门要求增加资本，这是为了确保机构稳健，当然也会起到保护消费者的作用，但是此类工作不直接针对和消费者的具体交易事项，也不直接面对消费者。从监管机构基础角度看，银行业监管机构和保险业监管机构多侧重于采取审慎监管措施。金融消费者保护重点在直接保护金融交易中的需求方，维护的是需求方的合法利益。由于其立足于特定的交易行为，所以行为监管中的金融消费者更突出个体含义，保护作为个体消费者的财产安全权、公平交易权、平等对待权、自主选择权、信息知情权、人身安全权、获得尊重权、金融隐私权等各项合法权利。这些权利是消费者的一般权利在金融交易中的具体表现。从监管机构基础角度看，证券业监管机构是典型的行为监管者，多侧重于采取行为监管措施。

4. 工作对象有差异

前者主要与金融机构打交道，主要是"监管者—金融机构"的双边关系，工作对象数量有限，后者除了与金融机构打交道，很多监管部门还要与消费者打交道，主要是"监管者—金融机构—消费者"三方关系，要"给消费者办事"，工作多呈现出个体化、单独化、个性化特点，工作对象往往变动不居，数目众多。

5. 两者工作难度都很高，但是难度的表现方式不一样

审慎监管指标是否达标，判断标准很明确，更需要把握好边界和具备良好的监管艺术。而在行为监管中，金融机构的一些经营行为，合法合规与否很多时候判断起来很难。即使合法合规了，可能又不尽合情合理，判断很难标准化。在审慎监管中，可以突出重点，分类监管，可以根据重要性分类处理，而行为监管往往涉及具体的消费者个体切身利益，每一机构、每一个人都要重视，群体性的纠纷要及时处理，个案也要及时处理。审慎监管指标对金融机构形成的约束，更多体现在中观层面、宏观层面；而行为监管的准则、要求，需要金融机构从高管层到交易员，乃至一线柜员的每一笔交易，甚至说每一句话时都要严格执行相关规定。

（二）"相生"还是"相克"：审慎监管和行为监管的统一性和对立性

1. 两者的统一性

（1）有效的审慎监管本身也是对金融消费者权益的有效保护。如果审慎监管失效，金融机构资产质量恶化，经营失败甚至破产清算，金融消费者的利益也将严重受损。

（2）有效的行为监管、有效的金融消费者保护可以体现到各项财务指标进而体现到各项审慎监管指标之中。有效的行为监管能够把风险管理、风险监管甚至金融稳定的关口大大前移。

（3）有效的行为监管可以提高金融消费者的行为理性，提高其金融素养和风险防范意识及能力，增强其对金融市场的信心，这是维护金融市场稳定和金融机构稳健经营的基石。

2. 两者的对立性

（1）立场冲突。前者以金融机构为核心，重在风险防范，重在确保金融机构稳定；后者以消费者为核心，重在保护消费者权益。英国经济学家泰勒将审慎监管和行为监管之间的差异形象地描述为审慎监管类似于医生，其职业习惯促使他们在发现病因后努力加以医治，而不是对当事人严肃问责；而行为监管更像是警察，倾向于对违纪行为立即处罚。

（2）严格行为监管可能会恶化审慎监管指标。比如，因为行为风险管理懈怠、行为监管缺位，一个次贷产品销售很好，短期内极大改善金融机构财务指标，进而使审慎监管指标非常好看并很好地满足了监管要求，但是行为监管部门发现产品销售中有大量的误导和欺诈，介入调查并进行重罚，却会影响审慎监管指标。

（3）严格落实审慎监管指标要求可能会侵害金融消费者权益。经济下行期，面对经营压力、审慎监管指标的压力，一些金融机构会忽视行为风险，或明或暗地鼓励不择手段催收不良贷款。

（4）开放透明度不同。审慎监管工作保密性要求高，工作在监管者和金融机构之间进行，工作的封闭性较强。行为监管需要和消费者打交道，工作的开放性更高。

六、小结

无论是从政治学、经济学还是法学视角看，金融消费者在金融交易中都处于弱势地位，需要倾斜保护。本轮监管改革中，在强化针对金融供给方的微观审慎监管的同时，也应比过去更加重视金融需求方的改革即金融消费者保护，供给方的改革和需求方的改革需同时得到加强。辩证地讲，审慎监管与行为监管既有互补性，也有冲突的可能。实践中两者之间必须寻求一种有机平衡，最大限度地发挥两者之间相互促进和相互补充的作用。对两者关系的不同认识，导致了各国不同的金融监管改革思路。本轮监管改革中，需要结合我国实际，不断完善我国金融行为监管体系，加强金融消费者保护。

第二章　行为监管与
金融消费者保护的国际改革进展

2008 年国际金融危机以后，行为监管与金融消费者保护正日益成为后危机时代全球金融监管改革的重要内容和发展趋势，更多的国家和国际组织开始从法律、规则与监管架构上强化金融消费者保护和行为监管。

一、世界银行发布《金融消费者保护的良好经验》

在《金融消费者保护的良好经验建议（草稿)》的基础上，经过前后长达 6 年时间在 18 个国家进行测试，世界银行在 2017 年正式发布了《金融消费者保护的良好经验》，提出了 39 种适用于消费金融服务范畴并可促进金融消费者保护的国际原则和共同良好惯例，根据这些原则，为银行、证券、保险和非银行信贷这四类主要金融服务提供了一整套良好的制度规范与行为准则。

在不同国家金融消费者保护发展实践的基础上，得益于国际金融机构、非政府组织的努力以及国际对话和交流，《金融消费者保护的良好经验》为各个国家构建适合自身状况的金融消费者保护制度提供了有用的诊断和审查的工具。一方面，良好惯例不是全面的监管规则，只关注所有金融服务中与消费者保护（以及通常的市场行为）相关的问题，以及针对行业指导的补充；另一方面，良好惯例也不是全球"最佳实践"，仅仅是金融机构如何改善零售客户的金融消费者保护的常用方法汇编。因此，金融消费者保护的良好惯例考虑到了不同国家具体环境和条件的差异，提出了一种实践方法，在宏观层面上，有助于监管机构用来加强金融服务中的消费者保护的方法，有助于政策制定者确定金融业各部门的跨部门消费者保护问题，从而协助他们设计在金融系统内改善消费者保护的一致、综合和协调的制度；在微观层面上，良好惯例为金融业所有部门就消费者保护问题提供了一个综合的诊断工具，能够帮助各个金融机构及企业集团采取综合的消费者保护措施。

（一）良好的消费者保护制度包含的主要内容

在《金融消费者保护的良好经验》中，一个良好的消费者保护制度包含的主要内容包括以下八个方面。

1. 消费者保护机构

消费者保护机构的权威来自法律与制度化的正式安排，而金融机构的行为准则由行业协会、金融监督机构和消费者协会协商制定，从而把金融机构的自律遵守与消费者保护机构的监管有机结合起来。

审慎监管和消费者保护监督可以放在不同机构，也可放在单一机构，关键是审慎监管与消费者保护之间的资源配置足以保证消费者保护规则的有效实施，同时，司法制度需确保对金融产品或服务的任何消费者保护争端的最终解决都是可负担的、及时的和专业的。除了司法和监管机构为金融消费者提供保护以外，发挥媒体和消费者协会的积极作用也是至关重要的。

2. 披露和销售实践

考虑到金融产品的复杂性和专业性，为了保证消费者得到适合自身需求和风险偏好的金融产品和服务，从金融产品的生产到销售的整个流程必须基于对称的信息而开展。在金融机构向消费者提出关于特定金融产品或服务的建议之前，必须从客户处收集足够的信息以确保产品或服务能满足消费者的需求和能力。与此同时，金融机构要向消费者提供简明的产品和服务说明，保证消费者在充分理解产品和服务的基础上进行比较和选择。为了实现这样的目标，要求金融机构的销售人员需要具有符合产品风险特征的专业能力，金融机构的广告需要被监管从而防止欺诈和误导，对于消费者特别重要的具有长期储蓄组成部分的金融产品或服务需要赋予消费者，保证消费者能够得到充分的产品信息以及"冷静"期限、选择权。

3. 客户账户处理和维护

金融机构为每个客户账户准备关于客户金融交易、资产价值的定期结单，让客户能够了解每次交易的条款、利率、费用、收费或金融产品与服务的其他关键条款和条件的变动，使客户有便利的渠道了解这些信息，保证客户的交易符合明确的法规和监管规则，同时不会受到金融机构滥用收债或是债务追偿手段的损害。

4. 隐私和数据保护

对于信用登记，客户能够从信用登记者处（每年至少一次）获取免费的已完成的、准确的信用报告；在政府的监督下，金融机构需要按照法律规定的规则和程序保护客户数据的保密性和技术安全，保证消费者在纠正信用报告以及信息共享方面的权利，同时每个金融机构应通知客户其使用和分享客户个人信息的政策。

5. 争端解决机制

每个金融机构都有一个指定的具有处理客户投诉的明确程序的指定联络点，保持其所收到投诉的最新记录并制定内部争议解决政策和措施，从而保证消费者应获得可负担的、有效的、受尊敬的、有专业资格的并且资源配备充足的争端解决机制。争端解决机构应该具有独立性、权威性和公正性，监管机构和消费者协会应该公布消费者保护的总体情况，并且根据客户投诉的统计数据、消费者保护活动的总体统计数据和分析，提出监管变化和金融教育措施以避免系统性消费者投诉的出现，以便于确定服务改进的模式和机会。

6. 担保计划和破产

法律规定监管机构可以采取适当的措施以在金融机构发生金融困难的情况下保护消费者。所有关于金融保险或者担保基金的法律需要明确保险公司、被保险人的保险类别、保险范围、基金缴款人、每个将触发支付的时间以及确保及时支付给所有被保险人的机制。储户、人寿保单持有者、证券和衍生工具账户持有人以及养老基金会员将优先于其他无担保的债权人。

7. 金融素养和消费者权利

制定一个广泛基础的关于金融教育和信息的计划来提高群众的金融素养对于消费者权利的保护具有重要的意义，提高金融消费者的金融素养需要包括政府、国家机构和非政府组织在内的各种组织参与制定和实施金融素养计划，并且由政府指定一个部门（如财政部）、中央银行或者金融监管机构去领导和协调金融素养计划的制定和实施，并且通过激励消费者、行业协会和金融机构、大众媒体参与，以及广泛的家庭调查来提高消费者的金融素养，确保消费者金融素养能够得到切实的提高。

8. 竞争

金融监管机构要考虑到金融市场的竞争对消费者福利的影响，对零售金融机构之间的竞争进行定期评估，并就如何优化零售金融机构之间的竞争作出建议，使消费者的选择权等利益保护能够得到保证。

（二）金融服务的行业规范

1. 银行业

考虑到银行业的重要性，根据银行业不透明、争议解决机制昂贵的特征，《金融消费者保护的良好经验》强调了通过消费者保护在事前维护银行和消费者之间相互信任和信心的价值，并且基于对银行业和运营环境的全面评估，提出了符合银行业实际状况的行业规范。由于不同国家银行体系发展的水平存在差异，这些规范既来源于在银行业消费者保护水平较高的国家中盛行和普遍接受的惯例，利用了国际金融监管组织制定的可用且合适的国际惯例和标准，也考虑到了银行体系欠发达国家的实际情况，因此，拥有发达银行体系的国家和银行体系发展欠佳的国家均能使用这些规范，从而确保普通消费者对银行体系的基本权利得到保护。

良好经验是银行体系内实施消费者保护的依据和基础，考虑到商业银行的基础重要性，银行体系内的金融消费者保护需要法律制度、监管、商业协会、自律组织以及市场竞争机制共同发挥作用。

在披露和销售实践上，良好经验强调了避免消费者过度负债，并帮助消费者对其金融需求作出合适的决定。银行具有公正和诚实地对待客户的义务，尽可能避免捆绑的服务、产品以及绑定条款，银行应该充分地披露合同、关键条款、监管机构的相关信息，保证消费者能够在冷静期、隐私和数据保护、知情权等方面得到充分的保护，确保不会受到误导和欺诈。在信用卡、网上银行和手机银行的使用中，必须确保消费者的信息和资金安全。银行应当建立健全债务回收规则，以帮助确保消费者不会受制于滥用和非法使用债务回收的做法。

在个人隐私和数据保护上，法律应要求银行确保其保护客户的个人数据的机密性和安全性，在消费者数据保护与处理个人信息的经济理由之间找到适当的平衡。在争端解决机制上，银行除了应有一个完善的内部投诉处理程序外，还应向客户通报其他形式的替代性争端解决服务的可用性，并为消费者提供正式争端解决机制。在担保计划及破产倒闭方面，必须采取必要措施保护存款人以及存款人在银行清算过程中应享有比其他无担保债权人更高的优先权。在消费者赋权与金融扫盲方面，制定一个全民金融教育计划，帮助消费者更好地预算和管理收入，更好地储蓄、投资和保护自身，避免成为金融诈骗的受害者。

2. 证券业

由于信任在证券市场发展中具有的重要作用，证券行业的消费者保护被认为是证券市场发展的关键因素。《金融消费者保护的良好经验》特别强调法律应当为证券市场产品和服务领域的投资者保护制定明确规则，建立执行投资者保护规则适当的制度安排。不管在什么样的国家，向客户提供投资服务和产品的实体，包括中介、投资顾问以及集合投资机构与客户之间的信任关系是证券市场公平、健全和高效运作的基础，因此，投资者保护实践中的经验一直是政府管理行动和国际合作多年的主题，是制定《金融消费者保护的良好经验》的基础。

法律应当对证券市场产品和服务领域的投资者保护作出明确规定，对执行投资者保护规则应有适当的制度安排，并应由政府机构进行监管，除了政府法规之外，证券市场的市场专业人士应该有一个可以为其提供指导的行为规范。司法体系应为保障投资者法律法规的执行提供有效和值得信赖的环境，媒体应该在提升消费者保护方面起到积极作用，自愿投资者保护组织、行业协会、自律组织应在促进投资者保护方面发挥积极作用。

在有关披露和销售的做法上，披露足够的信息是证券行业消费者保护的重要方面。不管是预售、销售和售后的任何一个阶段，金融机构包括中介、投资顾问以及集合投资机构必须充分披露信息，包括利益冲突、从业人员的能力，保证客户能够及时准确地得到交易和账户的信息。金融机构公正诚实地对待客户的义务包括不使用欺骗、欺诈或对客户不当施压，金融机构还必须考虑到金融产品的复杂性和专业性，确保在充分了解客户的基础上提供合适的产品和服务。考虑到证券业的服务模式，对消费者账户的操作和维护应该实现资金的隔离，防止发生金融机构或其他市场参与者无力偿付客户资金的情况，客户资金应与中间机构，顾问或 CIU 的资产分离开来，以避免资产作为破产财产的一部分。

在隐私和数据保护上，金融机构采取足够的措施，保护客户信息的机密性和安全性，防止任何预期的威胁或对此类信息的安全性或完整性的危害，以及对客户信息未经授权的访问或使用。除了政府监管部门需要依据监管目的和执法目的获取客户信息，避免客户的信息被不当使用。在争端解决机制上，除了提供内部争端解决机制外，还应该有一个独立的外部争议解决机制来解决投资者与金融机构的争议，尤其为小的投资者提供快速、有效和花费小的解决争议的替代方法，使其权利得以执行。在担保措施和破产方面，投资者担保基金可以提供独立有效的机制，确保投资者资金得到保护。

3. 保险业

由于历史上监管管理不善，保险被用于避税、资本转移，甚至存在直接欺诈的风险，保险业有时候吸引不到理想的客户，这是保险业消费者保护制度发展的原因。《金融消费者保护的良好经验》主要是基于英语国家保险行业的立法经验加以制定的，重点关注了对不切实际的益处的暗示、不充分的产品实际成本披露、误导性的广告、不公平的索赔结算做法、需求不匹配的情况以及捆绑多层次的销售等不良行业做法。在新兴国家和发展中国家，保险市场的快速发展主要是由于强制性汽车和健康保险的引入，并与信贷供应以及微型保险技术的增长相联系，因此，在这些国家消费者保护尤其重要。小额保险的快速发展使得需要对新兴主流消费者保护监管模式对低收入个人和家庭的适用性进行审查，这些人往往在之前从没有或几乎没有接触过保险这个概念。小额保险监管考虑了更宽松的产品设计、分销、捆绑和品牌化方法，同时包含着更高的披露标准和强大的追索机制。

由于保险合同本质上的不透明性，标准合同的强制使用，以及相关法律的复杂性，法律应在消费者保护方面有明确规定，对实施和执行消费者保护规则应有适当的制度安排。除了法律以外，出于保护消费者目的的官方监督以及媒体和消费者协会在促进金融消费者保护方面具有积极作用。由于保险合同的特殊性，在一般保险或合同法中应该有一个专门的保险合同部分，或者最好是单独的"保险合同法"。另外，保险公司应与保险业和相关消费者协会协商制定的基于原则的行为守则，由法定机构或有效的自律机构监督和执行，保持市场竞争对于避免市场主导者滥用市场权力包括反竞争捆绑交易、交叉销售方面具有重要的意义，有利于保护保险消费者。

在信息披露和销售做法上，充分的信息披露依然重要，保险公司应该确保其广告和营销资料不会对消费者造成误导。销售中介或职员应当应要求获取足够的消费者信息，以确保提供合适的产品。在保险合同中、冷静期、撤回权以及关键事实陈述被认为是重要的消费者保护机制，消费者有权在冷静期内无理由且无惩罚地撤回合同。由于销售人员是销售中介或是保险公司与客户的联系纽带，销售人员应当具备职业资格并对其所销售的产品能够有充分认识，在复杂的保险合同中，客户充分了解产品是其购买产品的前提条件。

在客户账户处理与维护上，保险公司应当被要求在合理期限内披露其传统储蓄与投资合同的现金价值。另外，在交付初始合同以及随后出现价格调整时，应提供一个显示预计合同公允价值的表格。在隐私与数据保护上，保险公司应当保护其私人信息的私密与安全，使其免于预期威胁、伤及信息安全性与完整性的因素与未授权访问。在争端解决机制方面，保险公司应当被授权设立内部解决方案或投诉处理机制，制定有关解决争端的书面政策，保证争端解决的公平性，不应导致消费者在时间和金钱上的不合理成本。如果不能按照内部程序解决争端，就需要一个外部争端解决机制，使消费者能够寻求可负担的同时也是有效的第三方追索权。在担保计划与破产方面，在保险公司破产的情况下，非人寿保险通常会受到正常的商业结算规则的约束，大多数国家对强制性消费者保险（如汽车第三者保险）都有担保安排。在消费者金融素养方面，广泛金融素养计划同样重要。

4. 非银行信贷机构

非银行信贷机构提供的消费金融逐渐成为信贷市场中越来越重要的部分。各国在监管非银行信贷机构上采取不同的做法，由于非银行信贷机构在大多数情况下不向公众收取现金，主要发放消费贷款，因此，它们不属于审慎监管的范围。非银行信贷机构的法律形式各不相同，业务种类复杂，需要通过强化消费者权利避免非银行信贷机构的不良行为，包括掠夺性贷款、定价歧视、产品成本披露不足、误导广告以及产品捆绑。而针对非银行信贷机构的立法在欧洲和美国尤为发达。因此，良好行为的实例和背景主要来自欧洲和美国法律以及国际机构的准则和指导。

法律应在非银行信贷机构领域明确消费者保护规定，并应有足够的制度安排来确保此类规则彻底、客观、及时、公正地执行，以及配有有效阻止违反这些规则的制裁措施。非银行信贷机构是否受金融监管机构的监督，这一点不同国家有不同的安排。良好做法要求出于保护消费者目的，非银行信贷机构应受到监管。所有向家庭提供任何类型贷款的金融机构都应由金融监督机构授权，监管层有权设定标准，拒绝不符合标准的机构的申请。这可以避免非银信贷机构利用监管套利侵害消费者的权益。另外，业界可以自由制定自己的行为准则，并与相关的消费者协会进行协商，由法定机构或有效的自律监管机构进行监督。媒体和消费者协会在促进许多国家的金融消费者保护方面发挥了非常积极的作用，其中涉及非银行信贷和微型金融机构。

在披露和销售实践上，非银行信贷机构应从消费者那里收集、记录并提交足够的信息，使得机构能够向该消费者提供适当的产品或服务。当非银行信贷机构就产品或服务向消费者做推荐时，向消费者提供的产品或服务应符合消费者的需要，根据承受能力评估消费者的贷款能力，避免过度负债情况出现，对于存在长期储蓄的金融产品或服务，或受高压销售合同约束的金融产品或服务，冷静期是保护消费者的重要安排。作为弱竞争市场，非银行信贷机构应尽可能避免在限制消费者选择的合同中使用绑定条款。关键事实陈述为消费者提供简单和标准的披露金融产品或服务的关键合约信息，有助于消费者更好地了解产品或服务。非银行信贷机构应确保其广告和销售材料及程序不会误导客户。披露和销售实务的具体规定应纳入非银行信贷机构的行为准则，并由有关监督管理机构监督。

在账户处理上，非银行信贷机构应向客户发出关于非银行信贷机构为其经营的每个账户的月度报表、通知利率和非利息收费变动、保持其所有客户的最新记录。在隐私和数据保护方面，非银行信贷机构应对其客户的金融交易保密，确保其客户的个人资料的机密性和安全性，防止任何预期威胁来危害这些信息的安全性或完整性，并防止未经授权的访问。在争端解决机制方面，投诉决议程序应纳入非银行信贷机构的行为准则，并由监督机构监督。非银行信贷机构应制定适当的处理和解决客户投诉的书面政策。如果消费者对非银行信贷机构的投诉的解决不满意，那么系统应该能够让消费者寻求其可负担且高效的第三方解决途径。在消费者赋权与金融素养，金融教育、信息和指导可以帮助消费者制定预算和管理收入，进行投资和保护自身免受风险，避免成为金融欺诈和骗局的受害者。

5. 私人养老金部门

养老金计划通常是家庭最大的单一金融投资，而且在缺乏较强消费者保护方面的情况下，各个家庭可能发现他们的计划不足以满足他们退休后的收入需求。私人养老金消费者保护的发展尚属初期，由于缺乏统一的方法，私人养老金评估领域至今较好的惯例依赖于保险行业使用的做法（尤其是确定的受益计划和终身年金）和证券部门的做法（如固定缴款计划和投资基金）。因此，《金融消费者保护的良好经验》从理解风险和生命周期阶段选择投资和融资策略角度对补充养老金的消费者保护进行了探索，给出了原则性的保护规则，重点关注了养老金计划服务提供者之间选择的灵活性和多元性、养老金管理公司投资协议、处理退税、费用的控制、养老金管理公司之间的竞争水平、已积累权利的可移植性以及监督等相关的消费者保护问题。

为了确保养老金消费者保护相关规定执行的公信力，法律应该认可并提供关于私人养老金部门消费者保护的明确规定，并且应有足够的配套制度安排来进行支持，应该有一个总的消费者保护机构或专门机构，来负责执行、监督和实施养老保险消费者保护，该机构也应该负责数据收集和分析（包括询问、投诉和争议），与此同时，私营部门包括涉及私人养老金消费者保护的自愿消费者组织和自我监管机构在消费者保护中发挥作用，媒体和消费者协会应积极推进养老金的消费者保护。

在信息披露与销售实践上，披露原则和实践应该涉及消费者在预售、销售和售后三个阶段中和养老金管理公司或职业计划的关系，提供给消费者的信息应该明确地说明消费者可以选择什么样的账户、产品和服务以及各个选择带来的风险，雇主应该负责让新成员充分意识到自己在职业养老金的安排下有什么样的权利和义务。养老金管理公司应该保证广告和销售材料及程序不会误导客户。在消费者签订合同前，养老金管理公司应披露养老金计划及陈述其所提供服务的关键因素和重要事实，包括公司提供产品的投资选择、风险和收益、费用、转让的限制或惩罚、账户诈骗保护和关闭账户的费用等相关信息。营销人员、销售和批准交易的人员以及代理人应该有与其出售产品的复杂性相匹配的资质和能力，根据潜在客户的主要特征，在理解客户风险偏好和退休后的长期目标基础上推荐相关金融产品。监管机构或者监督者应该发布年度报告，描述养老金行业的发展、健康状况和实力如何。

在客户账户处理和维护方面，消费者有更换投资组合的权利，客户或职业计划成员应该收到定期、精简的说明，了解账户活动的完整详细信息。在隐私与数据保护方面，法律应该要求养老金管理公司保护客户个人信息的机密性和安全性，避免对信息的安全性或完整性的威胁或危害。在争端解决机制上，监管机构应该要求养老金管理公司内部设立处理索赔和争论的途径。如果消费者不能和雇主或养老金管理公司一起解决养老金有关的问题，应该有允许其获得第三方解决的制度。在保障方案与安全措施上，应该有足够的存托或者托管安排，以确保资产得到保障。在消费者赋权与金融知识普及方面，使用一系列的举措和渠道，包括大众传播媒体，为消费者提供养老金的无偏见信息。

6. 征信系统

征信系统是现代金融业非常重要的一个组成部分，高效准确的征信系统给消费者创造较多价值，并且有能力监测他们的负债率以避免有过高的负债。注重隐私和数据保护问题，这是征信系统中良好消费者保护的核心，消费者保护需要在数据保护与处理个人信息的效率之间找到适当的平衡。征信系统应当受到具有足够执法权力的机构的适当监管，消费者保护的可行性、充分披露和信贷机构的可及性、解决争端的机制以及消费者意识和权利，还有信用机构之间的竞争，都是征信系统中的重要问题。《金融消费者保护的良好经验》根据广泛的政策和学术文献、跨国法律评估结果以及来自多个国家分析的实践经验制定了征信系统中良好消费者保护的核心原则。

隐私和数据保护是征信的核心问题，法律法规应该规定消费者的基本权利，创造信息处理透明度的前提条件就是获得用户知情同意。在世界范围内，消费者保护相关的良好惯例通常都体现在数据保护法中，更多先进的征信制度正在采用向消费者解释信用分数的要求。获取权是解决争端和更正的前提条件。在许多情况下，同意原则包括个人可以停止与信用授予无关的信息处理的规定。对敏感信息的特别保护出现在大多的国际规则中，主要的规则还限制信息的收集和分发，同时需要确保公共部门和私营部门的信用注册机构提供同样等级的消费者信息保护。这两种类型的征信系统都提供允许个人身份识别的数据，并且都应为金融服务的消费者提供同样高质量的保护。

在消费者赋权和金融知识普及方面，金融监管部门应该向想要积极参与管理个人信用的消费者提供独立的、无偏的信息，让消费者明白征信的价值，提高消费者的诚信意识。

二、世界银行扶贫咨询组织（CGAP）发布《在新兴市场和发展中经济体实行消费者保护——对银行监管者的技术指导意见》

国际金融危机促使各国加大对金融消费者的保护力度，消费者保护和金融稳定在很大程度上是互补的关系已经成为共识。各国审慎的监管者都有一个共同的目标，即在巴塞尔委员会发布的加强审慎要求的新标准下，建立或恢复消费者信心。

在新兴市场和发展中国家，银行监管者在消费者保护方面有明确的法定授权；但是即使没有明确的法定授权，银行监管者也扮演着这一角色。与此同时，在低收入的新兴市场和发展中经济体，受到人力财力、法律框架、司法以及替代性争议解决机制的限制程度比发达经济体严重得多，消费者保护被列入银行监管者审慎监管责任，也有利于优化资源利用和提高监管效率。大多数银行监管者可以吸取审慎监管中类似的观点和成熟的原则及程序，来提高消费者保护的效用。很多情况下，即使没有明确的法定的消费者保护权力机构和具体的消费者保护条例，也可以实现更有效的监管。也就是说，监管者可以利用现有的能力，利用它们所展现出的力量、影响力和专长来为消费者带来更好的市场行为。银行监管者采取消费者保护的良好实践，将有助于确保监督过程的一致性和有效性。

银行监管者在消费者保护机制中具有重要的作用，但是目前的国际政策指导，对这些审慎机构在承担消费者保护监督方面所面临的具体挑战和机遇，没有给予足够的重视，许多审慎机构是首次接受促进稳定和提高金融包容性的双重任务。

在这样的背景下，世界银行扶贫咨询组织发布了《在新兴市场和发展中经济体实行消费者保护——对银行监管者的技术指导意见》报告，主要为新兴市场和发展中经济体的银行监管者在进行消费者保护监督方面提供指导。

报告指出，消费者保护是金融行业监管中相对较新的一个领域，对不发达的经济体更是如此。由于新兴市场和发展经济体的金融环境与发达国家不同，因此在施行该指导意见中的全部指导思想和实践措施时，一些监管者会遇到实践上的挑战。新兴市场和发展中经济体的银行监管者应当避免盲目复制其他地区的法规、体制框架或者监管方法，应当经过适当改善和优先排序，包括考虑其监管的具体风险和市场环境。囫囵吞枣式地复制外国做法，可能会导致监管不力和监管水平低下，给监管者的威望和信誉带来风险。

指导思想旨在帮助银行监管者执行消费者保护方面的监管，既给出了消费者保护监管制度的八方面的指导原则，同时也在操作层面，强调了一个监管制度通过核心监督工作、补充活动和其他活动的组合来实现监管目标。特别需要强调的是，报告为资源和能力有限的低收入国家的监管人员提供了一个实施建议的优先排序框架。

（一）新兴市场与发展中经济体的银行监管者实施消费者保护监管的基本原则

1. 制度安排与协调

制度安排决定了银行监管者的职权范围，不同的国家差异很大。不管制度性安排如何多样，大多数情况下，银行监管者对受监管市场的金融消费者保护负有部分或全部责任。因此，指导思想建议银行监管者应当利用其在制度环境中的现有地位，推动金融消费者保护。这包括运用其广阔的法定职权、权力和信誉来改善对消费者保护方面的监督。银行监管者除了在公开言论和官方渠道下明确阐述消费者保护监督的目的，还需要与金融消费者保护相关的政府和非政府机构建立功能性合作和协调机制，合作与协作框架包括了信息共享、开展合作、协调对全市场范围内消费者问题的监管回应以及发布联合公开声明，并与业界就消费者问题进行沟通，实现共同的政策和监督目标。另外，指导思想强调了自律组织在消费者保护中的重要作用。

2. 监管方法

指导思想强调了银行监管者应当把消费者保护议题纳入现有的监管方法。银行监管者应该采用战略选择工具和技术组合的方法，把重心放在核心监督工作。与此同时，采用以风险为导向的消费者保护方法，建立基于风险的消费者保护监管，更准确地确定优先领域并优化资源配置，并定期考察其消费者保护工作。

尽管消费者保护立法复杂，国际上缺少消费者保护监管的统一标准，但是有效审慎监管的常用原则一般都适用于消费者保护监管，并且可以兼容其他有效的消费者保护监管方法。在审慎监管中进行的风险评估对于实现消费者保护监管的目标来说也是有效的；反之，在监管人员的工作中增加消费者保护监管内容，也有助于加强对这些领域现有的监督检查。因此，同审慎监管类似，优化监管资源配置的消费者保护监管框架应当是基于风险的，风险较高的机构或与消费者更相关的问题需要监管者投入更多的努力和资源。

3. 监督规划

银行监管者应当以全面系统的规划为依托进行消费者保护监督，根据与可用监管资源相关的消费者风险的评估，为每个周期制定详细的消费者保护监管计划。由于政策、机构与市场的动态变化，金融市场中存在的缺陷需要进行持续的监测，因此，监督不能限于进行现场和非现场审查及制作审查报告，还需要持续了解政策、所涵盖的金融机构文化以及市场的变化。为了实现这一点，监督者需要有良好的规划、有效的管理和在整个监督周期内对金融机构活动的监测、对结果的明确沟通和对金融机构及其高级管理人员的监管预期。从事消费者保护监督的银行监管者应该有全面系统的规划。规划有助于监管者更明确侧重点，更加高效。规划也有利于监督管理，确保执行监督政策和利用资源的一致性。在基于风险的方法中，监督周期应至少包括风险识别、风险优先排序、决定对关键风险的监督响应、监管资源的分配、监控风险、监管业绩评估、反馈（对监管或监管框架的改进）等内容。

4. 内部组织

不同国家的消费者保护总体框架存在差异，银行监管者应当能够针对现实情况建立一个合适的内部组织方式。有多种可能的进行消费者保护的内部组织安排，目前没有证据表明有对所有国家都适用的组织安排。银行监管者应该能够确定适合其短期情况的结构模式，这种模式在其特定背景下可能会是次优的，监管者应当根据其消费者保护监督的目标和战略，制定计划逐渐改进组织结构。如果事实证明内部组织结构是次优的或者周围环境发生了改变，包括制度性的变革，则有必要对内部组织结构进行调整。不管银行监管的总体组织结构如何，都要努力建立一个消费者保护方面的专家团队，并确保审慎监管者和消费者保护监管者之间有效的合作和信息交流。

5. 监管工具和技术

银行监管者应当运用一系列消费者保护的工具。尽管审慎监管的典型监督技术很大程度上适用于消费者保护，但也需要根据消费者保护监管的目标和规定作出一些改变，从而改进消费者保护的工具；另外，决定消费者保护监管的优先权的标准也有可能不同于决定审慎监管的优先权的标准。用于消费者保护和审慎监管的三个监督工具包括市场监测、非现场和现场检查以及执法措施。为确保监督的有效性，银行监管者应采用适当的监管技术，选择确定监督优先事项的准则，有时也使用不同的信息来源来进行监督工作。

6. 标准监督程序

银行监管者应制定发展完善的监督手册，制定消费者保护监督的标准程序，从而提高监督检查的一致性和质量。如果缺乏针对消费者保护主体的监管手册，在没有标准程序的情况下，则风险评估中存在主观空间，而评估、决策和行动的不一致可能为银行监管机构带来声誉风险。因此，银行监管者应制定精心设计的监督手册，以实现消费者保护监督的一致性和质量。监督手册的范围、深度、格式和细节水平因国家而异，没有一种可以用于所有新兴市场和发展中经济体的方法。手册一般应根据监督机构定义的更广泛的目标和政策，以客观准确的方式描述消费者保护监督中使用的每种监督工具的数据收集、分析、决策和沟通的每个步骤。

7. 信息的类型、来源和质量

好的信息是审慎监管和金融消费者保护监管的核心，其对规划、执行和监控阶段都至关重要。银行监管者应当通过多种渠道收集信息以进行监督，系统性地努力提高信息的范围、准确性和可靠性。任何类型的信息都会有错误，在这种情况下，监管者的作用是推动其提高质量和可靠性。银行监管者应定期收集投诉统计信息，为其监管的金融服务提供者制定标准报告格式，并从其他信息来源寻求市场反馈。与其他领域的监管相同，监督机构不同部门之间的协调配合对于收集良好的信息和进行有效的管理来说十分重要。

8. 对监管的反馈

在消费者保护监督中获得的经验和知识可以反过来运用于未来的监管过程中，从而改进消费者保护监管的制度与政策框架，而消费者保护监管框架的改进又能够提高消费者保护的水平。银行监管者应该明确法律法规方面的变化，持续和系统地公布监管变化，明确公布监管变化动态是监督周期的重要组成部分。有效的反馈需要监管者中监管部门之间的协调配合，很多时候这种反馈还将涉及非监管机构间的协调。

（二）新兴市场与发展中经济体的银行监管者实施消费者保护监管的渐进战略

新兴市场与发展中经济体从事消费者保护监督的银行监管者应优先考虑实施指导意见所需的战略性、制度性、程序性和监管性的改革，结合实际情况按照自己的监管进度，依照明确的短期、中期和长期的监管目标采取渐进的方式逐步改进监管方式，实现对金融消费者权益的保护。

新兴市场与发展中经济体的银行监管者实施消费者保护监管的功能，需要把重点放在以下几个方面，第一，发挥自身银行监管的专业知识和技能，将其运用于金融消费者保护；第二，致力于提高金融机构的内部投诉机制，避免监管者因为处理消费者投诉大量占用时间和精力，应该设法缓解这种负担，以便更好地释放和配置监管资源；第三，银行监管者有更高质量的监督，提高执法力度，那么随后市场行为将会更为理想，有助于为金融机构提供更好的监管环境；第四，监管者在制定自身的消费者保护框架时，需要按照自己的实际情况决定优先顺序，聚焦于急迫需要解决的特定问题。

1. 渐进策略的优先排序

优先级1：改变和培训工作人员的计划。在采取指导或改革之前，银行监管者仔细评估自身的实际情况至关重要。评估自身情况应包括对监管条例、现有的人力、财政资源和专家资源、当前的市场惯例的全面审查以及对指导意见中所涉及的各个领域的评估。确定目标、对象和监管活动后，银行监管者应对负责消费者保护监管的员工进行内部培训，这是银行监管者进行消费者保护的人力资本基础。

优先级2：将投诉报告作为监督的关键指标。提高消费者保护监督质量的关键一步是获取高质量的信息，要逐渐改善金融机构对投诉处理这一关键问题，新兴市场和发展中经济体的银行监管机构应首先要求金融机构按照指导意见定期提交投诉信息报告。这一步骤可以帮助金融机构改进投诉渠道和程序，同时也为监管当局使用金融消费者保护的监管工具奠定了信息基础。

优先级3：对优先考虑领域和部门采取检查程序，逐渐推广到其他部门。银行监管者实施消费者保护监管，不能立即处理所有消费者保护问题，而是首先要对重点领域和优先领域开始实施标准监督程序，随着银行监管者得到质量越来越高的投诉信息，逐步增加市场监控，随着时间的推移扩大监督范围，覆盖优先领域中的其他服务提供商，或覆盖部门里的其他优先领域。

优先级4：逐渐减小直接处理投诉的作用。新兴市场与发展中经济体的监管者应该把消费者保护的重点放在改善金融机构内部处理投诉的机制上，建立有效的第三方追索机制，从而使得银行监管者减小直接处理投诉的作用，将监管资源转移到监督工具和技术上去，更好地发挥银行监管者的消费者保护功能。

优先级5：完善法律法规框架。随着银行监管者实施金融消费者保护的经验积累，以及在实施过程中所得到的市场的反馈，监管者应该逐步提出和支持改善消费者权益保护所需的监管改革，这是新兴市场与发展中经济体的银行监管者发挥消费者权益保护功能的制度基础。

2. 新兴市场与发展中经济体可能进行的改善金融消费者保护监管的监管改革措施

加强银行监管者的法定职权，确保消费者保护监督威严不受到挑战，包括赋予其使用一系列强制措施的权力。从投诉处理渠道和程序统一的最低标准、相关零售产品的标准披露格式、市场营销和广告、销售做法、贷款回收做法、电子交易数据隐私和安全等方面建立和改进具体的监管标准。要求外部和内部审计员来检查消费者保护监管标准的合规性。

三、世界银行发布《消费者保护与消费者自身金融素养的全球调查报告》

不管是在《金融消费者保护高级原则》还是在《金融消费者保护的良好经验》中，金融消费者的教育与金融监管一样，是金融消费者权益保护的重要内容。这是由于消费金融产品时，消费者应该在知道并了解相关的风险和利益的基础上作出正确的决策，然而，金融市场的信息不对称、权利不平衡和行为偏差可能会给消费者和金融服务提供者都带来不良后果，因此，金融消费者的教育能够较好地解决金融交易中金融服务提供者和用户之间存在信息不对称等摩擦因素的阻碍，保证金融服务供给商提供金融产品和服务的尽责性，增加消费者的信心和减少购买金融产品和服务时的风险，提高效率、透明度、竞争和进入零售金融市场的机会。金融消费者保护和金融教育政策的作用在于和金融机构及市场的监管相结合，确保金融服务的安全获取和金融稳定性以及普惠金融目标的达成。

在 2013 年进行的全球消费者保护与金融扫盲调查的基础上，2017 年世界银行根据二十国集团通过的《金融消费者保护高级原则》以及世界银行发布的《金融消费者保护的良好经验》评估了金融消费者保护条例和监督框架在全球各经济体的状况。这一评估站在较高的视角上评估了目前全球金融消费者保护监管及其状况，有助于评估现有的金融消费者保护的监管安排在多大程度上符合这些广泛的原则。

全球 114 个涉及金融消费者保护的监管机构接受了此项调查。该调查所涵盖的关于消费者保护的七个维度的主要结果总结如下。

一是法律框架。大多数经济体都建立了广泛的金融消费者保护法律框架，但仍需要改革来澄清各利益相关方所扮演的角色并简化执行程序。据调查，114 个经济体中的 112 个建立了一些金融消费者保护法律框架形式。不同法律法规下的法律框架往往是分散的，常常会造成一些矛盾或重复。据此，许多司法管辖区正在进行合理化和立法简化的改革。

二是机构安排。有许多的经济体为金融消费者保护监督分配专门的资源，但机构安排仍然很复杂，监督权力和合规监测工具有限。专门从事金融消费者保护的金融监管机构数量在 2010—2013 年从 68% 上升到 89%。超过 90% 的实行审慎监管经济体机构会涉及金融消费者保护职责。在这些司法管辖区中，超过一半以上，其金融消费者保护部门与审慎监管部门分开。监管机构采用更广泛的合规监测工具，例如在 2013 年有 49 家机构使用了检测投诉统计，而在 2010 年仅有 23 家。许多司法管辖区正在改革机构安排，以此来加强和简化对金融消费者保护的监督。进一步评估金融消费者保护监督手段的效力非常重要。

三是公平待遇。大多数国家的法律框架为保证公平待遇进行了详细的规定。调查中 80% 的经济体提供对个人隐私的保护，75% 的经济体对欺骗性广告进行了限制。但调查中较少的经济体具有直接针对金融业公平待遇的规定，例如限制掠夺性贷款规定（占比为 59%）、捆绑服务规定（占比为 49%）和滥用收款规定（占比为 45%）。

四是披露要求。根据提供相似类型金融产品的金融机构的类型不同，消费者受到保护的程度也是不同的。只有 18% 的经济体要求非管辖范围内的金融机构在用户开户时遵循披露要求。相比之下，67% 的经济体对于受监管的金融机构有这种要求，79% 的经济体中只有银行有披露要求。需要进一步的研究和消费者测试来确定有效的披露形式以及与披露要求相匹配的监管方式。

五是负责任贷款。除了披露以外，越来越多的国家正在研究监管限制来控制过度贷款，并确保信贷和投资产品的可购性。在 77% 的经济体中，放贷者需要评估借款人的偿还能力，而 35% 的经济体对与借款人的收入相关的某些产品（如信用卡和抵押）的贷款或偿债额有明确的限制。需要进行研究来评估这些限制的有效性及其影响。

六是争议解决和追索权。有效的争议解决机制（包括金融服务提供者层面）是金融消费者保护框架的关键部分。73%的经济体中的金融服务提供者需要执行解决客户投诉的程序和流程。在75%的经济体中存在替代性的争议解决机制，如财务监察员或类似机构。此外，约三分之一的经济体中，争议解决职能由监督机构执行。

七是金融扫盲。有71%的经济体的金融监管机构开展金融教育活动。工作重点是提高公众对金融问题的认知并进行相关的培训（78%经济体会进行此项活动）。金融监管人员在提高用户金融素养和能力方面所起到的作用，也是今后需要研究的课题。

总体而言，调查结果显示，金融消费者的保护还是一个需要改革的领域。受近年来新兴国家零售金融市场迅速扩张以及发达国家金融危机的影响，改革的重要性不言而喻。调查显示，虽然大多数国家的金融消费者保护框架的基础都已经到位，但普遍存在保护制度的适当性不足的问题，金融消费者保护监管在合规监督的可行方法、执法行动的范围和性质以及监管技能方面的作用远远落后于审慎监管，今后需要进一步关注目前消费者保护关键措施的有效性。

四、国际复兴开发银行发布《金融消费者保护的制度安排》

强有力的消费者权益保护有助于确保持续增长的金融服务使用给消费者带来更多的益处，并且不会对消费者带来不必要的风险，同时也支持实现金融稳定、诚信和包容性的目标。基于这样的判断，国际复兴开发银行评估了不同国家金融消费者制度安排的总体状况、特征及优劣利弊，目的在于帮助政策制定者和监管者探求适合本国实际情况的并能够更好地实现金融包容性发展的金融消费者保护制度。在国际复兴开发银行的报告中，负责金融消费者保护监管和金融机构监督的机构数量、组织和结构，以及相关机构的能力、资源和流程共同构成了金融消费者保护的制度框架。尽管制度安排只是整个金融消费者保护框架中的一个部分，但在决定消费者保护效率和金融消费者保护的整体框架的最终成功与否上面起着至关重要的作用。报告归纳了世界上对于金融消费者保护的机构进行安排的主要模式，分析了不同模式下的优势和劣势，进而提出了负责金融消费者保护的机构所面临的主要挑战。

（一）世界各个国家金融消费者保护制度安排的特征

1. 没有一个合适的模式适合所有金融消费者保护监督管理的制度安排

相反地，世界各地存在不同的安排和制度结构，每个都有着不同的特点。某一制度安排在该国家中是否能够顺利实施，取决于各种复杂的因素，而且难以准确预计这些因素如何影响金融监管机构的运作。任何国家的制度安排有效性和实际作用都取决于每个国家的特点。相关特点包括金融部门的规模和结构、它的发展阶段、所采取的特殊的监管监督机制、掌握的技能和机构能力，以及主流政治传统。

2. 没有足够的证据可以得出任何具体的制度安排比其他的更好的结论

制度安排的不同模式（或结构）通常与具体的优缺点相关，不同的制度安排模式都有其相对的优劣利弊，在理论上没有一个最佳的金融消费者保护解决方案。

3. 在各个国家的实践中，存在着大量的结合了不同特征的制度安排

在很多国家中，制度安排是单一或多种模式和一般消费保护模式的综合。2013 年世界银行在全球 114 个国家的调查显示了各种不同的制度安排，有的国家中，多个机构负责监督金融部门，而没有专门的金融消费者保护机构；有的国家中，建立了专门负责监督管理整个金融部门以及市场行为的机构；少数国家采用了双峰模式机构；有的国家中，通常的消费者

保护机构也在金融消费者保护方面起到了一些作用，金融监管机构和普通的消费者保护机构共同承担起金融消费者保护的责任。

（二）世界各国金融消费者保护制度安排的典型结构与优劣利弊

国际复兴开发银行的报告使用机构数量、监督授权的综合程度这两个主要维度来区分和描述不同国家制度安排的模式。机构数量是指参与金融部门监管的机构总数，不论其任务是否涵盖金融消费者保护。根据参与监督的机构数量，可以确定两种模式：单一机构模式和多机构模式。前者是指单一机构负责监督金融部门的制度环境；后者是指存在不止一个机构负责监督金融部门。根据审慎监管任务和金融消费者保护任务之间的整合程度，可以区分两种模式：综合代理模式和专门机构模式。在综合代理模式中，一个机构既负责监管金融部门（或其分部）又负责审慎监管和市场行为监管。综合代理模式可能存在于单一的机构的国家，也可能存在于多个机构的国家。在专门机构模式中，审慎监管和金融消费者保护的任务已被分离，并委托给独立机构或专门的金融消费者保护机构。结合上述两个标准时，可以确定三种不同的实践模式：单一（综合）代理模式、多重（综合）代理模式、多机构（专业）代理模式。

1. 单一（综合）代理模式

这种模式只有一个机构负责金融业的监管，这一机构同时肩负审慎监管和金融消费者保护的任务。

这种模式的优势：各种类型的活动（如贷款、支付、投资）是由单一的机构监管，一个机构能更全面地了解整个金融业；具有规模经济；监管资源集中；没有监管重叠和监管空白；相同的规则和监管基准利于公平竞争；对监管失败容易问责；适合于金融集团和金融创新活动的监管。

劣势：对于信息获取和共享的要求较高；监管机构内部不同部门之间存在资源竞争和协调问题；对监管机构内部的治理的要求较高；容易受到

片面观点的影响；利益冲突：审慎监管与金融消费者保护的整合可能导致两项任务之间的利益冲突；所有的监管权力都集中在一个单一的机构，从而增加权力滥用的风险。

2. 多重（综合）代理模式

这种模式中有多个机构负责金融业的监管，且各个监管机构的任务同时包括审慎监管和金融消费者保护。从金融消费者保护的角度来看，多重（综合）代理模式与单一（综合）代理模式存在类似之处，审慎监管和金融消费者保护监管都被委托给同一个机构。然而，几个机构同时参与的事实给信息共享、协调和合作带来了新的挑战。

这种模式的优势：每个机构都能够专业化地行使监管和保护职能；每个监管和保护机构都有自己的独立预算；一个专门的监管与保护机构的任务明确，更容易监控，对监管失败容易追责。

劣势：存在监管重叠和监管空白区域，有些行业可能受到多个机构的监管，一些行业可能会由于没有明确的责任而没有监管；监管机构可能缺乏对金融体系的整体看法和理解，金融业整体性的信息有限；成本昂贵；不同金融监管和保护机构之间缺乏有效的合作和协调机制，导致监管和监管框架的低效；存在监管套利和不公平的竞争。

3. 多重（专门）代理模式

在这种模式中，对金融业的审慎监管和金融消费者保护监管是由不同的机构分别进行的，有多个机构负责对金融业的审慎监管，至少有一个机构专门负责金融消费者保护。由于审慎监管和金融消费者保护的分离，多重（专门）代理模式与前述两种模式存在较大的差别。

这种模式的优势：缓解了审慎监管和金融消费者保护任务之间的潜在利益冲突，然而，独立机构之间仍可能存在利益冲突，因此，应该有一个机制来解决这种冲突；能够提高金融消费者保护与市场行为监管的专业化水平和能力；在各自的授权范围内，监管机构会关注整个市场的审慎监管与消费者保护问题；金融消费者保护机构具有独立的预算；审慎监管机构与金融消费者保护机构在各自的领域承担责任，责任划分明确。

劣势：审慎监管机构与金融消费者保护机构之间的合作和协调不足，如果缺乏合作和协调机制，可能会导致监管和金融消费者保护效率低下；审慎监管目标与金融消费者保护目标之间可能会存在冲突，从而导致两个独立监管机构之间的利益冲突，需要把解决非合作风险的机制嵌入制度安排；审慎监管机构与金融消费者保护机构的专业化可能使得每一个机构的目光过于狭隘，只专注于自己的领域，而忽视了金融稳定是金融监管人员的共同目标。

（三）金融消费者保护制度存在的普遍问题

各个国家的金融消费者保护的制度安排存在差异，但不同的国家面临着一些普遍存在的问题，这些问题在发展中国家尤其明显。许多国家存在金融消费者保护的资源不足的问题，无法实现预期的保护目标。许多国家缺乏明确制定的金融消费者保护的任务目标，尤其是在机构的目标、功能和授权方面存在立法缺陷，难以避免监管套利的漏洞。法律和监管框架和制度安排的不协调，导致不同的金融消费者机构之间在功能上相互重叠或者相互冲突，影响了金融消费者保护的效率。金融消费者保护机构的独立性不足，而具有独立性和专业化的金融消费者保护机构有利于提高保护效率，实现金融稳定的目标。审慎监管机构与金融消费者保护机构之间以及不同的金融消费者保护机构之间存在难以合作协调的问题，也影响了金融消费者保护和金融稳定目标的实现。

针对这些现实的挑战和问题，世界银行提供了关于提高金融消费者保护效率的建议，包括以下几个方面：明确规定的任务的重要性；拥有足够的能力的重要性；负责金融消费者保护的独立的专门团队、单位或者机构的重要性；不同机构（和其他利益相关方）之间协调合作机制的重要性。

五、二十国集团发布《数字普惠金融高级原则（2016）》

2016 年中国担任二十国集团轮值主席期间，二十国集团发布了《数字普惠金融高级原则（2016）》（以下简称《高级原则》），这是国际社会首次在该领域推出的高级别指引性文件。《高级原则》包括 8 项原则、66 个行动建议或者细则。其中原则五"建立尽责的数字金融措施保护消费者"和原则六"重视消费者数字技术基础知识和金融知识的普及"均提出了有关数字金融领域的金融消费者保护和金融消费者教育。

（一）原则五：建立尽责的数字金融措施保护消费者

这一原则的初衷是创立一种综合性的消费者和数据保护方法，重点关注与数字金融服务相关的具体问题。在获取和持续使用数字金融服务的过程中，健全的消费者和数据保护框架对构建消费者信任和信心必不可少，尤其是对于那些金融素养不高或承担损失能力有限的消费者。就数字普惠金融环境而言，技术、服务、供应商、销售渠道的快速革新以及个人数据处理的数量、速度和种类尤为重要，它们在提高消费者金融服务可得性的同时也带来了风险。

涉及数字金融服务的消费者风险多种多样，尤其当消费者为无法获得金融服务或缺乏金融服务的群体时。这些风险包括：作为非审慎监管对象的供应商所保有的消费者资金缺乏安全保障；有关费用、条款和条件的信息披露不全；代理商流动性不足和代理商欺诈；使用具有误导性的用户界面增加错误交易风险；系统安全性不足；通过数字方式不负责任地提供贷款；系统崩溃资金无法获取；不明晰的或限制性的损失追索制度；以及无法维护个人数据保密性和安全性等。同时，对金融服务不足群体的歧视也存在重大风险。

为实现数字普惠金融的目标和价值，消费者保护框架必须充分考虑个人数据使用和处理的数量、种类和速度，其中包括身份识别、交易、账户、手机话费充值和互联网社交平台数据。这些数据能够提高金融可得性并改善产品和消费者服务，同时也能够提供有关普惠金融水平的公共信息，但使用这些数据也可能对消费者造成损害。

采取负责任的数字金融措施保护消费者并解决相关监管和行业自律问题的关键行动包括但不限于：

1. 设计数字金融服务消费者保护框架。该框架可以解决数字环境的特定风险，并可以反映统计和行为证据以及直接的消费者信息。

2. 构建稳定的法律框架以保障不受审慎监管的服务提供商所持有的客户资金的安全。同时，结合针对弱势群体的项目，进一步严格执行反数字金融服务欺诈行为的有关规则并建立合理的追索机制。

3. 确保投诉解决机制便于消费者使用。该机制应易于理解、高效、免费且能远程访问和操作，并由服务提供商和专门处理纠纷的第三方负责提供。

4. 针对数字金融服务，对服务提供商提出适当的要求。例如：（1）披露条款、费用和佣金等信息，且表述明晰、简洁，内容具有可比性；（2）定期提交反映交易和费用明细的账户报表；（3）开通免费客服热线；（4）明确未经授权交易、错误交易和系统中断的处理流程和责任；（5）规范贷款和债务催收行为；（6）引导消费者正确使用数字金融服务，有效防止个人数据被滥用、泄露、篡改和损毁；（7）提供用于消费者咨询的官方联系方式。所有消费者信息都能以数字方式提供并被保存。

5. 要求数字金融服务提供商对其代理商及雇员进行培训。培训内容应涉及产品特征、监管职责、公平对待缺乏金融服务的群体和弱势群体、追索流程及应客户要求或在语言障碍情形下对信息披露文件进行解释。

6. 鼓励服务提供商定期提交有关数字金融服务投诉数据的报告，数据应按主要目标群体划分。

7. 鼓励数字金融服务提供商采用高于通行法律要求的自律标准。

8. 明确"个人数据"的定义,该定义需对综合各类信息以进行个体识别的能力加以考虑。

9. 确保数字金融服务消费者能够对个人数据进行有意识的选择和控制,包括通过基于相应语言文本的,明晰、简洁、全面、与年龄相符且简短的隐私政策披露的知情同意权;以及透明、可负担和便利的访问权和更正权,这些权利可通过远程和互联网访问实施,如移动电话、网站或24小时呼叫中心。

10. 禁止以不公平歧视性方式使用数字金融服务相关数据,例如,在通过数字服务提供信贷或保险时歧视女性。

11. 制定指引以保障数据的准确性和安全性,其中,数据涉及账户和交易、销售中的数字金融服务及针对无法获得金融服务或缺乏金融服务的消费者开展的信用评分。该指引应包括传统数据形式和创新性数据形式,如公用事业缴费、手机话费充值、数字钱包或电子账户使用及互联网社交平台或电子商务交易数据。

(二)原则六:重视消费者数字技术基础知识和金融知识的普及

根据数字金融服务和渠道的特性、优势及风险,鼓励开展提升消费者数字技术基础知识和金融素养的项目并对项目开展评估。

对政策制定者和服务提供商而言,金融素养方面的缺陷依然是他们向无法获得金融服务或缺乏金融服务的群体推广金融服务的重大挑战。金融服务供给的数字化变革给那些没接触过或极少使用数字工具的新用户增加了新一层的复杂性。政策制定者、监管机构及服务提供商必须通力合作,确保用户能够拥有并充分认识数字金融工具,确保有简易指引告知用户如何操作,确保用户明晰如何获取更多信息,以及用户在即时、非面对面的新交易环境中对任意错误享有的追索权。更加广泛和深入的金融知识可以补充和加强对如何使用特定金融工具的理解。否则，数字技术可能在金融服务可得性和使用度方面导致更广泛的不公平现象。同样重要的是，商家应认识到通过数字方式进行支付和转账可带来诸多好处。

急需提升消费者和商家的数字技术基础知识和金融素养已得到普遍认可，尤其当消费者为无法获得金融服务或缺乏金融服务的群体时。具体例子包括：PAFI 报告有关金融素养的第六项指导性原则，2014 年数字支付机遇报告《引导数字金融服务提供商对消费者和小企业开展教育，提升其信心、技能和接收度》的第五条建议以及 2015 年的报告《为妇女推出数字金融解决方案》中涉及女性金融技能的核心发现。二十国集团领导人在 2012 年签署的经合组织（OECD）/国际金融教育网络（INFE）《金融教育国家战略高级原则》为制定有效的金融教育国家战略提供了国际指引和政策选择。

提升消费者数字技术基础知识和金融素养的关键行动包括但不限于：

1. 明确因金融服务数字化和多元化所带来的金融素养方面的新要求。

2. 鼓励开发、评估实用度高、可得性强并着重于数字化的金融素养和金融意识项目，尤其是针对无法获得金融服务或缺乏金融服务的群体的项目，需要帮助消费者理解数字金融服务的特征、好处、风险和成本，以及保护个人账户和信息安全的必要性。此外，鼓励业界将这些项目的详情、结果及适用数据分享给监管者。

3. 利用新兴的高质量数字工具开发数字技术基础知识和金融知识普及项目，为消费者提供使用数字金融服务所需的知识，使消费者能够理解数字金融服务并对其产生信心。例如，在消费者需要做决定或需要向消费者提示其储蓄目标时及时发送的短信问题和信息；线上工具；监测收入和花销的数字工具包；小企业在线财务管理项目以及互动教育项目。在"可教育时刻"，进行金融知识普及的有效性更高。如消费者在开始新工作、退休或孩子出生等人生重大时刻，往往需要作出具有重大财务影响的决策，此时进行金融知识普及，消费者特别易于接受信息和建议。

4. 促使小企业充分意识到通过数字方式进行支付和转账的好处以及当前可获得的数字金融服务的特性。

5. 推进由雇主和服务提供商赞助的公正的数字金融能力评估。该评估针对当前无法获得金融服务或缺乏金融服务的群体。随着数字化的推进，这些群体可能成为金融服务的首次使用者。

6. 鼓励通过支持开发相关工具，使消费者能够对比相似的数字金融产品和服务，从而作出明智选择。

六、巴塞尔框架下的行为监管理念

巴塞尔框架协议是巴塞尔委员会制定的在全球范围内主要的银行资本和风险监管标准。其主要包括 1988 年发布的《巴塞尔协议Ⅰ》、1997年发布的《有效银行监管的核心原则》、2004 年发布的《巴塞尔协议Ⅱ》、2013 年发布的《巴塞尔协议Ⅲ：流动性覆盖率和流动性风险监测工具》以及 2017 年底发布的《巴塞尔协议Ⅲ（修订版）》。巴塞尔框架协议主要是从审慎监管角度对银行风险进行规制，但其中也渗透了行为监管的理念，主要体现在从银行操作风险的规定和对银行信息披露业务的规定。

（一）《有效银行监管的核心原则》

1. 对操作风险的认识

《有效银行监管的核心原则》第四部分"持续性银行监管的安排"对银行业风险进行了分类，认为最重大的操作风险在于内部控制及公司治理机制的失效。这种失效状态可能因为失误、欺诈、未能及时作出反应而导致银行财务损失，或使银行的利益在其他方面受到损失，如银行交易员、信贷员、其他工作人员越权或从事职业道德不允许的或风险过高的业务。

操作风险的其他方面包括信息技术系统的重大失效或诸如火灾和其他灾难等事件。所列举的银行或其员工的行为中有些可能会直接损害金融消费者权益，是需要加强行为监管的内容。

2. 信息披露原则

在对第 21 条原则的详细说明中，规定银行要根据统一的会计准则和做法保持完备的会计记录。为了保证市场的有效运行，从而建立一个稳定而高效的金融体系，市场参与者需要获得准确、及时的信息。为此，银行应当向公众发布其业务活动的信息，真实而公正地说明其财务状况。此类信息应当及时、充分，使市场参与者了解各家银行的内在风险。该原则主要保障了金融消费者的知情权。

（二）《巴塞尔协议Ⅱ》

1. 有关操作风险的规定

操作风险是银行面对的一项重要风险，银行应为抵御操作风险造成的损失安排资本。在《巴塞尔协议Ⅱ》下，操作风险的定义是，由不完善或有问题的内部程序、人员及系统或外部事件所造成损失的风险。为此，《巴塞尔协议Ⅱ》参考发展迅速的银行内部评估技术，制定了新资本监管方法。《巴塞尔协议Ⅱ》将操作风险纳入第一支柱，以便确保银行有足够的积极性继续开发计量操作风险的各类手段，确保银行为抵御操作风险持有足够的资本。

从这一规定来看，《巴塞尔协议Ⅱ》对操作风险进行规制的思路可以从以下几个方面进行理解：第一维度，从总体视角来说，提出关于操作风险的定义，并将该定义与银行内部程序、人员因素、外部事件都有关联，扩大了操作风险的涵盖范围，有助于从银行内控制度建设、强化员工培训、预警外部风险等多个视角防范化解操作风险，更为行为监管介入以规范金融机构的销售行为和风险管理提供了精确视角。第二维度，从事前防范视角来说，《巴塞尔协议Ⅱ》注重从发展银行内部评估技术出发，引导银行提高对操作风险的管理水平，属于金融机构完善内部机制建设的措施。第三维度，从事中事后处置视角来说，《巴塞尔协议Ⅱ》要求银行为操作风险所造成的潜在损失准备充足的资本金，可以为事中事后处置风险提供保障。

2. 有关信息披露的规定

《巴塞尔协议Ⅱ》认为，有关市场约束的第三支柱的基本原理正确，应要求使用新协议的银行遵守信息披露的要求。实际上将信息披露的要求作为落实第三支柱的重要途径。

监管当局可以采用一系列方法要求银行实施披露。考虑到安全性和稳健性，监管当局可要求银行披露信息。此外，监管当局有权要求银行在监管报告中提供信息，并视情况全部或部分地对外公布。监管当局可以根据法律权限和披露缺陷的严重程度，采取相应的措施。银行应判定哪些披露信息属于重要信息，如果信息缺乏或虚假信息会改变或影响信息使用者的评估或决策，这样的信息就是重要性信息。

从金融监管部门和金融机构两个方面对信息披露作出相应规定，可以压实金融机构作为市场主体的信息披露义务，同时赋予金融监管部门以相应职权，要求金融机构按照行为监管的要求，保护金融消费者的知情权等合法权益。

2007 年 2 月 28 日，中国银监会发布了《中国银行业实施新资本协议指导意见》，标志着我国正式启动了实施《巴塞尔协议Ⅱ》的工程。通过分类实施、分层推进、分类达标的思路，有助于增强我国银行业金融机构风险管理能力，提升行为监管的工作水平。

（三）《巴塞尔协议Ⅲ》及其修订版

《巴塞尔协议Ⅲ》及其修订版对操作风险和信息披露的进一步完善其中对操作风险的计量方法有调整，与此同时间接地对银行提出了更高的信息披露要求。

1. 操作风险上的新变化

2008 年发生的金融危机暴露了现存的操作风险框架的两个主要缺陷：一是部分银行对操作风险的资本要求不足以覆盖其操作风险带来的实际损失；二是利用内部法模型去真实估计操作风险所需的资本存在很大的困难。《巴塞尔协议Ⅲ》及其修订版将现行的四种操作风险资本计算方法（高级方法和三种标准方法）统一为一种，即基于风险的标准法，适用于所有银行。新标准法决定的操作风险资本由两个因素决定：银行营业收入和银行的历史损失。隐含假设是：操作风险随着银行营业收入的增加而上升，且增速为正；以往发生过操作风险事件的银行在将来更可能出现操作风险而造成损失。

本次修订主要有三个特点：一是以商业系数（Business Indicator）作为计算基础，对银行会计报表提出更高要求；二是将监管罚款、违规交易损失等历史损失纳入计算，在强监管背景下对银行资本充足率形成考验；三是对银行披露有更高要求，明确银行需要公开操作风险年损失额及商业系数中子项目信息。

2. 进一步对信息披露作出要求

《巴塞尔协议Ⅲ》及其修订版提出了一个确保银行资本工具与其公开发布的财务报告相一致的三步骤程序。规定银行必须将所持有的法定资本的全部条款和条件公布在网站上，并同时公布涉及法定资本各组成部分比重的计算方法。统一的信息披露要求对银行形成约束，保障了金融消费者对银行状况的知情权和自主选择权。

《巴塞尔协议Ⅲ》及其修订版通过一系列的"补丁"（包括操作风险等涉及银行经营行为的方面），来增强公众对银行体系的信心。但根据过渡期的安排，距离全面落地实施还有较长时间，银行有充分的准备时间。从行为监管视角看，银行对危机后顺势改革的协议会作出目前还不能完全预料到的反应，可能会不断发生侵害金融消费者权益的事件，削弱公众信心，嵌入三支柱的行为监管要求应会得到进一步的加强。

七、重视行为经济学在金融消费者保护中的运用

由于消费者的行为会受到非理性因素的影响，金融消费者保护机制的效果就会受到消费者行为非理性的冲击。如果金融消费者保护的制度是在理性假设的前提下进行设计的，即使这种设计符合对消费者进行保护的内在逻辑，消费者保护制度的效率也会因为金融消费者非理性的行为而受到影响。

目前，金融消费者非理性行为的影响开始越来越多地得到监管者的关注。金融消费者保护国际实践的最新趋势是试图在金融消费者保护政策的制定中运用行为经济学知识来解决消费者的行为偏差。更好地理解消费者的决策过程和可能影响其经济和财务决策的偏差是金融服务决策者、监管者关注的重点领域。

行为经济学研究提供了大量有关人们如何作出非最优经济决策的知识。通过了解哪些过程会影响消费者行为，可以将消费者作出糟糕决策的不利影响以及如何减轻影响纳入监管和监管机构的实践中，以加强金融消费者的保护。

（一）国际组织对于消费者非理性行为与消费者保护的研究

从行为经济学的角度来看，存在的一个特别重要的事实是，即使是完全知情、受法律保护和受过教育的消费者，仍然可能作出次优的甚至有时对消费者的经济福利有损害的决策。这种现象主要是由于消费者的决策过程常常受到所谓的行为偏差的影响。国际保险监督官协会将这些偏见分为以下三个主要的类型：偏好、信念、决策偏见。

经合组织（OECD）一直处于研究行为经济学如何使消费者保护政策更有效并帮助消费者作出更好决定的前沿。OECD已组织了许多活动，并

发表了关于该主题的若干出版物，收集了来自世界各地包括金融产品和消费者保护在内的众多领域的案例研究，作为政策制定者的实际参考。

2010 年，OECD 在提出消费者保护政策工具包建议时指出，在行为经济学领域所做的工作确定了很多方面的关于消费者行为可能偏离传统市场模型的假设，并加深了对关键领域消费者行为的理解，从而改进政策制定。OECD 建议，随着行为经济学的不断成熟，应该对消费者政策的进一步影响给予更多的关注。

OECD 于 2012 年启动了"新经济挑战办法"（NAEC）的倡议，NAEC 进程涉及更新和加强 OECD 的分析框架、政策手段和工具。这种新方法需要考虑到不断变化的背景，特别是危机引发的关于经济运行假设的变化，还有那些与经济主体行为和风险有关的假设，方法更注重心理偏差，感知与客观风险以及风险感知的非线性。

2014 年，OECD 关于监管政策和行为经济学的报告对行为经济学在监管政策方面的最初应用进行了国际评估，描述了行为调查结果在多个 OECD 辖区内开始影响公共政策的程度，参考了共有 60 多个实例。OECD 的报告表明澳大利亚、加拿大、欧盟委员会、爱尔兰、意大利、荷兰、英国和美国在其公共政策方针中引入了行为维度，作为改善决策或者决策偏差的一般指导原则。

OECD 在 2015 年召开了一次政府和监管机构行为见解实践者会议，作为分享应用行为方法经验的平台。这有益于建立和分享关于行为经济学如何以及在何处可以为制定政策作出贡献的知识。该平台有益于开发应用行为经济学见解的良好实践，反思干预措施的效果和原因，以及干预措施的短期和长期影响。

G20/OECD 金融消费者保护工作组制定的支持实施高级别原则的有效方法，特别是竞争原则 10 承认："行为经济学提供的见解增强了消费者如何作出财务决策的理解和竞争结果的抑制因素。行为经济学可以帮助设计更合适的补救措施，从而更有效地促进金融市场的竞争。"

在投资者教育方面，国际证监会组织（IOSCO）已经确定了一些做法，以帮助指导成员开发和加强自己的投资者教育和金融扫盲计划。特别地，IOSCO 强调了财务决策中的行为反应清单对投资者教育和金融知识策略的设计具有重要意义。

欧盟委员会在 2010 年进行了一项关于零售投资服务中消费者决策的试点研究，通过实验室实验观察消费者在面对不同投资产品之间的选择时的反应以及他们如何受到财务建议的影响。欧盟的研究发现，标准化和减少所提供的信息量有助于消费者在确定相似投资之间作出最佳选择，提供可比较的每项投资净预期值的预先计算信息帮助受试者确定不同投资之间的最佳选择。欧盟委员会将这项研究的结果作为其监管出售零售包装和保险投资产品（PRIIPS）的建议的一部分。

世界银行扶贫咨询组织（CGAP）关注了在新兴市场行为偏差如何影响消费者保护问题和潜在解决方案，同时强调获取和应用每个特定市场及这些市场中主要消费者细分市场的洞察力的重要性。CGAP 认为，增加对新兴市场和发展中经济体的消费者保护政策制定的实验以及建立更好的工具和更强的证据基础至关重要。

（二）行为经济学在各国金融消费者保护实践中的运用

在澳大利亚，行为经济学研究被用来识别消费者在理解与住房贷款有关的合同前文件以及如何改进信息披露方面遇到困难的性质，从而优化住房贷款市场的干预政策。法国和爱尔兰监管机构从行为经济学的角度关注了保险市场存在非理性行为以及保险公司对消费者提供的保护状况。

自 2013 年 1 月以来，爱尔兰中央银行参与了为期三年的多合作伙伴研究项目，该项目旨在测试消费者如何评估和比较复杂产品。经济和社会研究所（ESRI）设立的调查消费者评估（PRICE）实验室计划由中央银行、竞争与消费者保护委员会（前国家消费者机构与竞争管理局合并）、能源管理委员会和通信管理委员会共同注资成立。该研究的目的是为政策制定者在消费者和竞争政策领域提供实证研究结果。

在荷兰，金融监管机构得出的结论是，由于消费者分配给财务决策的时间和动机有限，单凭监管部门要求披露的信息，在提供和改进消费者决策方面效果不够。这些理解导致企业和消费者之间的责任转移。为了维护消费者的利益，公司需要采取更加积极和负责任的方式。

2013 年，英国金融行为监管局发布了一份研究报告，认为消费者在选择和使用金融产品时会犯下可预见的错误，金融企业不能利用这些错误以及行为偏差为消费者提供不符合消费者利益的产品和服务。2015 年，英国金融行为监管局还开展了一项调查，调查消费者对结构性存款的理解和重视程度，并提出改善金融消费者保护的建议。

意大利金融监管机构审查了 20 家投资公司使用的问卷，在提出投资产品前评估潜在客户的风险态度，目的是基于行为经济学的见解提出改进建议。

在澳大利亚，澳大利亚证券和投资委员会（ASIC）开展了一项实验研究，旨在探索行为偏差如何影响对混合证券而不是对债券和股票等复杂性较低的金融产品的偏好。

八、重视对特殊金融消费者群体的保护实践

（一）对消费者获取金融服务存在的障碍的关注

近年来，"金融包容"问题已经成为事实。如在二十国集团和英国金融包容委员会努力下促成的"欧盟付款账户指令"，以及英国金融包容委员会 2015 年公布的一份报告，都在更大程度上提供了金融包容相关的案例。英国金融行为监管局进行了一项广泛的调查，发现边缘、弱势或处于劣势的消费者由于各种原因难以获得恰当的金融产品和服务是一个客观存

在的事实，金融排斥已经成为影响消费者权利的重要因素。

存在金融排斥的因素包括以下几个方面：

1. 复杂和官僚化的过程导致缺乏透明度，或者使员工和消费者难以明确解决问题所需要做的事情。糟糕而不一致的沟通可能使客户不知道他们需要做什么来克服遇到的挑战或问题；客户无法根据自己的需求找到量身打造的产品；为保护消费者免受欺诈而采取的措施，可能使产品变得更加难以获取和理解。

2. 金融产品经常以使消费者更难以搜索和理解的方式被宣传和销售。金融术语可能难以理解或可能进一步增加混乱；因为使用不同的术语和概念来描述特征，使得金融产品难以比较；优惠和介绍费率可以掩盖产品的"真实"成本；因为来自不同供应商的产品找到的容易程度不同，不容易对整个市场进行"监督"。

3. 由于能力问题，消费者可能会被"阻止"访问金融产品和服务。数字化素养较差或互联网接入有限的消费者会遇到障碍；残疾人士可能难以获得越来越多依靠技术或自动化系统的银行服务；农村地区的客户可能会花费长时间与更多金钱到访金融分支机构。

英国金融行为监管局强调金融包容性和获取问题与消费者保护的目标直接相关，英国金融行为监管局已经采取行动支持弱势的消费者，为消费者提供满足其需求的合适的产品和服务，消费者不仅要有合适的产品，还必须易获得、易理解、易申请、可负担。

（二）对心理健康因素的关注

英国金融行为监管局（FCA）开始关注心理因素在金融消费者保护中的影响。FCA 认为，糟糕的心理健康状况会对人们的日常生活产生重大影响，在心理状况和负债之间有一种由来已久的联系，FCA 的调查发现半数存在债务问题的人同时也存在心理健康问题。2016 年，FCA 启动了一项专门的调查，检查金融企业是否关注以及回应客户的心理状况所导致的问题，认为在有些情况下，金融企业应该对客户不必承受的压力或者其他困扰作出补偿。FCA 提出了一些具体的建议，要求金融机构建立一个让客户以各种方式沟通交流的环境，更加关注客户的心理状况，让客户得到他们需要的全方位的关心和支持，为有心理健康问题的人提供合适的援助，从而确保"弱势客户"政策得到有效的实施。

（三）对青年人财务能力培养的关注

为了有效地参与到金融市场中，成年人需要具备足够的金融知识、获取各类资源的技能以及调配资金并进行财务决策的能力。其基础是在青少年时期能够有效地学习这些财务能力。美国消费者金融保护局（CFPB）研究了人们在少年时期发展财务能力的情况，提出了通过优化现有项目和金融教育资源、制定和测试新的金融教育政策、提供有依据的金融教育政策帮助年轻人获得必要的金融知识，CFPB 认为每位公民都有机会建立财务能力是金融消费者权益保护的基础。

（四）对老年人权益保护的关注

CFPB 进行了全国范围的调查，发现普遍存在的老年人金融剥削每年都在损害着数以百万计的美国老年人的财产安全。

为了应对这场危机，美国数百个社区已经建立了协作网络来保护老年居民。这些网络通常汇集了重要的社区关系人和资源，协作网络旨在通过开展各种活动来预防、发现及应对老年人金融剥削问题。

CFPB 建议进一步在社区建立为老年人提供服务的网络，扩大现有网络的资源和网络容量应对老年金融剥削问题。此外，金融消费者权益保护机构、金融机构应该主动寻求加入并参与老年人金融服务网络，并且确保网络的长期可持续性。

英国金融行为监管局的调查发现，老年人对于金融服务存在普遍的不满：老年人往往仅因为年龄因素而无法得到某些金融服务或在其中处于不利地位，老年人认为金融服务机构对他们的债务问题的回应有时不令人满意；老年人认为金融机构对于他们生活上的事情有时处理得不够好；由于无法享受他们所需要的银行服务，老年人的独立生活能力可能会受到威胁；金融服务机构经常对老年人不够尊重。英国金融申诉专员服务机构（FOS）关注了《2010 平等法案》在对老年人提供金融服务上存在的缺陷，针对《2010 平等法案》的年龄歧视豁免存在一些误解，这些误解在消费者和金融企业之间都存在，从而影响了金融消费者的权益保护，FOS 建议金融机构需要根据消费者的个人情况作出更公平的决定。

（五）对学生金融服务的关注

由于大学生在金融专业知识以及获取金融服务渠道上存在的困难，大学生难以在金融服务上得到公平的对待。CFPB 对于金融机构与大学合作为学生提供账户的情况进行了调查，发现由于学生缺乏选择的权利，导致这些账户存在成本过高等问题，因此，CFPB 要求这些金融机构披露和大学合作提供账户的具体信息，要求金融机构以及合作的大学对不公平的状况进行改进，以保证大学生的权利得到有效的保护。

CFPB 每年都会关注学生贷款的保护状况，对学生贷款行业数据样本进行分析。2017 年，CFPB 的报告发现，超过 25% 的学生贷款借款人有逾期或违约的情况，而绝大部分高风险学生贷款借款人未被纳入联邦保障还款计划，学生金融保护的状况不能令人满意。

CFPB 正在采取措施，为直接贷款和增强服务标准的借款人创建一个新的学生贷款服务平台，帮助处于经济困难且违约的借款人根据联邦法律参加收入驱动还款（IDR）计划，简化所有借款人加入 IDR 计划的程序。同时，CFPB 编制关于学生贷款服务的公共绩效指标，包括关于拖欠和违约的数据，以及关于借款人在 IDR 计划中的表现，以此来监测高风险借款人的还款行为。

（六）对军人金融服务的关注

CFPB 关注了从军经历对于退伍、退役军人及其家属在财务上带来的额外挑战，致力于为退伍军人提供更安全的金融服务和权利保护。

自 2011 年以来，CFPB 已经从军队收到了 74000 宗投诉，CFPB 的执法行动为军人提供了超过 1.3 亿美元的救济，这是一种综合为军队服务的教育工具和资源，这也是根据《2016 年美国国防法》支持国防部金融教育任务的体现。

2016 年，CFPB 起诉了海军联合信贷协会（NFCU），认为其在催收贷款方面向自身成员（包括现役军人、退伍军人和军属家庭）施加了威胁，该协会还对拖欠贷款成员实施了不公正的账户访问限制。在 CFPB 的干预下，海军联合信贷协会行为已得到纠正，公司需向受害者支付 2300 万美元赔偿金，并应缴纳民事责任罚款 550 万美元。

（七）对侨民金融服务的关注

国际社会普遍认为侨汇是资金从发达国家向发展中国家流动的重要渠道。在一些贫困国家，侨汇是侨民外汇收入的主要来源，对于侨民摆脱贫困至关重要，是普惠金融的重要组成部分。根据世界银行的统计数据，2011 年全球平均侨汇成本（以汇款 200 美元等值外汇为样本，下同）达到了 9.3%，汇款费用居高不下，不利于侨汇资金的流动。2011 年，二十国集团领导人承诺将二十国集团国家的平均侨汇成本在 5 年内降低至 5%。2014 年，二十国集团领导人将此目标修改为到 2020 年降低至 5%。2015 年，联合国发展峰会通过了《2030 年可持续发展议程》，提出到 2030 年消除一切成本高于 3% 的侨汇渠道。

当前侨汇最主要的渠道是商业银行，其次为西联、速汇金等国际汇款公司（MTOs），商业银行收费一般要高于汇款公司。部分国家还有邮政渠道，但业务量占比极小。根据世界银行 2016 年第四季度的数据，全球平均侨汇成本为 7.4%。包括中国在内，世界主要国家正在推动发汇行和环球同业银行金融电讯协会（SWIFT）减免小额汇款费用、推动中间行收费透明化、加强国际反洗钱工作与侨汇工作的配合，以及探索发展多元化的汇款渠道等方面积极降低侨汇成本，保护侨民的合法权益。

九、典型国家行为监管与金融消费者保护的实践

（一）美国

2009 年 12 月，美国众议院通过《多德—弗兰克华尔街改革和消费者保护法案》，成立消费者金融保护局（CFPB），将分散在美联储、证券交易委员会、联邦贸易委员会等机构的监管职权集中到 CFPB，确保消费者在购买抵押贷款、信用卡和其他金融产品时获得清晰准确的信息，并保护其免遭欺诈行为、隐性收费和滥用条款的损害。CFPB 主要有三大宗旨：一是帮助金融消费者获取简洁清晰的信息，免受不公平及欺诈行为的危害；二是帮助建立面向金融消费者的公平、有效及富有创新性的金融服务市场；三是提升金融消费者获取金融服务的能力。CFPB 成立以来，开展了大量的行为监管与金融消费者保护方面的工作。

1. 强化金融消费者教育

CFPB 成立后，金融消费者教育成为其主要职能之一。一是设立金融教育与消费者参与部，具体负责向消费者提供有关金融产品和服务的教育知识，向传统上受到较少服务的消费者和社区提供金融产品和服务的信息、指导和技术支持。二是设立消费者咨询免费电话，由专人负责为美国国民提供金融消费资讯和服务，该电话还具备接受投诉的功能。三是通过网站提供基础金融知识，提供金融消费课程，为公民一生中重要的人生阶段提供金融策划知识，包括获取就学资金、申请按揭贷款等；同时针对不同人群提出金融规划，为各年龄段、各文化程度人群提供学习材料，包括学生、老年人、社区服务人员、退伍军人等。四是增强与消费者的互动，金融消费者可通过网站提交金融服务的心得和教训，供其他人分享或借鉴，也可通过网站提出问题、建议，增强金融教育的互动性。

2. 检查金融机构消费者保护合规情况

CFPB 负责对总资产超过 100 亿美元的银行、储蓄协会和信贷协会及其附属机构执行法规的情况进行检查。一是资产规模较大的银行。资产规模较大的存款类机构将同时受到审慎监管机构以及 CFPB 的检查。CFPB 可将其职责委托给合适的审慎监管者，但至少选派一名检查人员参与检查。监管机构将及时与 CFPB 就检查的结果、范围等合作协商，确保被检查机构最低限度的监管负担。二是资产不足 100 亿美元的银行与资产不足 15 亿美元的信用社，由其他联邦审慎监管者负责，CFPB 对于小银行和小信用社消费者保护主要担任协助角色。三是非银行机构。所有向消费者提供金融产品和服务的非银行金融机构应接受 CFPB 监管与审查，监管力度应当符合该机构过去所暴露的风险。

表 2 – 1 美国金融消费者保护方面处罚金融机构的典型案例

执法部门	被处罚金融机构	处罚金额	处罚原因	处罚时间
消费者金融保护局、货币监理署	富国银行	10 亿美元	因延长抵押贷款利息锁定期的收费问题和强制消费者购买不必要的汽车保险，违反了《消费者金融保护法》和《联邦贸易委员会法案》。	2018 年 4 月
证券交易委员会	德意志银行	950 万美元	德意志银行的证券部门鼓励其股票研究人员与客户和自己银行的交易员沟通。这种情况可能导致研究人员的报告在不经意间对客户和交易员透漏，造成某些对市场有影响的研究结果提前泄露。SEC 表示，这种运营方式违反了 SEC 对信息公开平等的要求。	2016 年 10 月
消费者金融保护局、货币监理署、洛杉矶检方	富国银行	1.8 亿美元	富国银行员工为达到销售额目标，在未经客户同意的情况下开设超过 150 万个储蓄账户，并申请超过 56 万个信用卡账户，以收取费用。除此之外，该员工还假编 PIN 码，捏造电子邮件地址，以客户名义注册网银服务。	2016 年 10 月

执法部门	被处罚金融机构	处罚金额	处罚原因	处罚时间
纽约州、商品期货交易委员会、司法部	德意志银行	22 亿美元	操纵伦敦银行间同业拆借利率（LIBOR）。	2015 年 4 月
司法部、各州总检察官、联邦存款保险公司	花旗银行	70 亿美元	在向共同基金、投资信托公司以及其他投资者出售次级抵押贷款支持债券时，花旗低估了这种资产的风险。这种债券包括所谓的住房抵押贷款支持债券和债务抵押债券，其价值在 2006 年和 2007 年住房市场崩溃时暴跌，加剧了金融危机。	2014 年 7 月
证券交易委员会	摩根士丹利	2.75 亿美元	摩根士丹利在名为摩根士丹利资产担保证券资本一号公司信托 2007 - NC4 和摩根资本一号公司信托 2007 - HE7 的两组住宅抵押贷款担保证券的发售中，未向投资者提供关于被包含在其中的抵押贷款中已经有多少出现延期付款的正确信息。	2014 年 7 月
财政部金融犯罪执法网	摩根大通	4.61 亿美元	摩根大通未能有效报告可疑交易且与其跨国分支机构之间对高风险客户信息沟通不畅。尽管麦道夫投资证券公司的活动曾经引起摩根大通银行员工的关注，但摩根大通总部在伯纳德·麦道夫被拘捕之前从未向金融犯罪执法网提交可疑交易报告。	2014 年 1 月
货币监理署、消费者金融保护局	美国银行	7.72 亿美元	美国银行两种信用卡产品误导了约 140 万名消费者。同时，该行还违法向 190 万个账户收取信用检查和报告服务费，但并未提供服务。美国银行的电话推销员对两种产品的成本和收益方面进行误导性宣传或者隐瞒重要信息。	2014 年 4 月
消费者金融保护局	第一资本金融公司	2.1 亿美元	第一资本金融公司下属的呼叫中心供应商使用欺诈性营销手段强制或误导消费者为附加产品付费。这些附加产品费用包括他们在激活信用卡时支付的付款保护和信贷监控等服务的费用。	2012 年 7 月

执法部门	被处罚金融机构	处罚金额	处罚原因	处罚时间
美联储	美国银行、花旗集团、摩根大通、富国银行、Ally 金融	7.66 亿美元	收回房屋抵押权的处置中存在马虎、不准确和伪造文件的过失。	2012 年 2 月
货币监理署、美联储、证券交易委员会、英国金融行为监管局	摩根大通	9.2 亿美元	摩根大通未监管好其交易员、高估了复杂的投资组合并隐藏巨额损失；且其管理层违反了企业管理的规则，剥夺了董事会知晓关键信息的权利，使其无法全面评估公司的问题并确定是否向投资者和监管机构披露了正确可靠的信息。	2013 年 9 月
货币监理署	运通银行	300 万美元	不公平的计费和欺骗性营销，而《联邦贸易委员会法》第五部分禁止不公平的和欺骗性的行为或实践。此次处罚反映了一系列因素，包括违规行为的时间和范围及给客户造成的损失等。	2013 年 12 月
商品期货交易委员会	摩根大通	2000 万美元	雷曼兄弟申请破产保护前两年的时间，摩根大通银行以雷曼客户资金为抵押提供信贷，而美国《商品交易法》规定客户资金与银行自有资金要有明确区分，以客户资金为基础的信贷只能发放给客户，禁止发放给代理客户资金的投资公司。	2012 年 4 月
证券交易委员会	高盛集团	2200 万美元	高盛集团的分析师举行"秘密会议"交流尚未公开的研究报告中的重要信息。"秘密会议"指的是高盛的研究员和分析师每周进行的会面，向同企业的交易员提供最佳交易建议，并在之后向经过选择的部分顶级客户透露这些信息。	2012 年 4 月
金融业监管局	花旗银行	350 万美元	花旗银行证券业务部门在 2006 年至 2007 年发布了三种次级贷款支持证券的错误业绩信息，且直到 2012 年 5 月初也没有更正。这些历史数据是投资者评估抵押贷款支持证券价值的依据，也是判断未来收益是否会中断的重要依据。	2012 年 5 月

执法部门	被处罚 金融机构	处罚金额	处罚原因	处罚时间
金融业监管局	巴克莱 银行	300 万美元	巴克莱银行对其在 2007 年 3 月至 2010 年 12 月担保和销售的三个次级抵押贷款证券产品做了失实的描述，这影响了投资者对其他证券化产品的评估。巴克莱银行也没有建立一个适当的系统对其网站上公布的一些更新信息进行监管。	2011 年 12 月
金融业监管局	瑞士银行	1200 万美元	瑞士银行的违规行为从 2005 年持续至 2010 年，其间该行不当处理了针对股票和上市交易基金"数以千万计"的卖空指令。	2011 年 10 月
司法部	摩根大通	130 亿美元	摩根大通在 2005—2007 年出售的贷款的质量误导了投资人。该行把抵押贷款打包成债券产品，然后出售给投资者，其中部分行为可能触犯了刑法。在 2007 年美国房地产泡沫破裂后，那些房贷的投资者损失惨重。	2013 年 11 月

资料来源：英美相关监管部门网站，新华社、《金融时报》等媒体报道。

3. 构建并负责运作消费投诉及处理体系

一是投诉渠道。消费者可以通过网站、电子邮件、传真或电话就金融机构侵权问题向 CFPB 投诉，CFPB 还专题针对一系列问题收集金融消费者意见。二是投诉处理。对于消费者的投诉，CFPB 要求金融机构在 15 日内对消费者的投诉作出回应，并要求其在 60 天内处理完所有投诉。CFPB 还可以对违反消费者金融保护法律的行为人提起民事诉讼，要求对其发布禁令并进行民事处罚，情况严重的可移交检察机关提起刑事诉讼。三是投诉反馈。CFPB 在投诉处理完毕后，需对投诉信息进行汇总，向局长以及其他相关监管机构进行汇报。同时，CFPB 不定期对专项投诉进行整理，发布反馈报告。四是投诉信息共享和分析。CFPB 建立了投诉数据库，与其他监管机构和联邦、州贸易委员会等相关机构共享，通过数据分析对市场进行实时监控。五是消费者救济。CFPB 通过司法或行政处罚所得的罚款，存入美联储设立的"消费者金融民事处罚基金"，用于救济无法获得赔偿的金融产品或服务受害者。

4. 进行金融消费者保护监测和研究

CFPB 内设研究部门，研究、分析并报告金融市场上有关金融消费者产品和服务的现状和未来发展趋势。研究重点分为两类：一是金融机构在执行金融消费者权益保护法规方面的情况。与检查情况公告不同，此类报告涉猎范围更广，包括其他联邦机构、法院、投诉等涉及的同类问题。二是金融消费者保护问题的分析。此类报告向消费者金融产品和服务的特征、成本、收益和风险，保障消费者的充分知情权。同时，报告还披露金融产品和服务交易的管理情况，包括产品和服务的成本、费用及数据处理，如信用机构管理消费者数据的调查等。

5. 特朗普政府修法对 CFPB 的影响

根据特朗普签署的行政命令，美国财政部于 2017 年 6 月 12 日发布名为《一个创造经济机会的金融体系：银行和信用合作社》（以下简称美国财政部报告）的报告，对美国银行业及其监管架构和《多德—弗兰克华尔街改革和消费者保护法》（以下简称《多德—弗兰克法案》）的关键目标进行审视，指出存在的问题并提出相应的改革建议。美国财政部报告认为，CFPB 是为追求重要使命而设立的，但其不负责任的组织结构和过分宽泛的监管权力导致了权力滥用和监管过度问题。CFPB 的规则制定和执法方法阻碍了消费者的选择和信贷获取，抑制了金融创新，并带来了不适当的合规负担，特别是对小型机构。针对前述问题，美国财政部报告提出多项建议，包括：一是采取结构性改革，使 CFPB 对总统、国会和美国民众更加负责，可以由总统自由撤换 CFPB 局长的职务或进行重组，由一个独立的多成员委员会或董事会进行领导，它们将针对 CFPB 的权力运行建立一套内部检查制度；CFPB 应通过年度拨款程序获得资金，并加强问责等。二是要求 CFPB 在执法行动中采取新的立场之前应颁布规则，确保被监管机构充分知晓，并减少"不采取行动函"的繁琐要求。三是采取程序性改革来遏制调查和执法行动中的过度和滥用行为。四是扩大回顾性监管审查。五是改善消费者投诉数据库的保障措施。六是消除 CFPB 重复和不必要的监督权力。

2017 年 6 月 8 日，美国众议院通过了大幅反转《多德—弗兰克法案》的 CHOICE 法案，并提交参议院表决。不过，鉴于参议院自己在撰写金融监管改革法案，本轮众议院投票的象征意义较为显著。CHOICE 法案全称为《为投资者、消费者和企业家创造希望与机会的金融法案》（*Financial Creating Hope and Opportunity for Investors，Consumers and Entrepreneurs Act*），由众议院金融服务委员会主席、共和党人 Jeb Hensarling 提出。以 Hensarling 为首的共和党认为，多达 1000 页的《多德—弗兰克法案》给美国经济带来了沉重负担，超过奥巴马时期的所有监管负担。CHOICE 法案主要有两个目的：削减监管以帮助推动经济增长，并承诺不再用纳税人的钱救助"大而不能倒"的金融机构。主要修改如下：撤销沃尔克规则（Volcker Rule），废除"生前遗嘱"计划，提高应急准备金计提，不再为华尔街从业人员的奖金设限，不需要公布大型金融机构 CEO 同员工中位数薪资的差距，不再要求管理资产规模达 3 万亿美元的退休账户理财顾问以客户的最佳利益行事。该法案也涉及 CFPB 的组织结构问题，包括 CFPB 可能会被改名或重组、其主要负责人将由美国总统任命或开除、每年预算案和监管改动必须提交美国国会批准等。

2018 年 3 月 14 日，美国共和党控制的参议院通过《促进经济增长、放松监管要求、保护消费者权益法案》，法案修改的内容主要涉及减轻小型银行金融监管负担，放松部分中型银行金融监管要求。该法案中对于减轻小型银行监管负担主要体现为：简化资产充足率考量方法、允许更多银行接受互助存款、允许小银行豁免沃尔克规则、减轻小银行财务报告要求、减少小银行现场检查频率等。该法案中对于放松中型银行监管要求包括：提高系统重要性金融机构门槛、豁免部分银行压力测试等相关要求、修改部分杠杆率计算细节、增列部分资产为高流动性资产等。这一法案的通过，将会给 CFPB 的监管尤其是对部分中小型金融机构的监管带来新的挑战。

（二）英国

在充分反思英国金融监管体系弊端的基础上，2013 年 4 月生效的英国《2012 年金融服务法案》对英国金融监管体系进行了全面改革并取消了英国金融服务管理局（FSA）。法案赋予英格兰银行维护金融稳定的职责，并创建了一个新的监管体制，包括金融政策委员会（FPC）、审慎监管局（PRA）和金融行为监管局（FCA）。

1. 英格兰银行下设金融政策委员会（FPC），负责宏观审慎管理、金融稳定

FPC 是英格兰银行董事会下设的一个委员会，负责监控金融稳定所面临的威胁，安排季度性的会议，每半年发布《金融稳定报告》。当它识别出风险，它能向负有监管责任的机构提供咨询和建议。FPC 有向 PRA 和 FCA 发布指引的权力。FPC 的主要目标是识别、监控和采取措施以减少或消除系统性风险，保护和提高英国金融体系的活力。FPC 的次要目标是支持政府的经济政策。

2. 英格兰银行下设审慎监管局（PRA），负责银行、证券（主要或者有系统重要性的证券公司）、保险行业的审慎监管

PRA 依据新法案成立，负责约 1700 家银行、住房贷款协会、信用社、保险公司和主要投资银行的审慎监管，即负责银、证、保的审慎监管，这部分职责系从 FSA 拆分过来。PRA 是英格兰银行的附属机构，董事会主席

由央行行长担任，首席执行官由副行长担任。PRA 的总体目标是促进被监管机构的安全性和稳健性，促进有效竞争。

3. 金融行为监管局（FCA）保持独立，负责包括银行、证券、保险在内的所有金融机构的行为监管暨金融消费者保护

FCA 是与英格兰银行相分离的独立机构，负责包括银行、证券、保险在内的所有金融机构以及诸如债务催收等行业的行为监管和金融消费者保护，也负责 PRA 所监管机构以外的各类机构的审慎监管。FCA 既负责零售业务的行为监管（一般意义上的金融消费者保护），也负责批发业务的行为监管（比如对操纵 LIBOR 的处罚）。

（1）FCA 的监管理念。FCA 年报中指出，保护金融消费者权益、维护金融体系的健全、促进金融市场有效竞争是行为监管的三大核心目标，也是健全行为监管机构、完善行为监管内容的根本原因所在。

行为监管遵循适度保护原则，确保金融机构在内部管理中始终将金融消费者的权益考虑在内，建立专业团队来公平对待消费者的诉求。行为监管机构通过监督检查等手段保证金融机构符合监管要求，并对违规行为进行处罚。另外，行为监管机构通过打击违法犯罪的金融活动、提升公众的防骗意识，保护金融消费者的权益。

行为监管目标之一是维护和健全金融体系，确保金融市场按照公平、高效、透明的原则运行，提高公众对金融市场的信任。行为监管机构制定政策和标准，确保金融机构有序合规运营，有效竞争，金融消费者能从金融市场获益。

FCA 指出，有效竞争的含义是金融机构彼此良性竞争，在服务、质量、价格和创新四个方面不断改进，提升本机构产品和服务的市场竞争力；同时确保消费者有足够的信息来比较并选择金融产品和服务；市场保持开放性，通过优胜劣汰原则，留下具有竞争力的机构，淘汰不能满足金融消费者需求的机构。

FCA 认为，行为监管要确保金融市场朝着有利于金融消费者的方向运行。当金融市场处于有效竞争状态时，消费者能够获得定价公平、高质量且具创新的金融产品。有效竞争还能够促进服务水平的整体提升，消费者更容易获得金融产品和服务，从而促进普惠金融的发展。

FCA 强调，行为监管要关注金融科技的发展与应用对市场竞争产生的作用。支持金融及其他相关机构通过科技应用来改进和提升金融产品和服务的质量，满足金融消费者不断上升的需求，进一步促进市场竞争的有效性。

（2）FCA 行为监管的目标。FCA 的战略目标是保护和提升对英国金融体系的信心，操作目标包括：对消费者进行适度保护；保证金融市场的公平公正，保护和加强英国金融体系的诚信度；促进符合消费者利益的有效竞争。

（3）FCA 监管的十项原则。一是确保消费者和市场经营者公平交易。二是保持前瞻性和主动性。三是致力于应对重大问题和问题的根源。四是采取以判断为基础的监管模式。五是要求金融机构必须考虑它们的业务行为对消费者和市场的影响，而不仅仅是简单遵从法律条文。六是分析商业盈利模式和公司文化，以及二者对消费者和市场结果的影响。七是强调个体责任。确保公司高管清楚其行为的个体责任，并在问题发生时承担相应的责任。八是在危机发生时保持强势。FCA 努力确保危机能够被控制，确保消费者能够获得保护和赔偿，确保不良行为和问题能治本。九是与从业者、金融机构和消费者开放坦诚地交流，以便深入了解他们面临的问题。十是联合行动，确保金融机构从 FCA 获得一致的信息。

（4）FCA 监管的三大支柱。支柱 1：积极主动型监管。主动评估金融机构是否将消费者的利益和市场的诚信度作为运营核心。采用前瞻性方式，以判断为基础处理可能损害消费者或市场的问题，必要时金融机构的高管人员需要承担个人责任。支柱 2：事件驱动的应对型监管。当出现重大风险或损害已经发生时，通过快速有力的反应，确保降低风险，防止损害扩大，并找到问题根源。支柱 3：问题和产品监管。将每个产业部门视为一个整体，分析并调查对消费者和市场的潜在风险来源，确保能够在单个风险全面扩散前解决问题。

（5）抓大放小，突出重点，分类监管。FCA依据机构规模、零售客户数量、批发业务的市场地位及潜在风险等级，把被监管机构分为四类：C1、C2、C3和C4。其中C1和C2为零售客户数量较多或批发市场份额较大的机构，有指定的监管部门，监管部门针对单个机构进行较为频繁的监管，监管的机构数量分别为11个和120个。C3和C4为客户规模和市场份额较少的机构，接受行业分类监管，监管部门针对单个机构监管的频率较低，机构数量分别为400个和25000个左右。针对不同对象采取不同的行为监管方法。FCA监管的频率和严格程度从C1到C4依次减弱。

（6）FCA也对部分金融机构进行审慎监管。英国PRA负责存款机构、保险公司和大型投资公司的审慎监管工作，但FCA也有审慎监管职责，主要是对包括资产管理公司、独立财务顾问以及抵押贷款和保险经纪公司在内的机构进行审慎监管。FCA审慎监管的目标是当金融机构遇到资金压力或破产时，最大程度地减少对消费者、批发市场参与者和市场稳定的伤害。

表 2.2　英国金融消费者保护方面处罚金融机构（含工作人员）的
典型案例

处罚部门	被处罚金融机构	处罚金额	处罚原因	处罚时间
FCA	桑坦德银行	3280 万英镑	在 2013 年 1 月 1 日至 2016 年 7 月 11 日，桑坦德银行没有采取合理的谨慎措施，未能建立起适当的风险管理系统以负责任和有效的方式组织和控制其遗嘱认证和丧亲程序，并且未能恰当地对待其已故客户和代表他们的人。桑坦德银行没有及时向受益人转账 1.83 亿英镑，40428 名客户受到直接影响，部分资金还被搁置了多年，导致受益人在相当长的时间内被剥夺使用这些资金的权利。	2018 年 12 月

续表

处罚部门	被处罚金融机构	处罚金额	处罚原因	处罚时间
FCA	外汇交易员 Adolph	180000 英镑罚款，并禁止其从事或接触任何受监管的金融活动	为了自己的利益，从事违规篡改德意志银行的多份伦敦银行间拆放款利率报表，与另一 LIBOR 银行小组的交易商进行违规洽谈并违规提交了日元 LIBOR 等多项违法行为。	2018 年 3 月
FCA	Stonebridge International Insurance	840 万英镑	2011 年 4 月至 2012 年 12 月，Stonebridge International Insurance 向没有大学文凭或专业资格的中低收入者售卖个人意外险、个人死亡险等产品时，在电话销售中鼓励消费者购买更昂贵的产品，且公司的售后服务阻挠消费者退保。	2014 年 8 月
FCA	福汇英国	400 万英镑	在客户下单到福汇英国以及另一子公司进行交易时，福汇集团按照对自身有利的价格执行交易并从中获利 600 万英镑。而当价格对自身不利时，把所有的损失转嫁给客户。	2014 年 2 月
FCA	桑坦德银行	1240 万英镑	桑坦德银行英国分行向客户提供误导性的信息，未对客户进行定期检查，且未确保新投资顾问在上岗前得到适当的培训。	2014 年 3 月
FCA	景顺集团	1860 万英镑	景顺集团英国子公司在 2008 年 5 月至 2012 年 11 月违反了旨在让客户风险敞口最小化的投资规定，并且未就其如何利用衍生品与客户进行明确沟通，给客户造成了总计 500 万英镑的损失。	2014 年 4 月
FCA	瑞士信贷银行	239.81 万英镑	瑞士信贷银行针对非专业投资者开发了一种名为 Clique Product 的金融产品，该产品本应是一款低风险的保本金产品，但最终保本率只有 40%～50%，且销售的所有产品中最终达到最高收益率的概率接近于零。	2014 年 6 月

处罚部门	被处罚金融机构	处罚金额	处罚原因	处罚时间
FCA	摩根大通	308 万英镑	摩根大通没有及时更新客户信息，也没能及时跟进和了解客户的长期需要，同时在给客户的报告中也没有注明投资建议如何符合客户的预期以及投资建议的风险和负面影响等。	2013 年 5 月
FCA	苏格兰皇家银行	560 万英镑	苏格兰皇家银行未能提交 2007 年 11 月至 2012 年 2 月共 804000 笔交易的报告。这些交易占该银行该段时间相关交易总额的 37%，违反了 FCA 关于交易报告的规则，以及 FCA 对公司拥有合适管理和控制能力的要求。	2013 年 7 月
FCA	摩根大通	1.38 亿英镑	摩根大通未监管好其交易员、高估了复杂的投资组合以隐藏巨额损失；且其管理层违反了企业管理的规则，剥夺了董事会知晓关键信息的权利，使其无法全面评估公司的问题并确定是否向投资者和监管机构披露了正确可靠的信息。	2013 年 9 月
FCA	莱斯银行	2803.9 万英镑	莱斯银行的产品销售激励方案存在严重设计失误，销售结果和员工的奖金或职位安危相绑定，导致销售团队面临巨大的业绩压力，但忽视了消费者的真实需求。	2013 年 12 月
FCA	道富银行	2288.5 万英镑	道富英的转换管理业务对六名客户的投资交易收取的费用比预先约定的要高。相关交易主要涉及证券，包括道富英的转换管理业务开展的外汇和期货交易，该业务为特定客户的大量投资组合提供转换和重组服务。	2014 年 2 月
FCA	Martin Brokers	63 万英镑	Martin Brokers 向其客户提供虚假信息，并试图操纵 LIBOR 利率。	2014 年 4 月

资料来源：人民网、新华网等媒体报道和 FCA 官网。

（三）南非

次贷危机后，南非金融监管体制的改革不仅吸取了次贷危机的直接教训，而且还考虑了提高金融业的安全性和稳健性，维护金融稳定，保护金融消费者和确保金融服务高效、有效和廉价等更广泛的政策目标。南非财政部于 2013 年公布其金融业立法草案，以在南非实施"双峰"监管体制，该草案历经两轮征求意见和修改，于 2015 年 10 月提交国会。在维护金融稳定方面，该草案提议由南非储备银行负责维护金融稳定，并在发生或可能发生系统性风险时负责进行应对。草案建议成立一个金融稳定监管委员会（FSOC）和一个金融部门应急论坛（FSCF），以协助南非储备银行监控金融体系的风险，维护金融稳定并应对金融危机。在微观审慎监管方面，草案建议在南非储备银行内部新成立一个审慎监管局（PA），负责银行、保险公司和大型金融集团以及金融市场的微观审慎监管。在行为监管和消费者保护方面，草案建议新成立一个金融市场行为监管局（FSCA）以进行行为监管和保障金融消费者的权益。在监管机构的沟通、协调和合作机制方面，草案建议另成立金融监管机构联席会议（CoFR）和金融部门内阁成员联席会议（FSIMC），以促进新成立的两个局之间，以及它们和其他金融监管机构及南非储备银行间的协调与合作。

1. 设立金融稳定监管委员会和金融部门应急论坛以协助南非储备银行维护金融稳定并应对金融危机

金融稳定监管委员会的主要目标是协助南非储备银行实施其与金融稳定相关的法定职能，促进金融监管机构和南非储备银行在有关金融稳定事务上的协调与合作。金融部门应急论坛由南非储备银行行长成立，其主要目标是协助金融稳定监管委员会识别潜在的系统性风险，并协调适当的计划、机制或结构以缓解这些风险。金融稳定监管委员会和金融部门应急论坛由南非储备银行提供行政支持和其他资源（包括经费）以保证其有效运行。

2. 在南非储备银行内部设立审慎监管局，负责银行、证券、保险的微观审慎监管

审慎监管局在南非储备银行的管理下运行，其目标是促进和提高金融机构和金融市场基础设施的安全性和健全性，以保护金融消费者，防范金融风险，并协助维护金融稳定。它负责对提供金融产品和证券服务的金融机构，包括银行、保险公司、大型金融集团和金融市场，以及金融市场基础设施或支付系统实施微观审慎监管。

3. 设立独立于南非储备银行的金融市场行为监管局，负责行为监管和金融消费者保护

金融市场行为监管局独立于南非储备银行，其目标是提高南非金融体系的效率和诚信，保护金融消费者，促进金融机构公平对待金融消费者，同时向金融消费者和潜在的金融消费者提供金融教育服务，普及金融知识，提高金融消费者的金融素养以帮助他们作出稳健的决策，并协助维护金融稳定。它负责对几乎所有的金融机构进行行为监管。

4. 设立金融监管机构联席会议和金融部门内阁成员联席会议以促进不同金融监管机构和南非储备银行间的协调与合作

金融监管机构联席会议的职能是促进不同金融监管机构之间的协调与合作，使其组成机构的高层人员探讨并知晓他们共同关心的问题，包括采取的战略方向，了解并应对来自国内和国际的挑战。

金融监管机构联席会议及其下属工作组和小组委员会由金融市场行为监管局负责提供行政支持和其他资源（包括经费）。

金融部门内阁成员联席会议的目标是通过提供一个讨论和审议共同关心的问题的论坛以促进负责金融监管相关立法的内阁成员间的合作。其成员包括财政部部长和负责消费者保护和信贷事务、卫生事务及经济发展事务的内阁成员。

第三章　我国行为监管与金融消费者保护的现状、问题与对策建议

　　我国金融业改革、发展和开放过程中，金融服务质量不断提高，行为监管和金融消费者保护不断加强，越来越多的金融消费者享受到了金融业改革发展的好处。随着金融新业态的蓬勃发展，跨市场、跨行业交叉线金融产品与服务的不断增加，金融消费纠纷快速增长、涉众类案件时有发生，部分极端案件成为社会舆论关注的焦点，例如操纵股市、"e租宝"、校园贷"裸条"、各类非法交易所、极端的债务催收行为、非法金融广告互联网上满天飞等。这些大致可以分为三类：第一类是操纵市场、内幕交易等；第二类是经营行为不规范，误导销售，暴力催收，个人信息泄露等；第三类是非法经营金融业务，集资诈骗、资金传销等。这三大类线上线下都存在，威胁经济金融安全。综合分析，目前我国行为监管和金融消费者保护存在的问题主要表现在法律体系、金融监管者、金融机构、金融消费者、国际层面等领域。

　　"九层之台，起于累土。千里之堤，毁于蚁穴。"我国金融业改革、发展和开放的深化，必须要有有效的金融业行为监管与金融消费者保护体系护航。建立有效的行为监管和金融消费者保护体系，使其成为金融安全网的第四支柱。有效的行为监管可以维护金融消费者对金融市场的信心，维护金融稳定。2015年股灾之后，我国证券业行为监管升级或者说回归到了应有的力度，处罚也大大增强。之后，我国保险业、银行业行为监管也日

趋严格。本轮金融监管改革中，可从完善金融业行为监管和消费者保护法律体系、加强行为监管、强化金融机构行为风险管理、提高金融消费者素养等方面，加强我国金融业行为监管和金融消费者保护，从长远巩固金融风险攻坚战、金融乱象整治的成果。

一、我国行为监管与金融消费者保护的现状

在我国，行为监管与金融消费者保护其实一直是金融监管的组成部分之一，在制度规范和日常监管中时常涉及相关内容，特别是针对证券市场强调信息披露、打击操纵市场和内幕交易等已被公众所熟知。但总体而言，一方面，过去我国金融体系不发达，金融产品类别少、结构单一，金融业与消费者关系相对简单，金融消费者保护问题并不十分突出。另一方面，长期以来，我国金融业更多地侧重于发展，金融监管部门承担着促进金融业持续健康发展的重要职责，更多地关注于完善金融市场、深化金融改革、防范金融风险和维护金融稳定，也就难免更多地以对机构的审慎监管为主，有时还得扮演金融业和金融机构利益维护者的角色，使得对金融消费者保护重视不够，投入不足。

此外，在实际的行为监管及金融消费者保护操作层面，金融监管部门执行力度也相对欠缺，对侵害金融消费者合法权益的行为和现象未起到应有的作用。一方面，缺乏足够和必要的监督检查和投诉调查，无法及时掌握第一手信息和来自金融消费者的有效反馈，难以及早采取相应的执法行动。另一方面，对发现的违法违规行为的处罚力度也相对较轻，往往是隔靴搔痒，并没有取得很好的震慑效果。

基于此，次贷危机后，行为监管和金融消费者保护成为国际共识，也成为我国金融业改革的重要内容之一，在机构设置、业务实践等方面已有了诸多新的富有成效的研究和探索，尤其是 2015 年股灾及其之后各类金

融乱象整治中，行为监管趋于加强。

（一）国务院机构改革之前的金融业行为监管与金融消费者保护的机构设置

我国目前可以说是一种"内双峰"模式，并不存在一个独立的行为监管（金融消费权益保护）机关，而是在现有金融监督管理部门内设立相关司局的方式，分行业、分领域承担行为监管（金融消费权益保护）职能。2011 年以来，中央机构编制委员会办公室（以下简称中央编办）先后批复保监会、证监会、银监会、人民银行成立金融消费者保护机构，根据各自职能范围，开展金融消费者保护工作，属于一种分业监管框架下，在既有监管部门内部各自成立独立司局的"内双峰"模式。

1. 中国人民银行金融消费权益保护局于 2012 年 3 月 31 日获中央编办批准成立，2012 年 12 月正式成立

人民银行金融消费权益保护局作为总行的内设司局，设在上海。根据相关规定，其职责包括：一是综合研究我国金融消费者保护工作的重大问题，建立并完善金融消费权益保护机制和保护措施，会同有关方面拟订金融消费者保护政策法规草案和规章制度；二是在人民银行职责范围内，拟订金融消费权益保护的监督管理制度并负责实施，组织受理、调查和调解金融消费投诉，开展监督检查并查处有关违法违规行为；三是协调处理跨市场、跨行业的金融产品与服务涉及的消费者保护问题，加强与各金融监管机构、工商行政管理部门、消费者协会等部门协调，共同开展金融消费者保护工作；四是推进金融消费投诉受理统一平台建设，建立金融消费投诉数据库，为完善相关规定和开展监督检查等活动提供支持；五是组织开展金融消费者教育和咨询服务；六是开展对外交流，参与制定国际金融消费权益保护规则和标准。

从职责内容来看，人民银行金融消费权益保护局侧重工作的宏观性、综合性，注重法律法规的制定，将"双跨"（跨市场、跨行业）业务的监

管作为工作的重要方面；注重与其他金融监管部门、工商管理部门及协会团体等的沟通合作，有助于形成工作合力；注重投诉受理、处理以及相关的监督检查工作，可通过对投诉数据的分析汇总，及时发现金融产品服务的风险点，做好风险预防和处置；注重消费者教育，提升消费者金融素养，进而改善金融行业生态；注重加强金融消费权益保护领域的对外交流与合作，有助于充分吸收域外成熟实践，增加我国在金融消费权益保护领域的国际影响力。

人民银行金融消费权益保护局依法履行职责，先后参与或推动出台《国务院办公厅关于加强金融消费者权益保护工作的指导意见》（国办发〔2015〕81号）、《中国人民银行金融消费者权益保护实施办法》（银发〔2016〕314号）等规范性文件，加强我国金融消费权益保护领域的基础性制度、规定建设。以《中国人民银行金融消费者权益保护实施办法》为例，该办法中规定了金融机构应当建立健全金融消费者权益保护的各项内控制度，包括个人金融信息保护、金融产品和服务信息披露、金融产品和服务信息查询、金融消费者风险等级评估、金融消费者投诉受理、金融知识普及和金融消费者教育等机制，实际上为金融机构依法依规开展业务的行为规范提出了要求，为行为监管的开展提供了有力支撑。

2. 原银监会银行业消费者权益保护局于2012年3月31日获中央编办批准成立，2012年11月挂牌成立

根据相关规定，原银监会银行业消费者权益保护局的职责包括：一是负责研究国内外金融领域消费者（投资者）保护情况，制定银行业金融机构消费者权益保护总体战略、政策法规，并对监管政策制定和执行中对消费者权益保护的充分性和有效性进行评估；二是协调推动建立并完善银行业金融机构消费者服务、教育和保护机制，建立并完善投诉受理及相关处理的运行机制；三是统筹策划、组织开展银行业金融机构消费者宣传教育工作；四是组织开展银行业金融机构消费者权益保护实施情况的监督检

查，依法纠正和处罚不当行为。

从职责内容看，原银监会银行业消费者权益保护局的职责聚焦于银行业，涵盖总体政策、法律法规建设、金融机构有关机制建设、投诉处理和消费者教育等领域。原银监会银行业消费者权益保护局也参与或推动出台多部规范性文件。中国银监会办公厅于 2016 年 2 月 14 日发布《关于加强银行业消费者权益保护解决当前群众关切问题的指导意见》（银监办发〔2016〕25 号），要求银行业金融机构规范经营行为，不断提高服务标准和水平，并明确提出银行业金融机构加强产品信息披露，落实产品销售透明原则，实施产品销售专区管理，实施专区产品销售"双录"，强化消费者个人信息保护，规范服务收费行为，严格执行授信业务管理规定，提升代销业务规范化管理水平，加强员工行为管理，主动提升服务消费者的意识和水平，加强对特殊消费者群体的关爱和保护。尤须注意的是，这一指导意见中对"加强员工行为管理"提出了较为明确的安排，注重从一线员工的日常行为中防范行为监管中的风险，具有较强的实践意义。

3. 证监会投资者保护局于 2011 年 5 月 20 日获中央编办批准，2012 年 1 月正式成立

证监会投资者保护局的职责包括：一是负责投资者保护工作的统筹规划、组织指导、监督检查、考核评估；二是推动建立健全投资者保护相关法规政策体系；三是统筹协调各方力量，推动完善投资者保护的体制机制建设；四是督导促进派出机构、交易所、协会以及市场各经营主体在风险揭示、教育服务、咨询建议、投诉举报等方面，提高服务投资者的水平；五是推动投资者受侵害权益的依法救济；六是组织和参与监管机构间投资者保护的国内国际交流与合作。

证监会投资者保护局的职责集中于证券领域投资者保护的法律规则体系建设，督促相关机构提升风险揭示、投诉举报、消费者教育等工作水平。例如，2015 年 9 月，证监会发布《关于加强证券期货投资者教育基地

建设的指导意见》，该意见指出，为了规范和推广投资者教育基地（以下简称投教基地），充分发挥其功能，提高投资者教育服务水平，根据《国务院关于进一步促进资本市场健康发展的若干意见》（国发〔2014〕17号）和《国务院办公厅关于进一步加强资本市场中小投资者合法权益保护工作的意见》（国办发〔2013〕110号）精神，推动加强投教基地建设工作。投教基地面向社会公众开放，具有证券期货知识普及、风险提示、信息服务等投资者教育服务功能的场所、网络平台等载体，是开展投资者教育的重要平台，可由证券期货交易场所、行业协会、证券期货经营机构及其他机构等建设运行，实际上对市场行为参与者的投资者教育提出了具体要求。通过多种手段，帮助投资者集中系统、持续便利地获取证券期货知识，认识投资风险并掌握风险防范措施，知悉权利义务，树立理性投资理念，增强自我保护能力，培育成熟的投资者队伍。

4. 原保监会保险消费者权益保护局于 2011 年 4 月 18 日获中央编办批复，2011 年 10 月正式成立

原保监会保险消费者权益保护局的职责包括：一是拟订保险消费者权益保护的规章制度及相关政策；二是研究保护保险消费者权益工作机制，会同有关部门研究协调保护保险消费者权益重大问题；三是接受保险消费者投诉和咨询，调查处理损害保险消费者权益事项；四是开展保险消费者教育及服务信息体系建设工作，发布消费者风险提示；五是指导开展行业诚信建设工作；六是督促保险机构加强对涉及保险消费者权益有关信息的批露等工作。

原保监会保险消费者权益保护局聚焦于保险消费者权益保护领域制定规章政策、建立工作机制、接受有关投诉咨询、开展消费者教育等工作。例如，2014 年保监会发布《关于印发〈中国保监会关于加强保险消费者权益保护工作的意见〉的通知》，对保险行业的消费者保护工作提出了具体要求，有助于加强保险行业的行为监管（金融消费者保护）。在该通知

中，就保险公司的主体责任作出全面、细致规定，其中要求保险公司应规范销售行为，要根据产品特点和消费者风险承受能力建立区分销售制度，将合适的产品销售给有相应需求的消费者。不得利用广告或者其他宣传方式对保险条款内容和服务质量等做引人误解的宣传；不得在销售活动中阻碍消费者履行如实告知义务，或者诱导其不履行如实告知义务；不得伪造、擅自变更保险合同，或者为消费者提供虚假证明材料；不得夸大保险产品收益，隐瞒合同重要内容，提供虚假产品信息；禁止未经消费者书面授权或者追认而代替其签订保险合同以及其他违反法律、行政法规和保监会规定的行为。该类规定针对保险公司与消费者交易中的风险，为保险公司设定了明确义务，划定了行为边界，有力地引导保险公司的行为方式，对加强保险行业的消费者保护具有重要意义。

5. 其他行为监管与金融消费者保护的部门设置

原工商行政管理总局也设有"消费者权益保护局"，其职责范围包括：一是拟订保护消费者权益的具体措施、办法；二是承担流通领域商品质量监督管理工作；三是开展有关服务领域消费维权工作；四是查处假冒伪劣等违法行为；五是承担指导消费者咨询、申诉、举报受理、处理和网络体系建设工作。在其职责范围内承担着保护所有消费者（包括金融消费者）的职责，承担依法规范和维护各类市场经营秩序的责任，负责监督管理市场交易行为，依法查处不正当竞争等经济违法行为。

国家发展和改革委员会内设价格司，其职责范围包括：研究起草价格、收费方面的法规和规章草案，规范政府价格行为、经营者价格行为；分析、编制、发布价格信息和重要商品、服务价格指数，引导市场预期。拟订重要商品价格、服务价格和收费政策并组织实施。换言之，与消费者关系密切的金融产品、服务的价格监督管理主要由国家发展改革委负责。

国家外汇管理局承担全国外汇市场的监督管理工作，承担结售汇业务监督管理的责任，负责依法监督检查经常项目外汇收支的真实性、合法性，负责依法实施资本项目外汇管理，规范境内外外汇账户管理，负责依法实施外汇监督检查，对违反外汇管理的行为进行处罚。这些职责也涉及对普通消费者、金融机构从事外汇业务等的监督管理。

以上这些机构，共同构成了我国行为监管（金融消费者保护）的监管者大家庭。

（二）2018年国务院机构改革中的金融业行为监管与金融消费者保护的机构设置

2017年7月，在全国金融工作会议上，习近平总书记指出，要以强化金融监管为重点，以防范系统性金融风险为底线，加快相关法律法规建设，完善金融机构法人治理结构，加强宏观审慎管理制度建设，加强功能监管，更加重视行为监管。要积极稳妥推动金融业对外开放，合理安排开放顺序，加快建立完善有利于保护金融消费者权益、有利于增强金融有序竞争、有利于防范金融风险的机制，体现了习近平总书记对行为监管与金融消费者保护的高度关注和深刻论断。同时，全国金融工作会议明确人民银行负责制定金融消费者保护基本制度。

2018年3月，第十三届全国人民代表大会通过国务院机构改革方案，对有关机构的改革进行了周密部署，相应地，我国行为监管与金融消费者保护体制也有所变化。

1. 组建中国银行保险监督管理委员会

为深化金融监管体制改革，解决现行体制存在的监管职责不清晰、交叉监管和监管空白等问题，强化综合监管，优化监管资源配置，更好统筹系统重要性金融机构监管，逐步建立符合现代金融特点、统筹协调监管、有力有效的现代金融监管框架，守住不发生系统性金融风险的底线，方案提出，将中国银行业监督管理委员会和中国保险监督管理委员会的职责整合，组建中国银行保险监督管理委员会（银保监会），作为国务院直属事业单位。其主要职责是，依照法律法规统一监督管理银行业和保险业，维护银行业和保险业合法、稳健运行，防范和化解金融风险，保护金融消费者合法权益，维护金融稳定。将中国银行业监督管理委员会和中国保险监督管理委员会拟订银行业、保险业重要法律法规草案和审慎监管基本制度的职责划入中国人民银行。

原分属于银监会、保监会的相应消费者保护职责，统一划归银保监会。2018 年 11 月 14 日，《中国银行保险监督管理委员会职能设置、内设机构和人员编制规定》发布，消费者权益保护局的职能主要是：研究拟订银行业和保险业消费者权益保护的总体规划和实施办法；调查处理损害消费者权益案件，组织办理消费者投诉；开展宣传教育工作。

2. 组建国家市场监督管理总局

将国家工商行政管理总局的职责、国家质量监督检验检疫总局的职责、国家食品药品监督管理总局的职责、国家发展和改革委员会的价格监督检查与反垄断执法职责、商务部的经营者集中反垄断执法以及国务院反垄断委员会办公室等职责整合，组建国家市场监督管理总局，作为国务院直属机构。原属于国家工商行政管理总局的消费者保护职责，也相应地由新组建的国家市场监督管理总局负责。

（三）我国金融业行为监管与金融消费者保护的实践

我国金融业行为监管与金融消费者保护部门根据法律规定和自身职责，开展了诸多卓有成效的实践，包括法律法规制定、监督检查和信息披露、金融消费纠纷解决机制建设、金融知识普及和消费者教育等。

1. 法律法规制定

法律法规的制定，是行为监管与金融消费者保护的基础性工程，可以为行为监管与金融消费者保护提供明确的依据。2014 年，全国人民代表大会修订了《中华人民共和国消费者权益保护法》，首次明确提及了银行、证券、保险等金融服务提供者在收费披露、安全保障和风险提示等方面的义务，并且增加了与金融领域息息相关的个人信息保护和格式合同条款等方面的规定。2015 年，国务院办公厅出台了《关于加强金融消费权益保护的指导意见》，对金融消费者的财产安全权、知情权、自主选择权、公平交易权、依法求偿权、受教育权、受尊重权、信息安全权进行了详细解释；明确了政府部门、金融机构和社会组织在金融消费者保护领域的工作要求。中国人民银行、原银监会、证监会、原保监会等也纷纷出台部门规章或规范性文件，就各自职责范围内的行为监管工作提出要求，这些规则的制定，为做好行为监管工作奠定了基础。

2. 行为监管与金融消费者保护领域的监督检查工作

近年来，我国行为监管与金融消费者保护部门开展监督检查工作，充分发挥行为监管对规范金融机构经营行为、维护消费者合法权益的作用。各行为监管部门深入开展现场检查和非现场检查，包括对银行卡、格式合同、个人信息保护、银行代销保险、存款业务纠纷、资本市场中小个人投资者保护、保险误导销售和理赔难等开展专项检查；人民银行启动金融消费权益保护自评估，要求金融机构对照行为监管（消费者保护）有关的指标进行自评，探索柔性监管。原银监会围绕银行业消费者权益保护制度体系建设情况、制度执行情况、工作开展情况、内部考核与管理情况、重点问题发生情况五个维度，组织对全国银行业金融机构开展消费者权益保护工作考核评价，通过考核督促银行业金融机构完善机制、改进工作。原保监会启动保险公司服务评价体系建设工作，构建起服务评价体系的基本框架和指标体系。

行为监管与金融消费者保护部门加大对行为监管领域的案例公示力度，以公示带动金融机构规范自身经营行为，维护消费者利益。公开报道显示，2018 年 3 月，支付宝被中国人民银行杭州中心支行处以 18 万元的罚款，支付宝违法行为类型包括金融消费者知情权保障不充分、自主选择权保障不充分、开展引人误解的宣传、个人信息保护不到位等问题。通过处罚公示，明确了有关金融机构的违法行为，督促有关金融机构提升合规经营意识。

3. 推动金融消费纠纷解决机制建设

人民银行、原银监会、证监会、原保监会分别开通了12363金融消费权益保护咨询投诉电话、银行业信访咨询电话（各地银监机构属地开通）、12386证监会投资者服务热线、12378保险消费者投诉维权热线，受理金融消费者的投诉、咨询。实践中和国际同行类似，金融监管部门接到投诉后，一般将投诉分办给被投诉金融机构，由其办理，强化了金融机构处理消费者投诉的首要责任。

世界银行《金融消费者保护的良好经验》中提出：应当为消费者提供一个经济、有效、权威和专业合适并匹配充足资源的争端解决机制，例如独立金融督察机构，或一个具有类似效率和执行力的机构。目前，国际上的主要经济体，大多建立了金融消费纠纷的非诉解决机构，如英国的金融申诉专员服务机构（FOS）、加拿大的银行服务和投资申诉专员（OBSI）等。我国行为监管机关也积极推动非诉第三方调解组织建设。如中国人民银行在多地推动建立金融消费纠纷调解组织建设，证监会推动成立中证中小投资者服务中心等，为纠纷双方提供调解服务，降低消费者的维权成本；调解组织加强与司法机关、仲裁部门合作，提升调解协议的法律效力，增强调解组织的社会公信力。

4. 金融知识普及和消费者教育

行为监管与金融消费者保护部门十分重视金融教育工作，通过开展丰富多样的金融知识宣传，提升公众金融素养。人民银行将每年9月定为全国"金融知识普及月"，为金融消费者教育、普惠金融和金融消费权益保护工作的稳步推进奠定了坚实的基础，逐步营造了健康、和谐、可持续性的金融生态环境。人民银行还在每年"3·15"期间统一开展"金融消费者权益日"活动，帮助金融消费者准确理解自身的各项法定权利，自觉远离和抵制非法金融活动；定期开展金融知识"进农村""进军营""进学校""进社区"等活动；组织编写、出版和发行《金融知识普及读本》；积极探索金融消费者教育项目的有效评估机制。

原银监会把每年9月定为银行业金融知识宣传服务月，组织各银行业金融机构面向全体社会公众开展"金融知识进万家"活动；推出面向各类群体的读本、动漫画和手机软件等金融知识普及工具，开展送金融知识"进社区""进校园""进乡村""进景区"等宣传教育活动，并广泛与广播电视、报纸杂志、网络传媒等媒体合作，利用各种渠道传播普及金融知识，增强社会公众风险防范和依法维权的意识能力。

证监会先后组织开展"倡导价值投资"、"积极回报投资者""证券3·15维权在行动"等主题活动和"公平在身边"投资者保护专项活动；规划和推广投资者教育基地，让投资者拥有一站式的教育服务场所，集中、系统、便利地获得更加公平优良的教育和服务。

原保监会将每年7月8日定为"全国保险公众宣传日"，开展保险公众宣传活动，营造全社会了解保险、支持保险、参与保险的良好氛围；通过在网上教育平台、官方微博、官方微信和媒体上开辟教育专栏，编写印发普及读物，组织教育活动等多种方式，向公众普及保险知识，倡导科学理性的保险消费观念；在官方网站首页设置了"风险提示"栏目，作为保险消费风险提示平台，及时针对市场上存在的保险消费风险进行提示，并普及风险防范知识。

二、目前我国行为监管与金融消费者保护体系中存在的主要问题

（一）法律体系方面

1. 立法滞后，缺乏专门性法律法规，现有规定层级低。关于金融消费者保护目前我国尚无一部专门性法律或行政法规，《消费者权益保护法》

也仅是原则性规定，无明确法律授权赋予金融监管部门可以根据该法开展金融消费者保护工作。现有规定中，多为部门规章、规范性文件，效力层级较低，且受限于分业监管体制，类型相似或流程相关的金融业务，多散见于不同的监管规定中，呈现部门化、条块化。

2. 机械适用"谁主张，谁举证"，金融消费者举证责任过重。我国民商事诉讼中采用"谁主张，谁举证"的标准分配举证责任，对自身主张不能提供相应证据者，要求其承担法律上的不利后果。这一原则被简单地适用于金融消费纠纷，金融消费者与金融机构在经济实力、信息收集能力、举证能力等诸多方面存在严重不均衡，有些交易信息甚至只存在于金融机构的后台数据库中，在数字环境下或者跨境服务中更甚。机械遵循"谁主张，谁举证"，造成金融消费者无法提供于己有利的证据而难以保护自身权利，导致法律地位在实质上的不平等。

3. 现有公益诉讼、集体诉讼无法兼顾公共利益和个人利益，且存在司法实践障碍。根据《民事诉讼法》和《消费者权益保护法》的规定，中国消费者协会等消费者权益保护组织可以对侵害众多消费者合法权益等损害社会公共利益的行为提起公益诉讼。但从法律效果来看，法院往往判决被告承担"消除危险""收回尚处于流通中的伪劣产品""在一定级别的媒体上赔礼道歉"等方式，侧重对社会公益的维护，难以实现对受损害个人的权利进行补偿。关于集体诉讼，目前我国法律中没有类似表述，司法政策、学者研究等领域一般将《民事诉讼法》规定的共同诉讼看作是"集体诉讼"——允许人数众多的群体纠纷，由当事人推选代表人进行诉讼，法院的判决结果可以对被代表的当事人产生效力，经过一次诉讼即可解决多人的利益诉求。但是在实践中，相关部门通过发布的通知、主要领导讲话等所显示的价值取向，限制了涉众型纠纷通过推选代表人进行集体诉讼的空间，实际上使得涉众型的金融消费纠纷难以通过集体诉讼的方式维护受害人的合法权益。

4. 非诉第三方纠纷解决机制建设分散，缺乏统一规划，传统调解效率低。目前，受到分业监管的影响，各金融消费纠纷非诉解决机构缺乏统一规划，分业设置调解组织、分业受理金融纠纷，某些地区存在多个调解组织，业务和功能重叠，而其他地区则存在空白，消费者要么不知道找谁，要么谁都找不到。有的地方简单套用行政架构，省、市、县各行政层级都设调解组织，但是很多市、县没有业务量，形成资源浪费。各监管机构设立的不同调解组织，无论组织架构、内部治理机制、人员来源，还是投诉受理范围等均大致相似，这不仅给消费者带来困惑，也加重了金融机构的负担，重复建设、无序建设、效率较低。同时，现有金融消费纠纷非诉解决组织基本上采用传统调解手段，在金融消费呈现跨地域、跨行业的背景下，传统的面对面的调解方式效率低、效力弱，过程冗长，难以满足现实需求。

5. 以互联网为平台的非法跨境金融服务增多，损害消费者、投资者权益。我国现有行为监管多采用"属人管辖＋属地管辖＋保护管辖"的标准。然而，跨境金融交易发展较快，比如一些国内外平台公司从境外拿到牌照，并没有在我国拿到牌照，就通过设立网站为我国消费者、投资者进行跨境外汇交易、跨境炒房、跨境炒股等，我国相关监管部门难以对其进行制裁。因此，与境外监管合作、司法合作需要加强。

（二）金融监管者方面

1. 行为监管理念存在偏差，重审慎监管、准入监管，重"出交规"，轻"上街执勤"，行为监管成为"没人要的孩子"（Unwanted Child）。目前，我国行为监管仍然较为薄弱，表现为工作理念偏差，认为审慎监管好，行为监管是件"麻烦事"。当两者发生冲突时，其必然倾向于舍后者而就前者。传统的审慎监管思维惯性也使得行为监管、消费者保护这样比较具体的工作容易被忽视，即便从事行为监管，也会倾向于"出交规"、发文件，真正"上路执勤"的积极性不高，难以取得十分显著的效果。

2. 监管真空填补较慢，跨部门协调成本高、效率低，央地权责不清，在对新型金融服务提供商的监管上尤显突出。对于大量涌现的各种交叉性金融产品或者难以界定行业归属的创新性金融产品所涉及的消费者保护工作，多个部门之间的政策协调的成本高、难度大、效率低，功能监管说得很多，但是实际中落不了地，消费者感受很差。对新型金融服务提供商（如 P2P 等）的监管上更容易相互推脱，存在明显的监管空白，没有人管。类似于"泛亚""e 租宝"等风险事件的爆发，反映出我国中央地方行为监管与金融消费者保护权责不清，地方金融管理部门在行为监管和金融消费者保护方面的专业力量不足。

3. 各方争着想干能够显政绩、促发展的事，都想把麻烦的日常行为监管推给别人，推不出去了，就层层往下推。监管的三个环节上，表现为"在促发展、准入管理上都很积极，有人管，甚至抢着管；出问题后的后事料理，很多情况下能推则推，但是迫于形势，有时不情愿但是也得管；日常行为监管都想避而远之，推给别人，监管远远不够"。实在推不出去了，就推给地方。很多地方政府也没有金融监管力量的积累，有的试图倒推给中央，更多的只能是层层往下推：省一级推给省会和地市，省会和地市又推给县区，重大群体性事件出来后才会重视，表现为事后、被动的运动式整顿，周而复始，教训深刻。

4. 行为风险发现和预警不足，缺乏投诉数据分析和行为偏差监测体系。金融监管部门缺乏通过消费者投诉数据分析、现场检查等方式发现、预警相关行为风险的能力。对待金融消费者投诉多数持有"绕着投诉走""能推给别人就推给别人"的态度，投诉电话形同虚设，未能充分运用投诉这一金融监管政策的温度计和传感器，没有建立全国性的投诉分类标准、标准化的金融消费者投诉数据库，未能对投诉数据进行深度挖掘、分析和使用，也没有建立有效识别金融消费者行为偏差的监测体系，更不会主动谋划监管科技（RegTech）在行为监管中的应用。被投诉"行政不作

为"时有发生。

5. 行政执法手段欠灵活，行政和解制度一定程度缺位。我国行为监管部门在行政执法过程中，基本上还是秉承着"行政权代表公共利益，不可自由处分"的传统原则，行政相对人涉嫌违反金融领域法律、行政法规和相关监管规定时，行为监管部门基本上都是采取行政处罚的方式予以解决，行政和解制度在我国行为监管领域运用并不普遍。但在行政执法等过程中，行为监管部门不可避免会遭遇调查难、取证难、认定难等现实问题，坚持采取行政处罚等传统方式，会导致一些案件久查不决，甚至是不了了之。行政和解以其相对灵活、经济的方式，体现了现代行政法从规范和限制行政权力这一相对单一的目标，向效率行政、民主行政、程序行政、和谐行政等多元目标转变。行政和解在境外有着广泛适用。美国、英国、德国等国及我国香港、台湾地区，均有对行政和解制度的相关规定。如 1946 年美国发布的《行政程序法案》规定，在时间、案件性质和公共利益允许的情况下，行政机关应该给予所有争议当事人进行和解的机会，但行政机关也并不一定必须接受当事人提出的和解方案。一些国家和地区的监管机构以行政和解方式处理的案件，甚至已占其全部执法案件的80%以上，其中不乏数额高、影响广的重大案件。金融业快速发展、瞬息万变，因此有必要改变传统的行政执法方式，提高行政效率，合理配置行政执法资源，引入行政和解制度。

6. 行为监管部门"准司法权"（行政司法权）机制欠缺，处罚力度小、威慑弱。行为监管部门在履职过程中，执法权限受到较大限制，"准司法权"（行政司法权）机制基本无从谈起，导致执法窘境。根据我国法律，行为监管部门仅具有查阅资料、封存文件、问询当事人等有限的执法权限，与英美等国行为监管部门相比，权限明显不足。调查权内容不充分，没有一种机制可以及时对违法违规行为人进行搜查，对当事人传唤和起诉，划拨存款、汇款，限制人员离境等。难以在违法行为初期或紧急情况时采取必要措施，防止责任人脱离行政监管范围，容易造成风险发酵和损失扩大。很多情况下，行为监管部门能做的仅仅是监测、调研、分析、移交，而公安部门资源也不足，无暇顾及处理移交的事宜，导致不少违法违规者逍遥法外。此外，对于违规行为行政处罚额度过低、力度过小，难以产生有效的震慑作用，不利于维护市场秩序。对金融机构违反行为监管的高额处罚虽已出现，但只在证券行业等个别领域零星存在，尚未形成普遍的监管实践（详见专栏3－1）。这些因素都不利于打击行为监管和金融消费者保护领域的违法行为，进而树立监管权威。

专栏3－1 北八道集团操纵市场 证监会开出55亿元史上最大罚单

中国证监会于2018年3月14日组织召开稽查执法专场新闻通气会，通报了厦门北八道集团因涉嫌多账户、运用杠杆资金巨额操纵多只次新股股票案。经查明，厦门北八道集团涉嫌操纵的次新股包括张家港行、江阴银行、和胜股份等，操纵期间累计获利9.45亿元，证监会将对北八道集团作出"没一罚五"的顶格处罚，罚没款总计约56.69亿元，成为证监会行政处罚历史上开出的最高额的罚单。

北八道通过多种手段操纵"张家港行"股价。2017年2月10日至4月12日，北八道利用账户组中297个账户交易"张家港行"。其间，北八道控制账户组累计买入243135641股，买入金额4796696204.16元；累计卖出241020841股，卖出金额5235485292.98元。2017年2月10日至4月12日，北八道通过采用集中资金优势、持股优势连续交易，在自己实际控制的证券账户之间交易的方式，影响了"张家港行"交易价格，获利466894890.32元。2017年2月10日至4月12日，"张家港行"股价上涨109.55%，同期中小板综指累计上涨2.74%，偏离106.81个百分点。其间上市公司并无影响股价的重大事项。经认定，2017年2月

---

10 日至 4 月 12 日，北八道控制账户组，通过采用集中资金优势、持股优势连续交易，用在自己实际控制的证券账户之间交易的方式操纵"张家港行"股价，影响了股票价格，违反了《证券法》第七十七条第一款第（一）项、第（三）项规定，构成了《证券法》第二百零三条所述违法行为。上述行为直接负责的主管人员为时任北八道法定代表人林庆丰、时任北八道控股股东林玉婷，其他直接责任人员为时任北八道总经理、配资业务负责人李俊苗。在该案中，中国证监会没收北八道违法所得 466894890.32 元，并处罚款 2334474451.6 元；对直接负责的主管人员林庆丰、林玉婷给予警告，并分别处以 60 万元罚款；对其他直接责任人员李俊苗给予警告，并处以 40 万元罚款。

北八道集团利用相似手段，通过违法违规方式，影响操纵"江阴银行"、"和胜股份"等股票价格。在操纵"江阴银行"一案中，中国证监会作出行政处罚：没收北八道违法所得 339223805.59 元，并处罚款 1696119027.95 元；对直接负责的主管人员林庆丰、林玉婷给予警告，并分别处以 60 万元罚款；对其他直接责任人员李俊苗给予警告，并处以 40 万元罚款。在操纵"和胜股份"一案中，中国证监会作出行政处罚：没收北八道违法所得 138752520.32 元，并处罚款 693762601.6 元；对直接负责的主管人员林庆丰、林玉婷给予警告，并分别处以 60 万元罚款；对其他直接责任人员李俊苗给予警告，并处以 40 万元罚款。同时对林庆丰、林玉婷采取终身证券市场禁入措施；对李俊苗采取 10 年证券市场禁入措施。

（资料来源：中国证监会官方网站、新华网。）

（三）金融机构方面的问题

1. 监管部门的监管指引、金融机构的内控制度执行不到位，存在政策执行的"最后一公里"问题。目前，我国行为监管和金融消费者保护方面的制度不缺，很大程度上缺的是执行、缺的是态度，这也是导致宏观金融风险、金融乱象的原因之一（Shelby，2011）。金融消费者保护的制度、思想、理念、大道理，董事长、行长和高管们都清楚、都在强调，监管部门的监管指引也很多，但是执行不到位，不能确保这些要求落实到每个产品、每天、每一笔交易中。因为严格执行的话，一些基层网点认为会影响业绩，一些一线员工认为会影响自己的绩效、收入，所以就导致了"操纵市场、内幕交易、把理财产品介绍为特殊存款、网点私售、引导客户分拆购汇、支招客户违规内保外贷"等屡查屡犯。

2. 缺少行为风险管理的企业文化，合规部门在内部比较弱势。尽管许多金融机构强调"公平对待客户""诚实信用"的经营理念，但在实际工作中，尤其是金融机构面向客户的一线工作人员，难以真正落实诚信、产品适当性、公平交易等原则。在一些金融机构中，合规部门仅作为业务部门的补充或协助机构，不直接参与产品设计、开发等早期流程，甚至被当作"惹麻烦""阻碍业务创新"的负面角色，其弱势地位导致难以及时介入产品风险的早期控制。一些业务部门只顾业务，不顾合规。

专栏 3 - 2　钱某诉甲银行金融服务合同纠纷案

案情概述：2014 年 5 月 22 日，钱某于甲银行开立交易账户时，甲银行对其风险承受能力进行了测评，评估问卷测评结果显示钱某风险承受能力属于激进型，钱某在测评客户签名处签名。2015 年 5 月 8 日，钱某经甲银行客户经理贺某推介，于甲银行柜台申购了 A 基金，总额 50 万元。2016 年 3 月 1 日，钱某赎回所购买的讼争基金，亏损 226319.21 元，遂起诉甲银行要求赔偿其投资损失。

事实经过：钱某于 2014 年 5 月 22 日开立交易账户时，甲银行对其进行了风险承受能力测评。其中，钱某就"家庭年收入"勾选 E 项（100 万元以上），就"投资经验"勾选 D 项（大部分投资于股票、基

金、外汇等高风险产品，且有 8 年以上经验）。评估问卷测评结果显示钱某风险承受能力属于激进型，适合所有风险产品。2015 年 5 月 5 日，钱某本人签署了业务申请表，该表银行打印栏显示基金风险级别"高风险"，客户风险级别"激进型"，风险匹配结果"正常"。

2015 年 5 月 8 日，经甲银行客户经理贺某推介，钱某于银行柜台申购了某证券类基金（分级基金）499922.50 份，总额 50 万元。2016 年 1 月，该证券类基金实施不定期份额折算，折算基准日为 2016 年 1 月 11 日，强行调减份额 179475.30 份。2016 年 3 月 1 日，钱某赎回所购买的讼争基金，余额为 273680.79 元，亏损 226319.21 元，钱某遂起诉甲银行要求赔偿其投资损失。

钱某认为，自己非适格投资者，"激进型"风险测试评估结论不正确，与自身实际风险承受能力不符，甲银行未针对性进行专项风险测试评估，推荐销售了超过自身风险承受水平的高风险等级基金产品，且甲银行客户经理未向自己充分揭示该基金的风险，因此甲银行应当就自己的损失承担赔偿责任。

处理结果：法院认为，钱某在甲银行处开设账户，长期在甲银行处投资购买理财产品，借助甲银行客户经理的推介服务完成相关交易。甲银行向钱某提供财务分析与规划、投资建议、个人投资产品推介等专业化服务，双方构成以理财顾问服务为主要内容的金融服务法律关系。

甲银行作为专业金融机构推介或代销理财产品、提供金融服务时，应遵循投资者适格性原则，有义务把适合的产品或服务以适当的方式推介或销售给适当的投资者，防止将不适格的投资者不当地引入资本市场，维护金融市场的稳定。本案讼争基金是隐含特殊下折机制的分级基金，风险相较一般基金更大，属于高风险等级理财产品，非专业的普通投资者并不了解熟悉其特殊风险结构，银行在主动推介后应当同时履行特别的提示注意义务，告知特别的风险点。甲银行称其客户经理在介绍推荐讼争基金时详细介绍了讼争基金并提示过相关风险，但其提供的录音录像（录音录像内容整理如下：贺某："不是放一年，基金这个产品不像理财，理财的话，到一年、到三个月、六个月肯定会有收益的。基金会有净值变化，有可能上有可能下，一个阶段可能跌到成本以内，所以要从时间上去化解风险。"）只能证明客户经理在推荐过程中提到了基金的风险，并未详细介绍讼争分级基金的运作方式等相关信息并揭示特别的风险点。甲银行亦未提供其他证据证明其尽到了讼争基金的信息披露和风险提示的义务。因此，甲银行在向原告推介讼争基金时虽符合投资者适当性原则，但未尽到信息披露和风险揭示的义务，具有相当过错。若甲银行事先充分揭示分级基金的风险，则可以保障钱某知情权、选择权和止损权，钱某可能不会购买讼争基金，相应损失亦无从发生，因此钱某要求甲银行承担相应赔偿责任并无不当。

钱某在开立交易账户时进行了风险评估测试，评估结果为激进型客户，可以购买高风险及以下风险的理财产品，属于适格投资者。钱某虽对风险测评报告有异议，认为选项非本人或授意勾选，勾选内容不符合自身实际情况，但其未能提供充分证据证明相关事实。除了风险评估问卷外，其另签名确认的业务申请表、风险揭示书均对其作为投资者的风险承受能力等级进行了提示，钱某对此并未提出异议。钱某作为具有较高文化程度、具备长期金融理财经验的成熟投资者，应根据自身能力审慎决策，理性分析判断投资风险，独立承担金融投资风险。

据此，上海市虹口区人民法院于 2017 年 7 月 31 日作出（2016）沪 0109 民初 25X28 号民事判决：甲银行赔偿钱某损失 10 万元；驳回钱某其余诉讼请求。钱某、甲银行不服一审判决提起上诉。上海市第二中级人民法院于 2017 年 10 月 31 日作出（2017）沪 02 民终 9X39 号终审判决：驳回上诉，维持原判。

（资料来源：中国裁判文书网。）

3. 公司治理机制不完善，未建立行为风险监督管理和有效制衡机制。在行为风险治理方面，金融机构董事会、高级管理层、业务条线和风险管理部门、法律合规部门之间尚未建立行为风险管控的监督、管理和有效制衡机制。在行为风险管控方面，侧重于事后保护和处理消费者投诉及法律诉讼，事前防范及对批发市场交易的行为风险的管理都很弱。在行为风险管理工具方面，目前缺乏类似操作风险管理的损失数据收集（LDC）、风险与控制自我评估（RCSA）、关键风险指标（KRI）、情景分析（SA）等有效管理工具。在人员配备方面，我国许多金融机构尚未加强行为风险方面的培训和学习，缺乏相应的管理人才。

4. 寡头垄断造成"店大欺客"。金融产品或服务容易形成寡头垄断市场格局，甚至在部分领域中少数金融机构占据相当大的市场份额，在一些细分市场甚至出现绝对垄断。金融科技的发展，一些业务更容易在很短时间内形成垄断地位，为其他竞争者进入市场制造障碍，侵害消费者合法权益。

5. 绩效考核激进、不符合实际，激励机制不科学，导致一线人员"铤而走险"。许多金融机构考核目标不切实际，诱发一线员工、高管激进营销，甚至误导性营销；缺乏有效的激励机制设计，未建立完善绩效薪酬延期支付和追回制度，未建立针对激励机制的风险管理制度和内部治理制度，不当激励导致一线员工行为扭曲。

专栏 3-3　英国关于金融机构销售激励机制的指引

针对金融机构销售人员的激励机制是金融机构实现其经营目标的重要手段，同时也与销售行为是否适当、监管规定能否落地等密切相关。金融机构激励机制不当会导致销售不当，由此引发的风险若得不到有效管理，会使监管规定止步于"最后一公里"，不仅损害消费者合法权益

及其对金融机构的信赖，而且还可能因为无数单个机构激进考核目标加总后脱离宏观需求导致"合成谬误"，[①] 从而给金融体系带来风险隐患。美国富国银行"350 万幽灵账户"案就是其中一例。[②] 英国金融监管当局较早前就已经关注到此类问题，并制定了《最终指引：财务激励对客户的风险》（以下简称《指引》），[③] 相关做法值得借鉴。

一、英国金融监管当局出台《指引》的背景和调查结果

消费者对金融服务的信任和信心至关重要，金融机构的不当激励机制及其带来的不当销售行为显然会损害这一信赖。英国金融监管当局[④] 了解销售人员的激励机制对于他们的销售方式和销售什么产品有着很重要的影响，金融机构也希望通过奖励的方式来激励其销售人员。监管当局并不否定激励机制存在的必要，但是销售激励决不能损害客户的利益，且其中蕴含的风险需要得到有效的管理。

为了解激励机制对不当销售的影响以及机构在管理这些风险方面的问题，2010 年 9 月至 2011 年 9 月，英国金融监管当局向 22 家管辖范围内的机构进行了调查。调查对象包括主流银行、保险公司和资产管理公司中的大型机构和小型机构。在调查过程中，英国金融监管当局审核了

---

① 例如某银行的中间业务收入指标每年都是以 20% 的占比要求来拟定的。由于各个银行所处地域、经营特点、风险偏好、占有资源等各不相同，所以很难去评判银行设置业绩考核激励目标的合理性，即使其设置了超乎同业的指标。但是当市场上各家机构都只是为了满足同业竞争的需要，而设置销售指标并与激励挂钩，其问题不言而喻。这些指标从宏观角度并没有考虑市场的发展程度，也没有考虑其他机构的业务发展能力，即便个体的业绩目标是合理的，也会在宏观上出现合成谬误。以错误的指标引导金融机构从业人员行事，将不可避免地在整体上诱发金融机构的不当销售。此外，在激进考核压力下，金融机构员工营销客户过程中相互竞争，也会导致监管规定在落实上出现蹦底竞争，增加金融体系的宏观风险。

② 富国银行"350 万幽灵账户"案启示：谁来保护金融消费者，http://opinion. caixin. com/2018 - 03 - 16/101222132. html。

③ Risks to Customers from Financial Incentives，http://www. fca. org. uk/firms/risks - customers - financial - incentives。

④ 此项工作由 FSA 发起，FCA 成立后承接了该职能。

销售不同产品的销售团队，如投资产品、纯保障型产品、普通保险、房屋贷款等，调查包含了不同的销售方式，包括电话销售、在金融机构场所内面对面进行的销售，以及销售人员在自己场所内进行的销售。英国金融监管当局也审核了一线销售人员以及他们主管经理的薪酬。当局的调查显示，绝大部分机构的激励机制都可能导致不当销售，并且没有足够有效的体系和内控可以管理这些风险。22 家机构中有 20 家存在激励机制会加大不当销售的情况，其中 6 家存在非常严重的风险。2013 年 1 月，英国金融监管当局公布了《最终指引：财务激励对客户的风险》，要求机构按照本指引的要求进行整改。本文以下部分归纳总结了其指引的主要内容及其采取的措施。

二、针对销售激励机制中引发不当销售风险因素的指引

英国金融监管当局对财务激励机制的调查重点是，考察激励机制中哪些因素增加损害消费者权益的风险及其治理对策。通常，当提供给销售人员的奖金额度提高时，或奖金在销售人员总薪酬中的占比很高时，不当销售的概率会增加。因此，英国监管当局认为，需要根据导致不当销售风险的激励机制的特征，有针对性地采取措施以降低不当销售风险。

（一）增加不当销售风险的激励机制的特征

当销售激励机制具有以下特点时，可以显著增加不当销售风险：（1）对超额完成的销售进行不成比例的奖励。即达到某一业绩目标后，薪酬将加速增长，远高于未达目标水平时的奖金比例。如当业绩突破某一业务指标后，奖金比例将适用于既定时期的整体销量而非仅适用于超额完成的部分。（2）加速式奖励（亦称进阶式支付）。即更高的奖励比例只适用于销售业绩高于某一指标的超额部分。这种模式会促使业务人员在业绩考核期间结束前猛冲销售业绩。（3）不同产品间存在不恰当的奖励偏好。相比其他产品，某一产品被给予过高的奖励，无论该产品是否不可替代的。当针对可替代产品的奖励水平不同时，销售人员向客户推销能获得更高奖励的产品的风险更高。(4) 非固定工资模式。激励机制会基于某一特定时段的业绩表现调整基本工资水平（提高或降低）。这种方式包括：如果销售人员未能持续完成销售目标，将大幅度降低他们的工资。这种基本工资的减少，会对员工个人履行财务承诺的能力产生重大影响，同时也会导致员工的某些与工资挂钩的福利标准降低。(5) 奖励与否取决于每种产品的最低销售指标。如除非几种不同产品中的每一个都达到了最低的销售指标，否则，奖励就不会发放。这样就会导致销售仅仅是为了完成指标而非客户需求。(6) 薪酬的100%都由奖金/佣金构成。机构对于业务人员完全采取浮动工资的方式（比如只有佣金没有底薪）。销售人员为了满足基本财务需求，每个月都不得不达到某一个最低销售水平，这种方式极大地提升了不当销售的风险。(7) 对销售附加产品的不当奖励。相比单纯销售主要产品获得奖励，销售人员因交叉销售或销售附加产品而获得不恰当的奖励。与销售主要产品相比，通过不恰当的销售谈话增加附加产品销售的概率更大。例如，销售人员很有可能不对客户明确说明该类附加产品是非强制的或独立的产品。

此外，销售激励机制具有以下特征也会增加不当销售风险。这些特征包括：(1) 销售门槛。销售人员一旦达到某一"销售门槛"（一个最低的销售指标），他们就可以在之后的每一单销售中拿到奖金。(2) 奖励与保费水平或缴纳形式、投资金额或期限相挂钩。销售人员为获得更高收入可能最大程度劝说客户进行更多投资，或销售客户并不需要的保险，或鼓励客户选择更长期限，风险由此产生。(3) 销售比赛/销售推广。设计销售竞赛或比赛以刺激销售增长，这些活动可以针对某一特定产品也可以是针对销售总量，对于某一特定产品的推广，就存在产品偏好风险从而导致不当销售。

（二）降低不当销售风险的激励机制的指引

针对显著增加或增加不当销售风险的激励机制的特点，英国监管当局反向提出了降低不当销售风险的指引。其认为好的激励机制应具有以下特征：（1）注重销售质量。激励机制应当鼓励高质量或是严格合规的销售（即正确的销售方式），同时能够有效地遏制不当销售。质量考核应当反映对客户的公平对待而不仅仅是客户满意。（2）某种情形下追回奖励。如已销售的产品被取消，很多机构对于销售人员已得到的奖励有权追回或是抵扣将来的奖励。要让追回机制真正发挥作用的话，机构应该非常仔细地监控追回奖励的情况，以及客户取消的原因。（3）奖金封顶或是限制奖金占工资比重。例如，销售量达到一定数额的情况下奖金封顶，销售人员就不会在考核阶段结束前冲刺销售。机构也可以将浮动奖金占固定工资的比例限制在一个较低的比例。（4）延迟发放奖励。机构可以按月度或是季度核算奖金，但同时将部分奖金延迟至年底或是更长的时间发放。延迟部分发放的条件可以与持续的销售质量考核或其他衡量标准挂钩，比如退单率或投诉量。（5）建立滚动的销售目标门槛。所谓滚动门槛，是指机构开始计提奖励的最低销售门槛是根据销售的移动平均值计算出来的。例如，季度奖金的销售门槛是基于过去 12 个月的最低销售量平均值得出的。（6）平衡绩效考核。机构的绩效考核不单单基于销售额，而是与其他方面一同决定奖金的金额。如销售结果或是财务贡献、销售质量、客户满意度和其他一些主要的业绩考核标准（如退单率、有效投诉情况等）。

三、针对销售激励机制的风险管理和内部治理的指引

完善销售激励机制本身可以降低但并非完全消除不当销售的风险，因此剩余的风险还是需要得到有效的管理。英国监管当局认为，如果机

构没有有效的治理和控制措施来识别和管理激励机制引发的不当销售风险，客户会遭受损失，因此需要有针对激励机制的风险管理和内部治理措施，以便识别和降低激励机制所带来的风险。

（一）管理和利用销售信息

机构需要收集足够信息以有效管理激励机制引发的风险。机构必须确保掌握正确的信息，以便监控销售了哪些产品和分辨哪些销售人员有更高风险。信息内容应包含：哪些销售人员的销售额高，这些人都销售了哪些产品；单个销售人员围绕高风险激励机制开展的销售活动模式；产品推广和销售竞赛的效果。企业应当有效地利用相关信息采取行动，包括将风险上升的因素纳入业务质量监控中。

（二）管理销售业务质量

设计得当的业务质量监管机制（包括针对电话销售的电话监控），并由胜任的员工去实施，能有效地控制风险。但是，单有监控机制并不足够，机构还需要有一系列的针对激励机制、产品种类或销售渠道的控制措施。负责业务质量管理的人员需要独立于销售团队，以免受到销售人员或是管理人员的不当影响。当发现问题时，机构应采取恰当的措施，如通过审查个人销售记录、员工再培训以及持续监控确保问题不再重复发生。机构同时也要判断发现的问题是否意味着有不当销售的趋势。

（三）防范销售管理人员与销售人员的利益冲突

当销售管理人员负责监督其下属销售人员，但同时其奖金又取决于其下属员工的销售业绩，这种情况下存在利益冲突。机构应该设法降低或是管控这些利益冲突。

（四）管控销售人员的不当行为

英国金融监管当局希望机构思考激励机制会造成哪些不当行为，并且积极评判销售人员在销售沟通过程中的行为方式，包括销售人员实际上对客户说了什么。为确保有效，机构采用的方法应检验客户获得的结果是否公平，而不仅仅是客户满意度。同时，机构还应考虑到销售产品的种类和销售产品的渠道。尽管监控面对面的销售难度更大，但是机构仍然可以通过以下管控手段发现不当的销售行为：暗访、对刚刚完成销售的客户进行抽样回访、对面对面销售进行音像记录以便事后审查、针对销售业绩突出或趋势异常的员工加强检查。以上这些监控措施都可以对不当销售行为起到遏制作用。

（五）完善公司内部治理

首先，高级管理层应确保机构可以识别和评估激励机制的某些特定要素引发的不当销售风险，并且确保具备相应的控制措施以减轻此类风险。其次，机构高层应当在对激励机制设计和审核中参考风险管理和合规部门意见。机构高层需要确保已充分考虑激励机制是否会损害客户利益。最后，机构应对激励机制进行频繁有效的审核，并且需要足够关注是否公平对待客户。高级管理层需要收集和使用管理信息，以评估风险是否清晰具体，以及控制风险的措施是否有效。

此外，为减轻小型机构监管负担，英国金融监管当局建议此类机构可根据机构业务属性、范围、复杂程度等作出灵活安排以执行指引要求，如在管控销售人员的不当行为方面，规模相对较小的机构可不必建立第三方独立暗访制度（成本太高），而是考虑利用客户回访反馈来判断销售人员在销售过程中的对话内容是否恰当。至于内部治理措施的形式，则取决于机构业务的属性、规模和复杂程度。

6. 一些新型金融服务提供商以"大数据"为名对金融消费者个人信息过度采集、滥用，有的发生严重泄露。部分新型金融服务提供商以"大数据"为名，通过不当使用格式合同等方式，过度采集、滥用个人金融信息，甚至存在非法窃取、违规使用和批量倒卖个人信息的违法行为，不仅违背了"大数据"在便利消费者、净化行业整体氛围上的初衷，而且严重侵害金融消费者合法权益并危及消费者的生命财产安全。

（四）金融消费者方面

1. 消费者存在系统性行为偏差，容易为金融机构用以谋利。金融消费者实际上具有非完全理性、认知能力有限、违背效用最大化、偏好不一致等一系列行为偏差，容易受到他人和整个行为环境的影响，轻率地作出与其风险承受能力不匹配的交易决策。金融机构一般有动力研究消费者的行为偏差以获利，很少有动力帮助金融消费者纠正行为偏差，相反，很多情况下金融机构在产品设计、销售过程中，往往有意无意地利用金融消费者的行为偏差，恶化消费者行为偏差，结果导致金融消费者个人利益受损而金融机构短期获利丰厚。

2. 消费者金融素养不足、风险意识不强，维护自身权益的能力不够。金融消费者金融素养不高，对影响其自身权益的基础金融知识缺乏，很多情况下难以正确理解金融产品或服务。金融消费者风险意识不强，对金融风险的类型及可能产生的结果认识不清，对自身风险承受能力缺乏准确的判断，容易轻率地作出与其风险承受能力不匹配的交易决策。金融消费者维护自身权益的能力不够，财力不足，发生风险时也不知晓维护权利的路径，无形中增加了维权成本。

3. 一些消费者责任意识和诚信意识较弱，存在"逆向选择"（交易之前的不负责任行为）和"道德风险"（交易之后的不负责任行为）。一些消费者在接受金融产品或服务时，对权利、义务和责任的内涵边界认识不清，过度强调自身权利，忽视履行义务，拒绝承担责任，"收益归自己，出风险就找政府"。部分金融消费者故意隐瞒自身收入、虚报风险偏好，购买超出自己风险承受能力的产品。不时出现"客大欺店"的现象，一些消费者利用金融机构注重声誉风险的特点，纠纷处理中对金融机构提出诸多无理要求。

　　中国人民银行于 2017 年开展了全国范围的消费者金融素养问卷调查，在每个省级行政单位随机抽取 600 名金融消费者进行问卷调查，全国共 18600 个样本。结果显示，我国消费者的金融素养属于中等水平，且发展不均衡，开展金融知识普及和金融消费者教育的空间很大，且十分紧迫，如表 3－1 所示。

表 3－1　　　2017 年中国人民银行消费者金融素养调查报告主要结论

整体结论	全国金融素养指数平均分为 63.71	国民的整体金融素养属于中等水平，有待进一步提升
	东部、中部、西部和东北地区金融素养指数得分为 65.07、64.37、62.52 和 62.65	国民的整体金融素养水平在不同区域之间呈现不均衡态势，东部沿海地区处于最高水平，西部地区属于最低水平
	消费者年龄、性别、收入、受教育程度等因素对金融素养会产生不同程度的影响	多元线性回归模型结果显示，教育、收入、年龄和职业四个因素与消费者金融素养显著相关，性别对金融素养的影响有限
分类结论	消费者态度	消费者对金融消费者教育和金融知识进校园的态度较为积极，对消费、储蓄和信用的态度趋于理性，但对风险责任的意识需进一步加强
	消费者行为	消费者对未来支出具有一定的计划性，申请贷款、信用卡还款和使用自动取款机的行为较为合理，对金融知识获取和金融纠纷投诉的渠道有一定的了解，但消费者家庭支出的规划和执行有待提升，未能充分利用和使用金融产品或服务的合同和对账单
	消费者知识水平	消费者金融知识整体水平有待提高，对各类金融知识的掌握程度存在着较大的差异，消费者金融知识水平在城乡间和区域间具有一定的不平衡特征
	消费者金融技能	消费者具有一定的假币识别和处理能力，选择金融产品或服务的能力也较强，但使用银行卡和利用冠字号码查询等方面的能力有待提高
	消费者需求	消费者对实现资产保值增值的相关金融知识最为关注，股票基金投资、住房贷款、银行理财产品、债券投资等是大部分消费者认为最欠缺的金融知识，消费者也较为重视金融纠纷解决
最终结论	消费者金融素养问卷调查是一项应长期实施的基础性、制度性工作	
	要将金融知识普及与金融态度、行为和技能提升并重	
	重视低净值人群，开展有针对性的金融知识普及工作	
	推进金融知识纳入国民教育体系，实现金融知识普及抓早抓小	

　　资料来源：中国人民银行官方网站。

4. 相关金融监管部门都开展了各自的金融知识普及活动，基层金融机构全年应接不暇，疲于应付，有效性需要提高。人民银行和银保监会都于每年 9 月分别开展"金融知识普及月"和"金融知识进万家"活动，其活动主体也同样是银行业金融机构。证监会于每年 5 月开展证券业知识普及活动，此外，银行业协会、证券业协会、保险业协会也都布置开展了各种各样的金融知识普及活动。基层金融机构面对以上各种活动，全年处于应接不暇、疲于应付的状态，以完成任务、交差作为工作目标，对于金融消费者是否从活动中汲取有用的金融知识，则无力顾及。

（五）国际组织方面的问题

1. 行为监管和金融消费者保护领域的各类国际组织工作有效性还不高，发布的指引类文件过于原则，偏松偏软，没有约束力。目前，有关行为监管和金融消费者保护的国际组织主要包括国际金融消费权益保护组织（FinCoNet）、世界银行（WB）、普惠金融联盟（AFI）、G20/OECD 普惠金融全球合作伙伴（GPFI）、OECD 国际金融教育网络（INFE）等，如前文所述，这些国际组织发布了许多推动和促进行为监管和金融消费者保护的文件。但其出台的行为监管与金融消费者保护类文件多数属于指导性或经验推荐性，过于原则，"偏软、偏弱、偏松散"特征明显，缺乏对成员国的约束力，不利于指导各成员国构建各国的行为监管和金融消费者保护体系，也不利于形成国际上统一的行为监管模式和执行标准。

2. 行为监管和金融消费者保护在巴塞尔协议框架准则、证券业国际准则、保险业国际准则等国际金融业监管准则框架体系中受重视程度还不足。《巴塞尔协议Ⅲ》和《有效银行监管的核心原则》中，都主要是从审慎监管角度对银行风险进行规制，并未直接规定银行业金融机构的行为风险治理和金融消费者保护的内容，仅仅是从银行操作风险的规定和对银行信息披露业务的规定中渗透了行为监管的理念。证券业国际准则和保险业国际准则也均未直接规定有关行为监管的内容。国际保险监督官协会

（IAIS）发布了《关于业务行为风险及其管理问题的报告》，指出保险监管者要维护保险消费者权益，监管框架应能够充分、全面兼顾审慎风险和行为风险，审慎监管和行为监管致力于同一目标，即保护消费者权益。

3. 基于互联网的跨境金融服务在他国"无证驾驶"问题呈现活跃迹象，尚未形成有效的跨境监管合作机制。过去，各国、各地区的金融风险虽具有一定外部性，但由于物理上相互隔离，这种风险仍具有"区域性"。而互联网平台打破了各国、各地区之间的物理隔离，网络世界里金融服务"互融互通"，对各国金融监管提出挑战。目前违法违规互联网金融活动在发展中国家已经呈现扩散的苗头，尤其是在监管和法律比较薄弱的新兴市场国家。而 IMF、BIS、WTO、G20 等主要国际组织对基于互联网的跨境金融服务"无证驾驶"问题关注度还不够，尚未形成有效的跨境监管合作机制。

4. 行为监管与金融消费者保护在"金融部门评估规划"（FSAP）中也多为定性分析或原则性分析，缺乏量化指标。以我国为例，2015 年 10 月国际货币基金组织和世界银行再次启动对我国的 FSAP 更新评估，在这次评估中行为监管、金融消费者保护和普惠金融均被列入评估之中。但上述项目的评估，多为定性分析或原则性分析，缺乏量化指标，没有形成完整的评估指标体系和指数权重体系，所得出的结论也多为原则性表述，不利于对各国行为监管和金融消费者保护体系的客观了解和认识，也不利于从国际视角审视各国行为监管和金融消费者保护体系的健全性和稳健性，进而提出对各国深化金融业改革、加强行为监管和金融消费者保护明确而有益的政策参考依据。

三、政策建议

2008 年国际金融危机后，行为监管与金融消费者保护正日益成为全球金融监管改革的重要内容，更多的国家和国际组织开始从法律与监管架构上强化金融消费者保护和行为监管。应充分借鉴域外良好实践，结合我国实际，不断提升我国行为监管和金融消费者保护工作水平。

党的十九大指出，要坚决打好防范化解重大风险、精准脱贫、污染防治的攻坚战；健全金融监管体系，守住不发生系统性金融风险的底线。2017 年全国金融工作会议指出，要强化监管，提高防范化解金融风险能力；要加强功能监管，更加重视行为监管。

我国金融业改革、发展和开放的深化，必须要有有效的金融业行为监管与金融消费者保护体系护航。建立有效的行为监管和金融消费者保护体系，使其成为金融安全网的第四支柱。传统金融安全网框架主要有三大支柱：央行最后贷款人、监管机构的审慎监管和存款保险制度。从次贷危机的教训看，必须打造金融安全网的第四支柱——行为监管与金融消费者保护。有效的行为监管可以维护金融消费者对金融市场的信心，维护金融稳定。2015 年股灾之后，我国证券业行为监管升级或者说回归到了应有的力度，处罚力度也大大增强。之后，我国保险业、银行业行为监管也日趋严格。

本轮金融监管改革中，可从以下几方面加强我国金融业行为监管和金融消费者保护，从长远巩固金融风险攻坚战、金融乱象整治的成果。

（一）完善金融业行为监管和消费者保护法律体系

1. 完善相关法律法规

出台《金融消费者保护法》，明确这一领域的法律适用标准和规则，金融消费者的概念和法律地位，保护金融消费者人身财产安全权、知悉权、选择权、公平交易权、求偿权、受尊重权、隐私权、受教育权、数据权等权利，明确救济途径、保护程序、金融消费者保护机构及其职责权限，明确行业自律地位等。同时，可以从司法实践的视角，通过推动最高人民法院出台司法解释，公布指导性案例、示范性参考案例等方式，针对金融消费纠纷领域的具体问题提出解决方案。

2. 明确金融消费纠纷中举证责任倒置的适用标准

《最高人民法院关于民事诉讼证据的若干规定》第七条规定："在法律没有具体规定，依本规定及其他司法解释无法确定举证责任承担时，人民法院可以依据公平原则和诚实信用原则，综合当事人举证能力等因素确定举证责任的承担。"也就是说，在具体案件中法官可以综合考虑相关因素，对举证责任分担进行自由裁量。具体到金融消费纠纷中，可在下列情形中增加"举证责任倒置"标准的应用：一是与争议的金融产品或服务有关的交易数据、录音录像等由金融机构存储或掌握的；二是在银行卡盗刷等金融消费纠纷中，根据现有证据无法证明金融消费者存在故意或过失密码泄露等情节的，金融机构应对其已尽到安全保障义务承担举证责任等。

3. 完善适合我国实际的金融消费者集体（公益）诉讼机制

借鉴德国等国家经验，支持消费者保护组织提起侵权之诉和不作为之诉的权利，扩大在金融消费权益保护领域提起公益诉讼的主体范围；规定公益诉讼的法律效果，除对该领域的公共利益产生良性效果外，也可要求侵权人对受到同一事由侵害的金融消费者进行赔偿。借鉴美国的集团诉讼，探索由金融消费者个人针对侵权事件提起可以覆盖所有消费者的诉讼，要求金融机构等对其提供的金融产品或金融服务所造成的侵权损害对所有消费者承担完全的赔偿责任。

4. 建设统一的线上金融消费纠纷非诉解决机制（ADR）平台，线下维持现有分部门 ADR 模式，条件成熟时也可统一

人民银行、银保监会、证监会、外汇局统筹推进金融消费纠纷多元化解决机制建设。当前维持、完善线下现有分部门模式，同时，可以先考虑分业建设金融消费纠纷第三方解决机制的线上平台，并在各自平台上设置其他平台的链接，方便金融消费者使用。待必要且可行时，"一行两会一

局"可以整合现有调解组织和网上调解平台，集中资源，构建一个统一的、更高质量的、覆盖全国的金融消费纠纷第三方解决机制的线上平台。

5. 拓展跨境监管合作和司法合作

互联网无国界，金融牌照必须有国界，跨境提供金融服务必须持牌经营。境外机构在其本国获得的牌照或"合法身份"，其效力不能及于我国境内。他国机构是否可在中国开展相关金融业务，需根据我国加入世贸组织承诺或我国与他国的协定及我国法律法规作出判断。加强与境外金融监管部门、司法机关等的沟通协调，打击跨境违法违规以及侵害金融消费者、投资者权益的行为。

（二）加强金融业行为监管

1. 重视行为监管，处理好其与审慎监管的关系，明晰中央金融监管部门间、央地金融监管职责分工

从监管理念和制度设计等层面，处理好行为监管与审慎监管的关系。在注重审慎监管、维护金融机构稳健运行的同时，加强对金融机构一线合规经营和金融消费者保护的资源投入，探索建立审慎监管与行为监管有效互补的监管机制。功能监管要落地，明晰中央金融监管部门间、中央和地方金融管理部门间在行为监管与金融消费者保护方面的分工，避免出现"平时只抓权管准入，日常行为监管都不管、出问题相互推"的情况。其重点之一是厘清打击非金融机构违法提供相关金融服务时的职责分工。

2. 推动建立独立的金融业行为监管与金融消费者保护机构体系

2018 年国务院机构改革，将银监会和保监会合并，银行保险领域的行为监管职能也得以整合，有助于解决涉及银行和保险两个业务领域的行为监管问题，一定程度上解决监管空白和监管交叉问题。

从我国实际看，设立独立的行为监管部门是一种可行的思路。第一，从长远看，行为监管部门彻底独立是最优的选择。合并金融监管部门内部所有的涉及从事行为监管和消费者保护的部门、职能，建立彻底独立于审

慎监管部门的金融行为监管与消费者保护部门。可以采取外汇局模式，或者借鉴澳大利亚模式，以证监会为基础组建我国金融业行为监管机构。职责范围金融业全口径覆盖，实现功能监管和行为监管的有效统一、中央和地方行为监管职责的有效整合，有效解决行为监管职责重叠、监管职责边界不清晰和监管空白的问题。同时，建立专业性的金融消费纠纷的非诉第三方调解组织，并推动相关立法，减轻金融消费者纠纷对司法资源的占用。成立独立的金融业行为监管和金融消费者保护部门，需要更多的对行为监管与审慎监管冲突的深刻理解，需要对既有教训的深刻总结与分析。但是必须指出一点，建立独立的行为监管和金融消费者保护部门不是简单的"一行两会"三个保护局的简单合并，应该是一个大整合，需要精心设计，不改则已，要改就必须一步到位，切忌"夹生饭"，避免该部门成为摆设品。第二，从短期看，半独立即加强现有"一行两会"的三个保护局在国务院金融稳定发展委员会框架下的监管协调，同时，研究在人民银行与银保监会的最新治理结构下，两个保护局合并的必要性和可行性。目前，银监会和保监会合并，银行保险领域的行为监管职能也得以整合。但人民银行与银保监会、证监会之间仍然存在监管交叉和监管空白，可以充分发挥国务院金融稳定发展委员会及其办公室的作用，加强"一行两会"之间的监管协调，注重监管合作和信息共享，形成监管合力，避免监管交叉，填补监管空白。如果机构改革进一步深化，相关监管部门再次进行整合，则对相应的保护局也合并整合。例如，目前人民银行与银保监会的两个保护局在监管对象和业务范围方面还是存在较大的交叉与重叠。两个部门在领导结构上也已实现联通，是否可以再次进行整合，是值得研究和推进的问题。第三，在现有格局下，充分发挥人民银行金融消费权益保护局在行为监管领域的顶层设计、牵头引领、统筹抓总、沟通协调作用，重点针对各行为监管部门功能相近、内容相似、分工不清可能推诿的职能，增强监管协同。牵头制定行为监管领域的共同规划和通用标准，提升行为监管的协同性、科学性；强化信息共享，牵头建立完善统一的行为监管数据报送、行为风险预警系统，加速监管信息流转；牵头组建统一的行为监管咨询、投诉、举报平台，发挥被侵权人和社会公众的能动性；通过牵头组织联合执法、统一处罚力度、公布典型案例、共同开展金融消费者教育等方式，强化在一线执法中的紧密合作。

3. 加强行为监管能力，注重金融科技应用

加强中央和地方政府金融管理部门行为监管和金融消费者保护的能力建设，大幅提高金融业行为监管人员中法律背景的比重，增加行为监管机构在机构准入、业务准入、高管准入等事项上的发言权重。重视金融科技在行为监管中的应用，提升金融科技应用水平。

4. 建立分级监管模式，加强对重点机构、高风险业务的监管

对不同规模、风险度不同的机构适用不同力度和频率的监管，节约监管资源，提升监管有效性。重点加强对高市场占有率机构、高风险机构和高风险业务的监管。对类金融机构，也应建立行为监管的分级监管模式，有系统重要性特征的机构重点关注，同时也要辅之相应的审慎监管手段。

5. 完善金融交易"冷静期"制度，赋予金融消费者"反悔"的权利

"冷静期"制度在新修订的《消费者权益保护法》中已有规定，但其规定的"商品"并不包括"金融产品或服务"。因此，建议在金融交易中，完善"冷静期"制度，规定除证券和金融衍生品外，带有长期储蓄性质或者强迫销售的金融产品或服务要设立一个冷静期。结合国际经验，这个冷静期可考虑为5天。在冷静期内，金融消费者可以不受处罚地解除合同，但解除合同的方式必须是以书面形式通知金融机构。金融机构不能采取收取手续费等方式来弥补由此带来的损失。

6. 建立全国性的呼叫中心，重视投诉数据库建设和数据分析，发挥投诉作为金融监管政策执行情况的温度计和传感器的积极作用

"一行两会"目前应建立各自全国性的呼叫中心，并创建各自全国统

一的网站平台和微信平台，统一受理投诉，接受咨询，提供相关行政审批和基础服务（这一点上，监管部门在技术上远远落后于金融机构）。将其作为"政府服务一网办通、企业和群众办事力争只进一扇门、最多跑一次"的落实措施之一，重点解决：消费者投诉需要反复跑、多次跑；受理处理投诉缺乏整体流程，需要分别问、多次问；受理处理投诉标准不统一，同一事项审批标准不一致等问题，将消费者的烦心事、堵点、痛点作为工作的突破点，把矛盾化解在基层，化解在"早"、"小"阶段。同时，建立全国性的投诉分类标准、标准化的金融消费者投诉数据库，加大对金融消费者投诉数据库的挖掘、分析和使用，发挥投诉作为金融监管政策执行情况的温度计和传感器的积极作用。

7. 推动出台债务催收行业法律法规，明确债务催收行业行政主管机构，改变无人监管的状态，建立债务催收行业自律组织，促进该行业的阳光化、规范化

按照"所有金融业务都要纳入监管"的基本要求，明确债务催收行业行政主管机构，改变无人监管的状态，确定工作职责，本着"从易到难"的原则，可考虑由债务催收行业的行政主管部门出台该行业规范发展的指导意见，对该行业的行为准则、业务范围、准入标准、从业资格等作出规范。其中一个重点就是消费者保护，即债务人合法权益的保护。条件成熟时可考虑出台更高层级的法律法规，实现该行业的阳光化、规范化发展。同时，推动建立债务催收行业自律组织，或者在中国银行业协会下，成立债务催收委员会，出台该行业的自律公约。

8. 建立行为监管政策执行和政策效果的独立第三方评估机制

监管部门探索设立神秘人暗访制度，通过外部神秘人检查与内部神秘人检查相结合的机制，检验政策落地情况，强化对行为监管和金融消费者保护工作的监督，确保好的监管政策能够落地，提升监管政策的实施效果。

9. 探索行为监管部门更大的"准司法权"（行政司法权）机制

根据我国现有法律、法规等规定，行为监管部门拥有检查监督、获取相关统计数据、调查取证、查阅资料、封存文件、问询当事人等权限。但是在实践中，这些权限难以满足监管需要。以存款账户为例，公安、司法、国家安全、海关、税务、审计等部门均可进行查询；而依据现有规定，行为监管部门除证监会外均无明确授权可以进行查询。具备冻结账户、扣划资金职权的有权机关范围则更为缩减，行为监管部门不具备该项职权。

目前来看，只有证监会被 2005 年 10 月修订的《证券法》授权具备一定的准司法权：（1）进入违法行为发生场所调查取证；（2）询问当事人和与被调查事件有关的单位和个人，要求其对与被调查事件有关的事项作出说明；（3）查阅、复制当事人和与被调查事件有关的单位和个人的证券交易记录、登记过户记录、财务会计资料及其他相关文件和资料；（4）对可能被转移或者隐匿的文件和资料，可以予以封存；（5）查询当事人和与被调查事件有关的单位和个人的资金账户、证券账户，对有证据证明有转移或者隐匿违法资金、证券迹象的，可以申请司法机关予以冻结之外；（6）对证券发行人、上市公司、证券公司、证券投资基金管理公司、证券交易所等进行现场检查；（7）查阅、复制与被调查事件有关之财产权登记、通讯记录等数据；（8）对有证据证明已经或者可能转移或者隐匿违法资金、证券等涉案财产或者隐匿、伪造、毁损重要证据的，可申请司法机关予以查封；（9）在调查操纵证券市场、内幕交易等重大证券违法行为时，可以限制被调查事件当事人的证券买卖，但限制的期限不得超过十五个交易日。因此，应赋予行为监管部门更大的"准司法权"，从目前的查阅资料、封存文件、问询当事人，逐步扩展到查询财产权登记、通讯记录，查询、冻结账户，强制划拨资金，搜查，在紧急情况下（包括但不限于可能引发大规模群体性事件、引发区域性或全国性金融风险、如不及时采取措施可能致使损失无法挽回等）限制人员离境，查阅、复制与被调查事件有关的财产权登记、通讯记录等。从长远看，通过修改《行政处罚法》、《中国人民银行法》、《商业银行法》、银行保险证券监督管理法等法律，以立法的方式明确赋予行为监管机关"准司法权"。鉴于我国立法进程的缓慢，短期内，在当前某些权限为司法机关所专有的情况下，可由行为监管部门通过适当的制度安排和机制设计，对于满足条件的案件向法院提出申请，快速实现诉前证据保全、限制特定人员出境、强制执行判决等，获得上述行政执法权限。

10. 建立行为监管部门与金融机构之间的行政和解制度，推动"法律实用主义"、"协商民主"理论在行为监管领域的适用

目前我国法律没有明确规定统一的行政和解制度，但行政和解已经得到了关注并在部分领域应用。2006 年，中央办公厅、国务院办公厅联合发布的《关于预防和化解行政争议　健全行政争议解决机制的意见》（中办发〔2006〕27 号）明确提出，要树立运用协商、调解的办法解决行政争议的意识，积极探索和完善行政执法和解制度。在具体法律制度层面，我国尚无行政和解制度的统一规定，反垄断①、反倾销②和海关知识产权保护③领域建立了行政和解制度，证券期货领域也在积极探索试点④。此外，

---

① 《反垄断法》第四十五条第一款规定：对反垄断执法机构调查的涉嫌垄断行为，被调查的经营者承诺在反垄断执法机构认可的期限内采取具体措施消除该行为后果的，反垄断执法机构可以决定终止调查。中止调查的决定应当载明被调查的经营者承诺的具体内容。

② 《反倾销条例》第四十一条规定：倾销进口产品的境外出口经营者在反倾销调查期间，可以向商务部做出改变价格或者停止以倾销价格出口的价格承诺。商务部可以向境外出口经营者提出价格承诺的建议。商务部不得强迫出口经营者做出价格承诺。

③ 《海关关于〈中华人民共和国知识产权海关保护条例〉的实施办法》第二十七条第三款明确规定：知识产权权利人与收发货人就海关扣留的侵权嫌疑货物达成协议，向海关提出书面申请并随附相关协议，要求海关解除扣留侵权嫌疑货物的，海关如认为涉嫌构成犯罪外，可以终止调查。

④ 2014 年底，国务院正式批准证监会开展行政和解试点工作。中国证券监督管理委员会 2015 年出台《行政和解试点实施办法》（中国证券监督管理委员会令第 114 号）。

我国行政复议①、行政强制②等领域也建立了行政和解制度。基于行政效率、行政执法资源的合理配置等现实考虑，建议通过立法方式明确赋予行为监管部门可以根据金融机构的申请，与其就违法行为的处理进行协商并达成行政和解协议，提升行为监管部门执法的效率，弱化行为监管部门与金融机构的对立，督促金融机构履行被监管义务、保护金融消费者的合法权益。

11. 构建鼓励举报、重奖举报机制

借鉴国外举报揭发（Whistle Blower）制度，建立我国金融业行为监管的鼓励举报、重奖举报机制，充分发挥群众的力量。党的十九大报告要求"加强社会治理制度建设，完善党委领导、政府负责、社会协同、公众参与、法治保障的社会治理体制，提高社会治理社会化、法治化、智能化、专业化水平"。面对违反行为监管、侵害金融消费者合法权益的行为，应建立完善奖励举报制度：开通热线电话，受理消费者对金融机构违法行为的举报；根据发现的线索，全面、彻底调查金融机构的违法行为，并对查证属实的违法行为予以从严处罚；"重奖举报"，通过完善立法，确定对举报者的保护和奖励制度，按照一定比例将罚没款中的部分金额奖励给举报人，提升公众参与市场监督的积极性。通过建立完善举报奖励制度，形成公众参与、覆盖广泛、实效显著的体系。

---

① 《行政复议法实施条例》第四十条规定：公民、法人或者其他组织对行政机关行使法律、法规规定的自由裁量权作出的具体行政行为不服申请行政复议，申请人与被申请人在行政复议决定作出前自愿达成和解的，应当向行政复议机构提交书面和解协议；和解内容不损害社会公共利益和他人合法权益的，行政复议机构应当准许。

② 《行政强制法》第四十二条规定：实施行政强制执行，行政机关可以在不损害公共利益和他人合法权益的情况下，与当事人达成执行协议。执行协议可以约定分阶段履行；当事人采取补救措施的，可以减免罚款或者滞纳金。执行协议应当履行。当事人不履行执行协议的，行政机关应当恢复强制执行。

专栏 3－4　美国监管机构重金奖励银行违规行为举报者

近日，美国金融衍生品最高监管机构——美国商品期货交易委员会（CFTC）因获得重要线索而成功破获摩根大通一宗银行案件：摩根大通因未披露利益冲突，违规获利，证据确凿。最终，摩根大通与监管机构达成和解，同意支付 3.67 亿美元的罚金，2.67 亿美元（约合 17.86 亿人民币）上缴美国证券交易委员会（SEC），其中的 6100 万美元（约合 4.08 亿人民币）可能用于奖励该名举报人，目前还在等待审批；另外 1 亿美元上缴 CFTC，其中 4000 万美元为罚款，6000 万美元为非法所得。

3000 万美元高额奖金创 CFTC 先河

SEC 的奖金还在商议，但 CFTC 给予的 3000 万美元（约合 2 亿元人民币）奖金已经落袋，该笔奖金是 CFTC 成立至今颁发的最大一笔奖金。CFTC 主席 Christopher Giancario 希望这一规模的奖励可以激励举报者未来提供更有价值的信息，并让市场参与者知道一些违反《商品交易法》的有价值信息。CFTC 执法部门主任认为，举报人提交的内容已成为其执法计划的重要组成部分，使得该机构能够追查原本无法察觉的违规行为。CFTC 努力扩展举报人计划，希望举报人计划能够为 CFTC 未来执法工作作出更大贡献，该机构也将增加对举报人的保护。

一位律师认为，CTFC 曾在处理和授予举报人奖励方面进展缓慢，颇受诟病，如今揭露万亿美元大宗商品市场欺诈行为而获得 3000 万美元的奖励，这是对举报人保护的重大突破。

据了解，CFTC 举报人计划是作为《多德—弗兰克法案》的一部分而成立的，对于自愿提供原始信息并协助执法成功的举报人将给予奖金激励，奖金额度将为制裁罚款金额的 10%～30%，最高不超过 30%。尤应注意的是，所有举报者奖金由国会设立的 CFTC 客户保护基金支付，资金全部来自违法者向 CFTC 支付的金钱制裁，没有从受害的投资者处提取或扣留资金来为该计划提供资金。

SEC 五年颁发奖金超 2 亿美元

SEC 在奖励举报者方面也具备相当大的力度。2018 年 3 月，SEC 通过三名举报者提供的信息而获得美银美林违规的佐证，美银美林因未能将客户资金与自营资金隔离，使客户资产面临风险，最终遭到 SEC 的处罚，罚没 4.15 亿美元。这三位举报者获得总共 8300 万美元的奖金，系 SEC 有史以来颁发的最大金额奖金，其中两名举报者共获 5000 万美元，另一名举报者获得了 3300 万美元。SEC 并未公开举报者的身份，甚至美银美林也不知道举报者到底是谁。某律师事务所人士表示，这三人均担任公司"高层"职务，而大部分奖金都被捐给了慈善机构。

2017 年，SEC 向多起案件的举报者颁发奖金，分别如下：

2017 年 1 月 6 日，一名公司内部线人获得超过 550 万美元奖励，该举报者不仅提供有效信息，在执法调查过程中也给予了重要协助。

2017 年 1 月 23 日，两名举报者在一起百名投资者被欺诈的案件中提供信息，促使案件成功告破，获得奖金超过 700 万美元。

2017 年 2 月 28 日，举报者提供线索成功破案而获得高达罚款 20% 的奖金。

2017 年 4 月 25 日，举报者提供的信息使调查突破困境，其专业的行业知识有效地给予了执法者很多协助，最终获得 400 万美元奖金。

2017 年 5 月 2 日，因协助执法者成功发现一起隐藏很深的证券违规行为，该名公司内部人士获得超过 50 万美元奖金。

2017 年 7 月 25 日，一名政府机构员工获得 250 万美元奖金，该举报者帮助启动了 SEC 的调查，使 SEC 发现公司存在的不当行为，并在执法调查中持续给予协助。

2017 年 7 月 27 日，举报人协助 SEC 查处一则难以发现的欺诈投资行为，百万美元投资款成功返还投资者，该举报人获得 170 万美元奖励。

2017 年 12 月 9 日，举报人凭借不少专业技巧协助 SEC 成功获取违规证据，SEC 颁发 90 万美元奖金以资鼓励。

最近五年时间中，SEC 颁发的举报者奖金约为 2.16 亿美元，从上述案例中我们不难发现，2018 年创下了两家监管机构的奖金之最，奖金金额正在不断攀新高。截至 2017 年，SEC 给 46 名举报者颁发了约 1.6 亿美元奖金，在美银美林案件之前，SEC 开出的最大一笔奖金发生在 2014 年，金额为 3000 万美元。在前十大举报奖金排名中，大额奖金普遍颁发于 2016 年，10 个案例中有 6 个案例发生在 2016 年，其中 3 笔奖金都在 2000 万美元左右。

高额奖金引争议，恐将设置明确上限

举报人计划成立于 2010 年，由于近年来出现了愈来愈多高额奖金的情况，SEC 认为联邦政府给予了举报人过高的奖金，因此，SEC 以 3:2 的投票结果提出对举报人奖励规则进行修订的议案。根据现行规定，举报人可以获得违规案件罚款金额的 10%~30% 作为举报奖金。而新的提议是，减少对于超过 1 亿美元罚款案件的奖金，对于超过 1 亿美元的罚款，举报人奖金至少为 3000 万美元。而对于较小的案件，则可将奖金提高至 200 万美元。新的规则将设置明确的奖金额度上限，而不是奖金比例。从提议来看，这些变化可以赋予委员会对奖金规模更多的自由裁定权。

某 SEC 人士表示，SEC 会向举报人支付总资金的 40% 均来自三个奖项类别，而且过高的奖励并非"合理必要"。该计划成立以来，SEC 收到了 22000 份举报信，导致执法调查行动陡增，从而使得财务补救款超过 14 亿美元。但亦有两位 SEC 成员对议案提出了反对意见，他们认为 SEC 过于主观的裁定会大幅削弱举报者告密的意愿，此外，最高额度的标准也有待再商议。

（资料来源：CFTC 官方网站、《证券时报》、新浪财经等。）

12. 增强监管协同，探索行政、民事与刑事的有效对接与合作

增强各行为监管部门之间的沟通协作，提升监管协同，凝聚监管合力。明晰中央金融监管部门间、中央和地方金融管理部门间在行为监管与金融消费者保护方面的分工，不能再出现"平时只管准入，日常行为监管都不管、出问题相互推"的情况。中央监管部门之间增强监管合作，共同回应市场需求。完善工作机制，加强信息共享，促进经验交流，开展联合执法。探索承担行为监管的行政机关与公安机关、人民法院、人民检察院等对接合作。对涉及行政监管、民事争议、刑事犯罪等多个领域的金融事件，行政监管机关应根据法律、法规、部门规章等规定，对行为主体作出相应监管，维护金融市场秩序、保障金融消费者（投资者）合法权益（HM Treasury，2011）。对于涉及的民事争议，鼓励当事人通过和解、第三方调解等方式化解纠纷，对于进入司法程序的民事争议，行政部门也应在法律规定范围，发挥在违法行为认定、金融消费者（投资者）权益保护等领域的积极作用，为司法机关调查事实、理清法律关系、作出最终裁判提供相应协助，避免行政监管与民事争议人为分割乃至背离。对于涉嫌犯罪的市场主体，应及时交由司法机关予以处理，绝不偏袒姑息。

13. 加大对违法违规行为的处罚力度

严肃行为监管执法，加大行为监管处罚力度。进一步提高行政处罚罚款额度的上限，设置较高的处罚上限。对于行为风险管理不力、恶性案件频发、社会影响恶劣的金融机构，应限制其资产规模扩张。在实际的执法过程中，针对不同的违法情况，综合考虑主观故意、社会危害、违法所得数额、是否多次违法等多方面的因素，具体裁量确定个案的罚款数额。对屡禁不止、违法所得特别巨大、社会影响恶劣、损害行为监管权威、公众关注度高的违法行为，要敢于"亮剑"，以高额的处罚、严格的市场禁入等方式坚决打击。

专栏 3 - 5　澳大利亚四大银行操纵利率市场

2016 年，澳大利亚证券和投资委员会（ASIC）先后对澳大利亚四大银行中的澳新银行（ANZ）、西太银行（WBC）和国民银行（NAB）提起诉讼，指控三家银行操纵银行票据掉期利率（BBSW）市场。NAB 被 ASIC 指控存在 50 次违规交易，ANZ 有 44 次，WBC 有 16 次。2017 年 11 月，联邦法院判决对 ANZ 和 NAB 分别处以 1000 万澳元的罚款。法院还判决两家银行向 ASIC 递交强制执行承诺，并按程序支付 2000 万澳元作为罚款，另将分别支付 ASIC 调查费及其他费用 2000 万澳元，加上金融知识普及基金捐助等，两家银行分别支付了 5000 万澳元。WBC 已经过两个月的听证会，正在等待判决结果。

银行票据掉期利率是澳大利亚利率指标的主要参考标准之一。经过一年多的博弈与角逐，ASIC 在 2018 年又对澳大利亚最大的商业银行——澳大利亚联邦银行（CBA）提起诉讼。2018 年 1 月 30 日，作为全行业对银行票据市场参与者交易活动进行审查的一部分，ASIC 向澳大利亚联邦银行提出索赔，声称该银行从事市场操纵，有关于银行票据掉期利率（BBSW）的不合情理的行为。

ASIC 提交给联邦法院的文件中称，该行的交易员在 2012 年 1 月至 10 月曾三次试图操纵 BBSW。ASIC 指称，在此期间 CBA "有一种惯行做法"，即为了该行本身或其某些业务部门的利益最大化或损失最小化，去交易优等银行票据以影响 BBSW 水平。CBA 曾发布公告回应 ASIC 的诉讼，称 ASIC 对此事已调查两年，其间该行对调查 "完全配合"，但目前对 ASIC 的指控提出异议。

澳大利亚联邦银行同意支付 2500 万澳元，以解决澳大利亚证券和投资委员会提出的利率操纵率。澳大利亚联邦银行将承认他们在 2012 年

2月至6月操纵了5次银行票据掉期利率。总额2500万澳元的罚款包括500万澳元的罚款、1500万澳元支付给一个金融消费者保护基全以及500万澳元支付ASIC法律费用。CBA和ASIC将在近期向联邦法院提出批准交易的申请。

（资料来源：http：//afndaily. com/wap/australia/13339. html。）

14. 降低市场准入门槛，提升金融业的竞争性

在风险可控的前提下，应放开对金融行业的市场准入标准，降低准入门槛，吸引更多的民间资本进入金融业，鼓励新兴民营金融机构的发展，鼓励有实力的互联网机构发挥自身独特优势进入小微金融领域，显然会显著提升国内金融业的经营效率，形成多元化竞争性的金融体系，促使市场供求关系平衡，进而达到深化金融机构产权结构和治理结构改革、满足实体经济需要的目的。同时，降低金融业准入门槛，也能够吸引更多的国际金融机构参与我国金融业的发展。特别是资本市场的对外开放，将有利于培育国内资本市场价值投资理念，形成资本市场长期、稳定、健康发展的良好氛围。

（三）强化金融机构行为风险管理

1. 在公司治理层面强化行为风险管理机制

一是明确董事会、高级管理层、业务条线和风险管理部门、法律合规部门等在行为风险管理中的各自职责，构建"以客户为核心"的行为风险管理文化，通过公司有效治理架构向下层层传导。二是强化行为风险管理和控制，强调前瞻性的事前"介入式"管理，建立基于"三道防线"的事前、事中和事后管控机制。三是借鉴操作风险、合规风险的管理工具，探索和构建行为风险管理工具。培养行为风险管理人才队伍。四是行为风险管理涉及与客户或消费者相关的各个业务条线，需要强化各业务条线和前中后台相关人员的培训和教育。

2. 科学设定业绩考核指标，完善激励机制

一是合理确定考核目标，科学测算和确定经营目标和员工考核任务。二是完善激励机制设计，合规经营类指标和风险管理类指标权重应当明显高于其他类指标。三是建立完善绩效薪酬延期支付和追回制度，提高绩效薪酬支付与风险暴露期的匹配度。四是健全针对激励机制的风险管理制度。定期评估激励机制的风险。建立销售服务抽样回访制度。针对销售业绩突出或异常的员工加强检查，不能只是奖励这类员工，要加强对其合规检查。五是行为风险监管职责应独立于销售部门，避免利益冲突。

3. 确保监管政策和自身内控制度的执行落地

金融机构有没有内控制度与金融机构是否存在风险完全是两回事。内控设计极尽缜密，金融机构管理仍有可能失控。关键在于如何保证内控制度的执行落地，如何让内控制度真正发挥作用。首先，金融机构应制定详尽的内部控制政策及相关制度，设计制度时要考虑执行环节所有可能的场景，要在制度中一一加以明确，让每种可能都有约定，让每项条文都无歧义。切忌"闭门造车"、"高大上"、"空中楼阁"。其次，金融机构应开展内部控制评价、考核，结合本机构实际情况对现行内部控制体系进行科学合理的评价，查找存在的问题。评价一定要实事求是，一定要以发现问题作为出发点，切忌"好好先生"、"得过且过"。最后，应明确内部控制管理责任制，强化责任追究。明确董事会、高级管理层对内部控制的有效性分级负责，内部审计部门、内控管理职能部门对未适当履行监督检查和内部控制评价职责承担直接责任，业务部门对未执行相关制度、流程，未适当履行检查职责承担直接责任（王华庆，2014）。

4. 强化金融机构服务外包行为的规范管理

金融机构进行业务外包，应当制定外包的战略发展规划、与其风险管理水平相适宜的外包活动范围、风险管理框架以及相关制度，并将其纳入全面风险管理体系。金融机构要评估外包活动的战略风险、法律风险、声

誉风险、行为风险、合规风险、操作风险、国别风险等及自身对外包活动的风险管控能力，评估外包服务提供商的技术能力及专业能力、业务策略和业务规模、业务连续性及破产风险、风险控制能力及外包服务的集中度等，对服务提供商进行尽职调查，建立严格的客户信息保密制度，事先制定和建立外包突发事件应急预案和机制。

（四）提升金融消费者自我保护意识、能力和诚信意识

1. 引导金融消费者主动学习金融知识和风险特征，尤其是数字金融知识

金融消费者要在日常生活中，主动通过各种渠道广泛学习基础金融知识，掌握基本金融产品和服务、数字化金融产品和服务的产品特征和风险点，尤其是需要提高自身识别非法金融活动的能力。金融消费者发现或经人提醒自己参与到了非法金融活动中时，要坚决停止，果断退出，避免自己陷入预先埋伏好的非法金融陷阱中（The World Bank，2013）。

2. 树立"自享收益、自担风险"的意识，提高诚信意识

引导金融消费者明白其"自享收益"的同时，也要"自担风险"，提高自身的责任意识和诚信意识。要自觉远离非法金融活动，避免盲目投资和冲动交易。金融消费者要敢于维权、合法维权，清晰法律赋予的维权手段和方式，了解、掌握合法的维权途径和渠道。

3. 整合"一行两会一局"开展的金融知识普及活动

整合"一行两会一局"开展的金融知识普及活动，人民银行、银保监会、证监会、外汇局可以在国务院金融稳定发展委员会框架下，构建金融消费者教育领域的国家层面的工作协调机制，整合资源，统筹规划，统一于每年9月开展集中性的金融知识普及活动，很多省份已经先于中央层面进行了整合。

4. 发挥好消费者协会、行业协会、新闻媒体、大学等其他组织在行为监管和消费者保护、金融知识普及方面的建设性作用

充分发挥中国消费者协会和地方各级消费者协会的作用，提升消协在金融领域的专业性和权威性。行业协会等自律组织可以出台自律公约、行为准则，自觉规范市场行为，普及金融知识，保护金融消费者合法权益。充分发挥媒体在行为监管、金融消费者保护和金融知识普及中的建设性作用，通过及时发现新闻线索、专业分析事件、深入揭露违规行为、全过程刨根问底，专业、负责任地发挥好舆论监督作用。同时，媒体也可发挥在金融消费者教育领域中的作用，通过典型案例分析报道，揭示风险，提升消费者金融素养，增强消费者风险识别和自我保护能力。监管部门联合大学、研究机构，推动行为监管、消费者行为经济学与消费者保护的研究。

（五）促进行为监管的国际交流和合作

1. 积极参与行为监管与金融消费者保护的国际交流与合作，掌握国际规则制定话语权。推动行为监管与金融消费者保护领域的国际组织做实做强

要积极参加国际金融消费权益保护组织（FinCoNet）、普惠金融联盟（AFI）、G20/OECD 普惠金融全球合作伙伴（GPFI）、OECD 国际金融教育网络（INFE）等国际组织召开的国际会议，学习借鉴国际上行为监管与金融消费者保护的良好经验，参与国际规则制定与修改，积极推动行为监管与金融消费者保护领域国际组织做实做强，提高相关文件或决议对成员国的约束力，增强行为监管与金融消费者保护在国际上的影响力和示范效应。

2. 推动巴塞尔协议框架准则、证券业国际准则、保险业国际准则等国际金融业监管准则框架体系进一步重视行为监管和金融消费者保护

推动在巴塞尔协议框架准则、证券业国际准则、保险业国际准则中，对行为监管和金融消费者保护作出直接规定，详细要求各国金融监管机构履行行为监管职责，明确各国金融监管机构所负义务，并给出执行时间表，加强各国金融监管机构在行为监管和金融消费者保护方面的国际责

任。推动 G20、IMF、BIS 等相关国际组织密切关注基于互联网的跨境金融服务跨国"无证驾驶"问题。过去，各国、各地区的金融风险虽具有一定外部性，但由于物理上相互隔离，这种风险仍具有"区域性"。而互联网平台打破了各国、各地区之间的物理隔离，网络世界里金融服务"互融互通"，对金融监管相对薄弱的国家而言风险将加大，同时防范风险的有效性也将降低，目前违法违规互联网金融活动在发展中国家已经呈现扩散的苗头，尤其是在监管和法律比较薄弱的新兴市场国家。因此，要推动 G20、IMF、BIS 等相关国际组织密切关注基于互联网的跨境金融服务跨国"无证驾驶"问题，将其作为未来行为监管与金融消费者保护的重要领域进行探索，并推动建立双边或多边机制，争取规则一致性，减少跨境监管套利，维护国际金融稳定。

3. 推动行为监管与金融消费者保护在"金融部门评估规划"（FSAP）中指标量化

积极推动行为监管与金融消费者保护在 FSAP 评估中指标量化，构建完整的评估指标体系和指数权重体系，进一步加深对各国行为监管和金融消费者保护体系的客观了解和认识，从国际视角审视各国行为监管和金融消费者保护体系的健全性和稳健性，为深化金融业改革、加强监管提供明确而有益的参考依据。

第四章　我国金融科技发展中的
行为监管与金融消费者保护

近年来，在数字化、网络化、智能化为特征的信息化潮流推动下，金融科技通过金融与科技的深度融合发展，在金融上表现出新的实现方式、服务形态、业务模式，迅速成为一个备受全球瞩目的热点议题。在我国，金融科技应用的广度、深度和精度不断增强，提升了金融服务质量和效率，惠及了广大金融消费者，在不少领域形成了独特市场优势和规模优势，为服务实体经济、防控金融风险、促进金融改革和开放提供了重要驱动力。与此同时，我国金融科技创新发展也暴露出一些问题和风险隐患，特别是行为风险防控存在短板、金融消费者权益保护不足等问题较为突出。

一、我国金融科技发展中监管部门重视行为监管和金融消费者保护

金融科技作为一项新生事物，在市场主体依靠内生动力不断自我实现的同时，也需要监管的规范引导，而行为监管的工作目标、工作手段等与金融科技催生的新模式、新业态等更为契合，可以在金融科技的监管中承担重要角色，通过发布行为准则并采取有效的现场检查、非现场评估和风险防控等举措，对金融科技从业机构经营行为进行规范和干预，约束道德

风险、欺诈和误导交易，维护良好行业秩序，促进公平竞争。

在规则制定方面，2015 年，中国人民银行等十部门联合发布的《关于促进互联网金融健康发展的指导意见》作为指导我国互联网金融发展的纲领性文件，明确要求建立健全客户资金第三方存管、信息披露和消费者保护等相关制度。随后，相关监管部门陆续出台了配套行为监管办法。比如，银监会发布《网络借贷资金存管业务指引》，严格要求网络借贷信息中介机构落实客户资金在商业银行的第三方存管，切实保障金融消费者资金安全，发布《网络借贷信息中介机构业务活动信息披露指引》，督促网络借贷信息中介机构及时准确公布其经营活动和财务状况的相关信息，以便金融消费者充分了解其运作状况，促进稳健经营和控制风险。证监会发布《货币市场基金监督管理办法》，对货币市场基金的信息披露、风险揭示、禁止性行为等方面作出了相应规定。保监会发布《互联网保险业务监管暂行办法》，对保险机构开展互联网保险业务的经营条件、经营区域、信息披露要求及相关监管规则进行了规范。

在规范广告行为、合同行为和债务催收行为方面，中国人民银行、银保监会、证监会会同中国互联网金融协会，加强互联网广告监测，督促指导广告发布媒体落实审查责任，切实强化对金融科技广告的有效监管，严厉查处互联网虚假违法金融、理财广告。"一行两会"研究制定金融科技产品合同要素标准，建立以合同为核心的金融科技产品集中登记制度和平台。要求各类机构及委托的第三方机构均不得通过暴力、恐吓、侮辱、诽谤、骚扰等方式催收贷款。在公平交易方面，证监会加强投资者适当性管理，制定出台投资者适当性管理规定，督促引导金融科技从业机构落实合格投资者制度，确保金融消费者投资符合自身风险承受能力的金融产品。在反不正当竞争方面，"一行两会"注重对金融集团关联方之间资金往来、资产负债和治理结构进行穿透核查，防止不正当竞争、利益输送和不当关联交易等行为。在争议解决方面，除既有的各金融监管部门投诉受理、处理机制外，由中国互联网金融协会建立举报平台，受理违法违规活动线索举报，发挥社会监督作用，形成有效震慑。在金融消费者教育方面，"一行两会"会同中国互联网金融协会通过开展多形式、多层次的金融科技知识普及和风险警示教育提升消费者金融素养和风险防范能力。

二、我国金融科技发展中行为监管和金融消费者保护面临的挑战

金融科技发展中，行为监管和金融消费者保护对促进金融科技规范健康发展确实起到了一定的积极作用，但总体来看，行为监管和金融消费者保护仍处于弱化状态，呈现散落性和碎片化的特征，一些深层次矛盾和体制性机制性问题依然存在，还并不能完全适应日新月异的金融科技发展。

（一）金融科技行为监管制度规范体系不完善

具体到金融科技领域，虽然在金融监管部门出台的相关制度规范中均涉及行为监管的内容，有些还是专章甚至专门的关于行为监管的细则规定要求，但总体看，仍缺乏系统性、全面性和层次性，覆盖机构不全，相关内容较散。比如，中国人民银行发布的《金融消费者权益保护实施办法》只适用于银行业金融机构，提供跨市场、跨行业交叉性金融产品和服务的其他金融机构以及非银行支付机构。银监会发布的《网络借贷资金存管业务指引》、《网络借贷信息中介机构业务活动信息披露指引》等只适用于网络借贷信息中介机构。此外，这些文件都只属于规范性文件，法律位阶较低，只有政策约束力，缺乏法律约束力，罚则太轻，在落地实施执行过程中存在难度。

（二）金融科技监管体系存在短板

首先，金融科技具有典型的混业经营特征，一些从业机构采取对一个完整的业务流程、行为和产品进行拆分的方式规避行为监管要求，进行监

管套利，这在分业监管体制下给行为监管的实施带来了挑战。其次，行为监管和金融消费者保护重在具体执行，但相较于审慎监管的制定规则、审批准入等事务，其工作琐碎、成效难以体现，加之人才储备不充分、经验欠缺，在实践中，往往有意无意被忽视，甚至能躲则躲，能推则推，出现"只见规则、难见执行"的现象。特别是金融科技的部分业态监管规则制定和实施分属于中央和地方，权责不匹配，使得矛盾和冲突更容易显现。再次，金融科技从业机构基于互联网技术开展跨区域经营，具有收益本地化、风险外部化的特点，而地方金融监管部门在承担当地金融监管和风险处置责任的同时，还肩负着促进当地经济金融发展的职责，因此容易导致地方过于重视其发展和效益，忽视对其的行为监管和风险防控。最后，金融科技业态众多、模式各异、创新速度快，行为风险更加复杂多样，需要行为监管的人才储备、专业能力、工作流程和技术应用都与时俱进，实现与金融科技发展相匹配。

（三）金融科技从业机构行为风险管理意识不足，能力缺失

由于我国金融科技准入管理尚不完善，部分业态和模式缺乏必要的准入标准和门槛，这一方面导致市场主体间监管不一致，容易产生不公平竞争；另一方面使金融科技鱼龙混杂，部分从业机构和人员对金融风险特别是行为风险缺少敬畏之心。比如，部分从业机构并不具备优化金融产品和服务的技术储备和实力，滥用"金融科技"之名进行自我包装和业务经营，涉嫌夸大、误导甚至虚假宣传。部分从业机构治理体系不完善，管理层金融行业工作经验欠缺，风险意识淡薄，信奉"唯技术论"和"唯流量论"，单纯注重用户体验和效率优先，而在很大程度上忽视和简化了操作行为和产品提供中的风险提示和管理。部分从业机构实施一些有争议性的业务和行为，如过度和掠夺性放贷、捆绑和强制销售、信息不透明以及不正当债务催收等。部分从业机构缺乏正式的投诉受理渠道和纠纷解决机制，或投诉受理处理机制沦为摆设，不畅通、不便捷、不发挥应有作用。

（四）监管和市场缺乏建设性的金融科技对话沟通机制

二十国集团《数字普惠金融高级原则（2016）》中提出"积极促进所有重要利益相关者（包括政府、私人部门和民间团体）之间有关数字普惠金融方面的对话和合作，确保他们对数字普惠金融目标和市场行为预期的理解一致"，而在当前我国金融科技发展中，尚缺乏这样良好和有效的对话互动交流机制。在市场层面，一方面，部分龙头企业"拥客户自重""拥资本自重"，过分相信自身的实力和能力，认为监管是桎梏、妨碍甚至是瞎指挥，存在不愿意和监管接触，更不愿意监管介入的现象。另一方面，部分从业机构业务不太合规，或者因为其对监管政策了解不深、理解不足导致自身都不确定是否合规，从而往往抵触和规避监管，与监管进行"猫和老鼠"的游戏。在监管层面，由于体制机制不适应、资源能力不充分和手段方式不完善等因素，监管难以有动力、有精力、有能力深入地与市场进行有效对话，准确了解市场发展趋势和从业机构需求，及早研判识别风险并及时予以干预，而是往往等到风险事件或热点问题发生后，才不得已组织力量开展调查研究、出台政策和采取"运动式"的监管措施，不仅事倍而功半，对市场的影响也更加负面和不利，进而导致市场有所顾忌，不敢轻易尝试创新，甚至双方容易产生情绪性的对抗。

（五）消费者对金融科技的认知仍有待提高

金融科技大大拓宽了金融服务的边界和渠道，使更多的人群能够享受到成本低廉、方便快捷的金融产品和服务，特别是以小微企业、农民、城镇低收入人群、贫困人群和残疾人、老年人等特殊群体为重点的普惠金融服务对象能够越来越多地获得金融科技发展带来的红利，但由于金融消费者对金融科技产品和服务的复杂性、自身需要承担的责任和义务难以做到充分了解，或者存在不愿意了解和不能够了解的情况，从而容易出现"看收益、不看风险""买平台、不买产品"，进而要求"刚性兑付"的问题。比如，虽然在我国境内注册的比特币等虚拟货币交易平台已基本处于关闭或暂停交易状态，并已多次发布关于虚拟货币交易的风险提示，但在其价格的持续走高期，部分投资者仍然选择转向风险系数更高且无任何保障的场外交易。

三、着重需要解决的几个问题

（一）大数据技术应用和个人信息保护问题

大数据技术是金融科技的标志之一，通过对体量巨大、来源多样、格式不一的高价值数据资源进行收集存储、关联分析和流转应用，助力金融业在精准营销、服务创新、运营管理、风险控制等方面实现了较大突破，促进金融业思维方式、经营模式、业务产品不断推陈出新，成为金融业改革发展和转型升级的重要驱动力。

大数据技术在金融业的应用也是一把"双刃剑"。比如，大数据客观上需要数据信息更加全面准确，但当前数据资源开放共享程度不足，"数据割据"和"数据孤岛"等现象还较为突出。由于数据已逐渐成为基础性战略资源，是金融科技发展的核心竞争力之一，尽管从业机构在日常经营过程中已积累了大量的数据信息，但出于利益考量，通常将其视为重点保护的商业机密，再加上部分从业机构依靠自身渠道入口、产品应用和技术能力等方面的优势，汇集、占有甚至垄断了更多有价值的数据信息，成为实质上的"数据寡头"，市场上又缺乏有效统一的合作共享共赢机制，从业机构不愿意主动开放共享数据。而沉淀在司法、工商、税务等公共部门的政府公共信息数据则因为体制机制和系统标准等方面的原因，仍然存在部门分割和行业壁垒，互联互通、开放共享的质量和水平还不尽如人意。此外，以非结构化数据为主体的数据来源复杂、标准不一，处理能力要求较高，使数据的真实性和准确性难以得到保证。数据传输和存储面临系统、网络和应用等信息安全风险，可能造成数据丢失、破坏或被非法盗取。

与此同时，以"大数据"为名的个人信息过度采集、滥用和泄露等问题较为突出。部分从业机构甚至存在非法窃取、违规使用和批量倒卖个人信息的行为，已出现的一些风险事件和热点问题也引发诸多关注和质疑，冲击了对大数据正当性和公正性的信心和信任。大数据技术使个人信息采集更加频繁、隐蔽和容易，从业机构可以在未经用户同意或只是一揽子概括授权的情况下，违背"最少够用"原则收集用户定位、习惯偏好、社交关系等非必要信息，而用户可能对此无从察觉，或即使知晓也因为使用需要而只能无奈接受，被动失去信息决定权和控制权；大数据技术使海量信息的比对和弱相关数据的利用成为可能，并从中挖掘出新知识，获取新结论，增加了个人身份识别、敏感信息和隐私数据不经意暴露的风险，难以确保数据匿名状态；大数据技术往往使个人信息超出原始授权目的而被二次利用，导致"目的限定原则"实现难度增大。从法律规范和监管角度看，个人信息兼具人格权与财产权的双重属性已逐渐成为国际共识，而不断发展的大数据技术应用对我国还在构建的个人信息保护体系提出了更严峻、更复杂的挑战。一是个人信息保护法律体系不完善。尽管2016年出台的《网络安全法》对个人信息保护涉及主体、应用环节和权利义务等作出了规定；《民法总则》《刑法》等规定了个人信息保护的民事、刑事责任；《征信业管理条例》等相关行业的行政规章对个人信息保护也有明确要求，但总体仍显得"大而泛"，缺少"精而细"的实施细则和认定标准，对执法操作的指导意义不够强不够实。二是个人信息保护监管体系不明晰。我国尚无专门负责数据和个人信息保护的行政机构和组织体系，国家发改委、公安部、工商总局、网信办和各行业主管机构等均承担了一定的监管执法职责，但机构内部通常也没有专门的部门具体负责，因而容易形成监管空白。以人民银行为例，征信管理部门对征信数据具有明确管理权限，金融消费权益保护部门虽然在规则制定和日常检查中都涉及个人信息保护的相关内容，但因其不具备机构监管职责，在具体工作中仍必须主要依靠相应的机构监管部门，工作协调难度增加，成效降低。三是个人信息保护理念落后。个人信息保护的理念和规制仍主要局限在"隐私保护""知情同意"的传统框架中，且以事后监管和处罚为主，缺少前瞻性、主动性的事前干预，难以适应大数据背景下个人信息生成、流转和应用的方式，也无法有效实现促进大数据良性发展和加强个人信息保护之间的平衡。受制于上述这些因素，当前对从业机构个人信息保护的行为监管仍然捉襟见肘，市场警示和震慑作用无法彰显，造成从业机构犯错成本低，不以为耻，反以为荣，打"擦边球"甚至明知故犯的情况屡见不鲜，侵害金融消费者合法权益现象时有发生。

2018 年 5 月 25 日，《欧盟一般数据保护条例》（General Data Protection Regulation，GDPR）正式生效，被形容为"近二十年来数据隐私规则领域发生的最重要变化"。GDPR 的效力层级在欧盟是"条例"，效力仅次于宪法。GDPR 具有以下特征：第一，要求责任共担。除收集和使用数据的数据拥有者外，数据处理者（如提供数据处理服务的云服务提供商等）也需直接承担合规风险和义务。第二，GDPR 对获取和管理个人信息提出了新的、更严格的要求。如要求列明收集个人信息的范围，赋予个人明确的权利。第三，GDPR 大大增加了数据保护的强制性和责任性，对违规的处罚金额提高到 2000 万欧元或企业全球年营业额的 4%。有业内人士指出，GDPR 将成为未来全球网络空间规则的基石，即以数据为抓手，与美国过去掌控的另一大基石，即底层技术治理相得益彰。

习近平总书记在十九届中央政治局第二次集体学习时指出"大数据是信息化发展的新阶段"，强调"推进数据资源整合和开放共享，保障数据安全，加快建设数字中国，更好服务我国经济社会发展和人民生活改善"。

这对大数据技术在金融领域的应用提出了新要求。在数据资源整合和开放共享层面，一方面要着力构建覆盖全社会的征信系统，化解"信息孤岛"困局,提供更加多元化、个性化的征信产品和服务,缓解个人征信产品有效供给不足的问题,更好地满足多样性、多层次的市场需求;另一方面要按照《促进大数据发展行动纲要》的要求,明确各部门数据共享的范围边界和使用方式,厘清各部门数据管理及共享的义务和权利,打通信息壁垒,形成覆盖全国、统筹利用、统一接入的数据共享大平台,实现跨层级、跨地域、跨系统、跨部门、跨业务的协同管理和服务,丰富面向公众的信用信息服务,提高政务服务和监管水平。在数据安全和个人信息保护层面,一方面,强化数据资源安全保护能力,充分利用新兴的加密技术、信息安全技术等提高关键基础设施的防护质量和水平,增强数据安全预警和溯源能力,确保数据采集、存储、流转等各环节的网络安全和系统安全;另一方面,切实完善个人信息保护体系。

加强金融科技领域个人信息保护,明确大数据技术应用的原则标准,划清业务边界和红线,强化隐私保护技术的开发应用。同时,一方面开正门,建立覆盖全社会的征信系统,推动数据信息开放共享和整合利用,提供更加多元化、个性化的信用信息产品和服务,更好地满足市场需求;另一方面堵偏门,严格执行《网络安全法》等法律法规,督促金融科技从业机构将个人信息保护原则和要求内嵌于业务流程、产品设计、信息技术系统之中,从采集、加工、存储、使用、异议处理等各个环节切实加强个人信息保护。

(二)电子证据固定和有效性认定问题

金融科技的不断发展使得金融产品和服务的供给改变了模式,很多都可以基于线上进行,这种改变可以提高交易效率和降低交易成本,便利于金融消费者和金融机构,因此得到了广泛使用。在远程交易过程中,消费者采用电子化方式进行签名认证,金融机构为其提供电子合同确认交易。

当金融消费者与金融机构产生消费纠纷时,关于电子签名、电子合同等电子数据能否作为证据使用、是否具有效力的问题,最高人民法院《关于民事诉讼证据的若干规定》（2001）司法解释第二十二条规定："调查人员可以调查收集计算机数据等视听资料。"最高人民法院《关于行政诉讼证据若干问题的规定》（2002）第六十四条也规定："以有形载体固定或者显示的电子数据交换、电子邮件以及其他数据资料，其制作情况或真实性经对方当事人确认，或者以公证等其他有效方式予以证明的，与原件具有同等的证明效力。"因此，当金融消费者与金融机构存在消费纠纷时，电子数据可以作为证据使用，这时候就需要关注这些电子证据的固定和有效性认定问题。

比较而言，以往金融消费者购买金融产品或服务时，与金融机构签订的合同是有形物，除可长期保存外，还具有直观性、不易更改性等特征，消费者和金融机构只需要保存好纸质证据，就可以较为方便地进行举证。而现如今使用的电子签名和电子合同以电子数据的形式存在，储存于计算机硬盘或其他类似载体内，呈现出与传统书面证据不同的特点。一是数字性、虚拟性。无论使用何种高级语言或输入法向计算机输入信息都将经过数字化的过程按编码规则处理成"0"和"1"的组合，被转换为二进制的机器语言才能被计算机读懂。因此电子证据的实质是计算机语言，看不见摸不着，具有无形性。二是易破坏性。高科技创造了电子数据，同时也带来了风险，电子证据在生成、存储、传输、输出的各个环节都高度依赖计算机和互联网，可能被人为地篡改、伪造、破坏或毁灭，也可能因为误操作、病毒、突然断电、硬件故障或冲突、软件兼容性而导致数据再也无法恢复，这些因素都对电子证据真实性的判断造成很大的困难，如果没有可对照的副本报告件则难以查清、难以判断。

电子证据的特征决定了其在固定和有效性认定方面存在着一定的特殊性。首先，按照"谁主张、谁举证"的原则，金融消费者对自己的权益被侵害负有举证责任，而由于电子证据是无形的，其取证规则和取证方式都有别于传统证据，电子证据的提取、固定有一定难度。电子证据的取证固定主要的方式有打印、拷贝、拍照、摄像等，往往需要专业技术手段，而且在取证环节有诸多需要注意的地方。如采用打印的方式，应当采取措施监督打印过程，防止操作人员实施修改、删除等行为；如采用拷贝的方式，拷贝之后，应当及时检查拷贝的质量，防止因保存方式不当等原因而导致的拷贝不成功或感染有病毒等；如采用拍照、摄像等方式，也应对取证全程进行拍照、摄像，增加证明力。同时，电子证据极易被破坏且一旦被破坏又难以恢复原状，因此通过公证机构将有关证据进行公证固定也是获取电子证据的有效途径之一。但公证具有高成本、低效率的特点，应当根据具体情况，决定采取哪种方式进行取证、固定。然而，按照"谁主张、谁举证"的原则，金融消费者对自己的权益被侵害负有举证责任，消费者应自行提交电子证据。电子证据取证、固定具有一定的专业性和困难度，这使金融消费者在维权过程中会遇到诸多实际困难。取证后的电子证据由消费者提交后，也会需要进行真实性审查认定。

其次，由于电子证据易破坏性的特点，如果金融机构存在欺诈、滥用等行为，其与金融消费者发生纠纷时，可能会通过篡改后台数据、修改电子合同条款甚至删除所有相关信息等方式使电子证据的真实性、完整性、安全性和法律效力难以得到有效保障。如发生这类情况，消费者可以提出对电子证据的质疑与反对，但是对电子证据真实性的审查认定在技术上还要依赖于专家的鉴定结论以及计算机的数据分析报告，从电子证据的生成环节、存储环节、传送环节、收集环节、已经是否被修改过等环节着重把握。但这一过程时间长、程序繁琐以及成本高，对于消费者而言是非常不利的。而且，现阶段审判实务中涉及的鉴定主要有笔迹鉴定、伤残鉴定、质量鉴定、损失鉴定等，针对电子证据的鉴定却缺少相应的程序和标准。尤其是当金融机构恶意删除所有信息而消费者前期没有进行保存时，则会让维权过程变得更加艰难。

最后，对于金融消费者和金融机构双方而言，电子数据虽然可以作为证据使用，但是单一的电子证据并不能够作为判定事实的根据，电子证据需要跟其他证据一起使用，并能够相互印证，才能组成证据链条来证明事实。例如，消费者在线上远程办理银行业务时，银行推出了身份证识别、人脸识别、视频录像等一系列佐证措施，除了电子签名、电子合同等，这些佐证措施的资料也被保存下来。当消费者与金融机构发生纠纷时，应对证据进行综合认定，特别是注意把握电子证据同其他证据之间的关系，如果电子证据能够与其他证据不互相矛盾，或电子证据之间能够相互佐证，那么可确认该电子证据的效力。如果电子证据与其他证据相矛盾，或者双方提供的电子证据矛盾，则还需要进一步认定该电子证据的效力。

综上所述，由于电子证据的特点，金融消费者在电子证据的提取、固定等方面存在弱势，金融机构对电子证据的掌握与控制远远强于金融消费者。而且，任何一方提供的电子证据都需要经过认定，与双方的陈述以及其他证据一起综合判断。当然，如果金融机构对于电子证据的生成、传送、收集、存储采用严格的流程和标准，并且提供真实有效的电子证据，那么会有助于更加清晰、方便、快捷地解决纠纷。

（三）出现涉嫌操纵市场行为问题

操纵市场行为扭曲市场价格形成机制，破坏市场秩序，误导和欺诈市场参与者，损害投资者合法权益，是资本市场实施行为监管重点关注和打击的行为。随着金融科技逐渐受到各方高度关注，部分与金融科技有所关联的涉嫌操纵市场行为也开始出现。第一类是部分上市公司随意打着金融科技旗号、蹭着金融科技热点、贴着金融科技标签进行所谓的市值管理，炒作估值，推升股价。比如，某些上市公司发布不客观、不准确、不真实的信息强行与金融科技部分被热炒的业态或技术扯上关系，甚至有公司通过直接更名的方式利用金融科技作为噱头，达到引导股价上涨的目的。第二类是比特币等虚拟货币交易以及各类 ICO、变相

ICO 中存在的涉嫌市场操纵问题。有段时间，比特币价格高涨，据分析，除投机和炒作等因素外，另一个很重要的原因也在于近半数比特币由极少数账户所掌握，其基于持币优势拥有了操纵市场的可能性，会对比特币行情产生巨大影响。与此同时，在各类 ICO、变相 ICO 中，发起人处于绝对主导地位，再加上缺少充分的信息披露甚至进行虚假披露，造成与参与者的信息极其不对称，可以较为容易地实施价格操纵、信息操纵等行为，导致投资者蒙受损失。美国证券交易委员会 2017 年 8 月发布关于谨防 ICO 骗局的风险提示就明确提醒投资者，有些公开宣称 ICO 的公司可能会以所谓新兴技术为噱头，达到"拉高出货"和"市场操纵"的目的。中国互联网金融协会发布的《关于防范境外 ICO 与"虚拟货币"交易风险的提示》也明确指出境外代币融资交易平台存在市场操纵等风险隐患。第三类是滥用技术优势，通过程序化高频交易等操纵市场，破坏公平原则。典型案件如伊世顿公司利用以逃避期货公司资金和持仓验证等非法手段获取的交易速度优势，大量交易股指期货合约，非法获利人民币 3.893 亿余元。

专栏 4 - 1 伊世顿公司操纵期货市场被罚没 6.9 亿元

2017 年 6 月 23 日，上海市第一中级人民法院公开宣判被告单位张家港保税区伊世顿国际贸易有限公司（以下简称伊世顿公司），被告人高燕、梁泽中、金文献操纵期货市场，金文献职务侵占一案，对伊世顿公司以操纵期货市场罪判处罚金人民币 3 亿元，没收违法所得人民币 3.893 元。

伊世顿公司于 2012 年 9 月成立，由俄罗斯人扎亚、安东（均另案处理）实际控制。据犯罪嫌疑人高燕等人交代：2013 年 6 月起，受扎亚、安东指使，为规避中国金融期货交易所相关规定的限制，其先后向

亲友借来个人或特殊法人期货账户 31 个，供伊世顿公司组成账户组进行交易。伊世顿公司以贸易公司为名，隐瞒实际控制的期货账户数量，以 50 万美元注册资本金以及他人出借的 360 万元人民币作为初始资金，在中国参与股指期货交易。安东及其境外技术团队设计研发出一套高频程序化交易软件，远程植入伊世顿公司托管在中国金融期货交易所的服务器，以此操控、管理伊世顿账户组的交易行为。伊世顿账户组通过高频程序化交易软件自动批量下单、快速下单，申报价格明显偏离市场最新价格，实现包括自买自卖（成交量达 8110 手、113 亿元人民币）在内的大量交易，利用保证金杠杆比例等交易规则，以较小的资金投入反复开仓、平仓，使盈利在短期内快速放大。

据办案民警介绍，2015 年 6 月初至 7 月初，证券期货市场大幅波动，伊世顿公司在交易沪深 300、中证 500、上证 50 等股指期货合约过程中，卖出开仓、买入开仓量在全市场中位居前列，该公司账户组平均下单速度达每 0.03 秒一笔，一秒内最多下单 31 笔，且成交价格与市场行情的偏离度显著高于其他程序化交易者。

以 2015 年 6 月 26 日的中证 500 主力合约为例，伊世顿公司账户组的卖开量占市场总卖出量 30% 以上的次数达 400 余次；以秒为单位计算，伊世顿账户组的卖开成交量在全市场中位列第一的次数为 1200 余次；其卖开成交价格与市场行情的偏离度为当日程序化交易者前 5 名平均值的 2 倍多。

监管机构认为，伊世顿公司的期货交易行为扩大了日内交易价格波幅，与市场价格走势存在关联性，影响了当时的市场交易价格和正常交易秩序。公安机关认为，伊世顿公司异常交易行为符合操纵股指期货市场的特征，涉嫌操纵期货市场犯罪。

（资料来源：人民网、新华网。）

　　和传统的操纵市场行为相比，与金融科技挂上钩的操纵市场行为往往对接新技术、新业务、新产品等新生事物，花样、形式和手段不断翻新，并可实现跨市场、跨期限、跨边界的应用，从而可能对投资者产生更大范围和更深层次的危害，也给法律规范和行政监管提出了新的更大的难题。一是法律规范覆盖面和适用性存在缺陷。目前，有关于操纵市场行为的法律规范主要有《证券法》和 2007 年证监会出台的《证券市场操纵行为认定指引（试行）》，但其所认定的操纵市场行为类型较为传统，覆盖面较窄，并且也仅列举了违法行为的表现形式，对构成要件等未予以明确。因此，在面对部分新型操纵市场行为时可能存在法律上的缺陷，适用性缺失，导致取证和认定难度增大。二是监管资源、能力和技术存在不足。面对操纵市场行为呈现出的新变化，特别是技术性、复杂性和隐蔽性的不断增强，要求监管部门在以往基础上投入更丰富资源，引入更先进技术，采取更优化手段，加强早期研判和干预，加快提升监控打击的及时性和精准性，做到"魔高一尺，道高一丈"，而这目前还有差距，需要抓紧弥补和改善。

　　此外，由于各类 ICO、变相 ICO 和虚拟货币交易呈现出显著的跨国界和跨监管区域特性，在不同国家对 ICO 和虚拟货币认识不一、监管不同的情况下，对由此产生的操纵市场行为在认定标准和执法尺度上也可能存在差异，容易出现寻漏洞、找短板和钻空子问题，以实现监管套利。比如，在我国叫停各类 ICO 和清理整治虚拟货币交易场所后，不少机构或个人转向境外监管洼地，以"换汤不换药"的形式继续面向国内投资者开展相关活动，甚至变本加厉地进行市场操纵，堂而皇之地误导欺诈投资者，使投资者遭受难以挽回的损失。为此，需要加强国际监管合作与协调，一方面在二十国集团、金融稳定理事会、国际清算银行和国际标准化组织等国际框架体系下，共同研究分析 ICO 和虚拟货币的相关问题，出台有关原则指引和国际标准；另一方面加强双边和多边监管部门对话、沟通和协作，达成针对 ICO 和虚拟货币有关操纵市场行为监管的谅解和共识。

第五章 富国银行
"200 多万幽灵账户"的案例分析

2011 年甚至更早以来，富国银行很多一线员工违规开立 200 多万个（后又增加到 350 万个）未经消费者授权的"幽灵账户"，导致前后 5300 名员工遭解雇，CEO 辞职，遭受巨额罚金，董事会重组，2018 年初美联储限制其资产扩张。该事件显示金融机构零售条线行为风险管理的严重缺失、不切实际的业绩增长目标造成高压导致员工铤而走险、高管和一线员工问责不对称、圈子内亲信（Inner Circle）犯错处置不当、公司治理和公司文化出现问题、监管部门行为监管不到位、行业协会未能发挥相应作用、消费者自我保护的第一道防线失灵等问题。问题曝光后，富国银行刮骨疗伤，进行了董事会改选、风险管理和人力资源管理等内控体系重构、聘请第三方独立调查并向社会披露调查结果、处理相关责任人等全方位的彻底整改，重建信任，重塑形象。

一、背景

2013 年 11 月《洛杉矶时报》的报道揭开一件已持续多年的巨大丑闻：富国银行"幽灵账户"（Ghost Account）案。

案情：（1）至迟自 2011 年起，富国银行的一线员工在客户不知情的情况下秘密地开立数以百万计的"幽灵账户"——未经授权的银行和信用卡账户。（2）在未告知客户或未经客户同意的情况下，将客户现有账户中的资金转移到新开立的账户中，客户因账户资金不足或透支而被收取费用。（3）编造虚假信息为客户注册网上银行服务。

2016年9月，富国银行承认共开立了200万个"幽灵账户"，56万余份信用卡，涉及美国各州。

多个部门对此案进行了调查：（1）洛杉矶地方检察院；（2）美国货币监理署；（3）消费者金融保护局；（4）参众两院。

处理结果：（1）2018年2月2日美联储发布制裁令：鉴于富国银行广泛存在的侵害消费者权益和合规性问题，在其提升内部治理和风险控制能力之前，美联储不允许富国银行资产扩张且不得超过2017年底的资产规模。当天富国银行股价暴跌8%（后续一周美国股市巨幅震荡）。（2）富国银行被联邦监管机构处以共计1.85亿美元的罚款，分别向消费者金融保护局的民事处罚基金、货币监理署及洛杉矶检方支付1亿美元、3500万美元和5000万美元。（3）富国银行花费1.42亿美元和解一桩集体诉讼案。（4）追责基层员工：5300名涉案员工被解雇。（5）追责高层。CEO John G. Stumpf在2016年10月12日辞职，且不能获得离职补偿金，并从其薪酬中追回了2800万美元，没收此前4100万美元的股票奖励。2016年11月重组前的11人管理委员会中任职的8名现任成员（包括新任首席执行官Tim Sloan），在2016年没有获得现金奖励，并放弃最高50%的基于2014年绩效和在2016年兑现的股份奖励。根据2016年目标奖金及董事会采取行动当日，即2017年2月28日股价计算，上述构成损失赔偿的金额共计约3200万美元。（6）追责中层。强迫与虚假开设账户有关的部门业务负责人Carrie Tolstedt交回了1900万美元的未授予股权奖励。其他高管总计3000万美元的收入也被回收。2017年2月，富国银行终止了旗下社区银行业务的四名现任或前任高级管理人员的合同。

2017年，富国银行销售业务丑闻进一步扩大。8月，富国银行曝出在客户不知情的情况下，代客购买汽车保险并收取相关保费，影响约 57 万名客户，超过 2 万人的汽车被收回。9 月消息显示，2009 年至 2016 年间，富国银行在未经客户允许情况下开设的虚假账户数量可能多达 350 万个，比 2016 年 9 月所称的 210 万个增加了 67%。

本章全面梳理了"幽灵账户"案曝光以来的有关信息，聚焦基层员工责任、高级管理人员责任，以及公司治理和公司文化建设等金融机构行为风险管理的多个维度，分析其间金融监管部门、行业协会、金融消费者的责任，并对我国加强金融机构行为风险管理提出意见和建议。

二、基层员工的责任分析

（一）解雇 5300 名员工

富国银行违规开立的账户数量达 350 万个左右，分布于美国各地，相关违规行为至迟自 2011 年开始，并持续到 2015 年，充分说明这种欺诈行为具有全国性，而且持续时间长。

任何人违规，都要付出代价。在富国银行"幽灵账户"案中，违反法律和银行内部规程，为客户开立虚假账户的员工必须承担相应责任，故 5300 名涉案员工被解雇。同样，被辞退员工分布于全国各地。

（二）不符合实际的每年销售增长目标带来"难以忍受的高压"

John G. Stumpf 一再强调，开立"幽灵账户"是个别现象，试图撇清 5300 名被解雇员工的行为与公司的关系。如果仅仅通过解雇一线员工了事，不考虑违规行为的原因，不研究有没有需为此承担后果的责任人，那么解决问题的出路就会受到限制。

《富国银行独立董事及公司销售行为调查报告》（以下简称《报告》）指出，极端的销售目标、销售驱动型的企业文化或分散的公司治理结构是主要诱因。解决不当的销售模式和销售行为的根源的唯一途径是强调其他绩效指标，并放弃通过销售目标和销售驱动激励计划向员工施加压力的做法。

富国银行销售目标模式下通常要求销售的诸如支票账户、储蓄账户和信用卡等在内的产品的数量每年都要有显著的增长。保持销售模式不变和每年保持目标销售额增长意味着社区银行的绩效管理体系必须对员工施加重大的压力，在某些情况下施加极端的压力，才能达到或超过其目标。"交叉销售"策略是富国银行的强项之一，但给员工带来"难以忍受的高压"。Elizabeth Warren 在美国参议院银行业委员会举办的听证会上表示，其他银行每个客户平均购买低于 3 个产品，而富国银行对一线员工要求的销售目标则达到 8 个。

在长期的业绩考核压力下，基层员工及初级管理人员会迫于现实而"另辟蹊径"，通过虚假开立账户等手段，创造虚假的营销量以完成业绩指标也就成为诸多员工的"无奈之举"。Eric Estrada，这位前富国银行的私人银行家和商业专家，更是提到管理人员教唆员工如何虚增销售量。

在洛杉矶和亚利桑那州等不当销售行为的多发之地尤其如此，那里的银行家和极端压力密切相关，在某些情况下，他们每天多次致电下属，检查其销售业绩，指责那些未达成销售目标的员工。

《报告》分析数据趋势后指出，随着销售目标变得更加难以实现，遭指控和解雇的雇员数量都在增加，与此同时，新开设账户的质量则在不断下降（将资金存入新账户的客户比例在下降）。

（三）弱势的员工投诉无门："安全港"失灵

John G. Stumpf 提到，富国银行拥有较为完备的机制供员工反馈问题，即"安全港"机制。如果员工被要求做他们认为不正确的、与富国银行的价值观和文化不一致的事，员工可以向人力资源负责人反映；银行有匿名道德准则，员工可以站出来，告诉公司发生了何种不道德的事情；富国银行拥有内部道德投诉机制，具体流程为先由公司外部的第三方机构接受投诉者的匿名举报电话，由第三方机构向富国银行高管层报告。当然，员工也可以致电金融消费者保护协会、法院或媒体，反映其所遇到的问题。John G. Stumpf 认为，这些渠道可以为员工反馈问题提供帮助。

但实际上，这些机制形同虚设，"安全港"失灵了。Bob Menendez 参议员提到，有一位前富国银行工作人员于 2011 年给 John G. Stumpf 写过一封电子邮件，讲述了上司催促他们开立新的账户，并愚弄客户、将客户的资金从一个账户挪到另一个账户的违规行为，但这封邮件并未得到回复。该工作人员向公司总裁和首席执行官反映问题，并未得到相应保护，最终仍因未完成指标而被解雇。

（四）未能落实的合规与职业道德要求

John G. Stumpf 提到，富国银行为团队成员做了大量的培训和辅导，以期提升他们的合规和职业道德水平，采取合规措施，确保员工行为的适当性，要求团队成员每人签署一份年度职业道德声明。John G. Stumpf 提到，每个季度都会召开团队成员大会，宣讲职业道德，以及员工需要做符合客户利益的事，并会通过网络向全公司转播。

但是从"幽灵账户"案件中，我们可以看到在富国银行的一线员工日常操作中，业务合规性和职业道德准则并未得到全方位落实。这些规则、培训在很多分支机构流于形式，并未转化为员工内在的价值认同，也缺乏相应的机制设计来保障其得到落实，表现为一些分支机构的价值观与总行不一致。John G. Stumpf 也承认不能保证每一位员工、每一分钟都合规！同时，只关注销售业绩，缩减对员工的培训时间，遭指控和解雇的雇员数量增加，导致员工具有较高的流动性，合规要求落地难度进一步增加。

（五）基层员工固定收入较低，不足以保障其生活

一般而言，对基层员工的激励机制包括固定薪资与浮动收入两部分，固定收入与绩效关联不大，可以保证员工在绩效欠佳时仍可以获得收入；而浮动收入与绩效直接挂钩。但若固定收入很低，不足以支撑其基本生

活，而绩效又决定了员工能否获得稳定的劳动合同，则员工会倾向于"铤而走险"，在正常情况下难以完成业绩时不惜采用违法违规的方式完成考核指标。富国银行的激励机制就突出反映了这一问题：基层员工固定收入较低，时薪仅为12～16.5美元，不足以保障其生活；业绩与浮动收入挂钩，又事关基层员工劳动合同的稳定性（若无法完成业绩指标，就有被解雇的风险）；员工出现大面积违法违规行为，为客户开立未经授权的"幽灵账户"也就难以避免。

必须强调的是，业绩压力大，不能成为员工违规的借口，不能成为推卸违规责任的借口，很多违规也可能触及刑律，任何人违规，都要付出代价。

三、高管层的责任分析

"幽灵账户"丑闻发生后，以CEO John G. Stumpf为代表的富国银行高级管理人员受到多方指责，认为其负有不可推卸的责任。

（一）"1930万美元年薪"及其义务

就法律而言，权利与义务具有对应的关系：没有无权利的义务，也没有无义务的权利。John G. Stumpf领取1930万美元的巨额年薪，理应承担与此相匹配的义务。

John G. Stumpf力图通过强调自身责任与5300名员工行为之间的独立性，来为自己辩解。这一辩解的背后，蕴含着美国法律中公司董事独立性与其注意义务之间的关系。

为保障公司董事决策不轻易受到外在牵掣，充分发挥其专业性、独立性，美国公司法演变出不成文的"商业判断规则"等理论实践。公司董事也可将商业判断规则作为其决策免受责任追究的抗辩。在格瑞斯体育企业诉克利夫兰布朗足球公司（Gries Sports Enterprise. V. Cleveland Browns

Football Co. ）一案中，法院提出"董事只有在没有利害关系、独立于交易、作出决策前获悉了所有相关信息的三个前提下，才有权适用商业判断规则"。如果 John G. Stumpf 作出的相关决策满足商业判断的条件，即便发生"幽灵账户"等违规行为，也不必承担责任。

关键在于，本案中以 John G. Stumpf 为代表的富国高管们，长期未能发现并漠视"幽灵账户"这类违反金融监管规则、侵害消费者权益的行为，没有以董事应有的专业水准对相关事件予以了解、处置，故其行为理应承担相应的法律责任，而不应免责。

对此，美国法律要求董事等人员应履行"注意义务"，保证其管理水平，并承担相应责任。所谓"注意义务"（李燕，2006），即"公司董事在管理公司事务时，应按照通常合理谨慎的人在相同情形下所应尽到的注意行事"。从"幽灵账户"一案的发生、发展、暴露过程来看，富国银行董事们在"幽灵账户"案中表现出的发现、处置风险的专业水平、注意义务难免让人质疑，因此高管想要撇清自身在"幽灵账户"上的职责的理由是站不住脚的。

富国银行在前期并没有因此而辞退任何一名高级管理层人员。听证会上 Elizabeth Warren 要求 John G. Stumpf 就"幽灵账户"等承担责任，并质问 John G. Stumpf："你究竟做了什么让自己免责？你已经辞去首席执行官和富国银行的董事长了吗？欺诈行为发生的这几年中，你归还过你挣到的数百万美元中的一分钱了吗？你辞退过高级管理层成员吗？这是懦弱的领导方式。"

Elizabeth Warren 认为，高级管理人员必须被追究法律责任，或者辞职，甚至提出"改变华尔街的唯一方式是，高管们必须为大规模欺诈担责，必须关进大牢。我们需要严厉的、新的法律来追究公司高管个人的责任，我们需要强硬的检察官，他们有勇气去追查最高层的人。不把高管关进大牢，什么都改变不了"。

（二）对亲信犯大错处置不当

Stumpf 与 Tolstedt 长期的工作关系也影响了他的判断。2015 年底前，Tolstedt 一直受 Stumpf 领导。虽然 Stumpf 很欣赏她作为一名银行家所具有的素养，以及她多年来为社区银行所做的贡献，但他也意识到，包括董事会的首席独立董事和风险委员会主席在内的许多人在看了她在销售实践活动中的表现后都开始怀疑她是否仍是领导社区银行的合适人选。尽管如此，Stumpf 在处理这些问题时仍过于迟缓。

《报告》披露，Tolstedt 和她的小圈子是封闭且心存戒备的。他们不喜欢受到挑战或被质疑。Tolstedt 有效地挑战并抵制了社区银行的内部和外部审查。她和集团风险官不仅将这些问题掩盖了起来，不让外界知晓，还阻止银行内部处理此事，包括阻挠董事会得到关于因违规销售而遭到解雇的员工数量的信息。

即便已有所觉察，Stumpf 对销售文化的承诺仍促使他采取了大事化小、小事化了的做法。在银行声誉受到严重恶化和威胁的情况下，他非但没有挺身而出，反而依赖社区银行来解决这一问题。Stumpf 没有参与调查并进行批判性分析以充分了解问题所在，向他报告的公司治理部门以及他所信赖的部门同样受到银行分权模式的制约。

四、公司治理和公司文化层面的分析

继先期各金融监管机关对富国银行采取处罚措施后，美联储于 2018 年 2 月 2 日发布制裁令，将限制富国银行的增长：除非该公司作出足够的改进，否则其规模将被限制增长，不得高于 2017 年底的资产规模。时任美联储主席耶伦指出："我们不能容忍任何银行的普遍和持续的不当行为。被富国银行侵害的消费者希望强有力和全面的改革将得以实施，以确保不会再次发生该等滥用（Abuse）行为。我们今天采取的执法行动将确保富国银行不会扩张，直到它能够采取安全措施，控制所有风险并保护消费者。"美联储认定富国银行近年来采取了一种商业策略，即在未确保对所有关键风险进行适当管理的前提下，将整体增长置于优先地位。富国银行没有一个有效的可覆盖所有关键风险（All Key Risks）的公司范围（Firm - wide）的风险管理框架。这一框架的缺失，导致富国银行没有适时将严重的合规性风险升级至董事会层面进行处理。此外，美联储还向富国银行每一位现任董事发送信函，强调董事对公司的监督，并认定公司董事们在合规风险发生期间的表现没有达到监管预期。

（一）合规管理失灵

合规管理是商业银行风险防控的必要组成部分。巴塞尔委员会在2005年4月发布的《合规与银行内部合规部门》中提出，"合规风险"是指银行因未能遵循法律、监管规定、规则、自律性组织制定的有关准则，以及适用于银行自身业务活动的行为准则而可能遭受法律制裁或监管处罚、重大财务损失或声誉损失的风险。合规应成为银行文化的一部分，合规并不只是专业合规人员的责任。合规负责人应定期就合规事项向高级管理层报告。

在"幽灵账户"案中，至迟自2011年开始就有员工因为开立未授权账户而被解雇；但是直到2013年和2014年，才被分别汇报到公司级别和董事会级别；直到2015年8月监管机构向富国银行提供建议，富国银行才采取了有效应对行动。从上述脉络中可以看出，富国银行发现合规风险不够及时；处置合规风险不够妥当，简单解雇涉事员工，未进行系统排查；合规风控机制运行不畅。

《报告》也从公司组织架构的角度对富国银行的风控体制进行了批评：从历史上看，富国银行的风控职能是高度分散的。分散式（权力下放式）组织架构使集团职能在社区银行一级的部门中也予以了平行设置，从而妨碍了集团对社区银行的掌控和影响力。

（二）逃避监管

"幽灵账户"所揭示的富国银行对重大风险的报告、处置方式，表明其没有主动拥抱监管，而是将金融监管视为自身业务发展的阻碍。

根据美国证券交易委员会的要求，金融机构有义务披露"潜在的重大不利因素"。富国银行在案发前并未就"幽灵账户"等进行披露，其信息披露存在显而易见的过失。至迟自 2011 年起，"幽灵账户"案涉事的基层员工就被解雇，但直到 2013 年和 2015 年，货币监理署和消费者金融保护局才被告知"幽灵账户"案的相关信息。从违规行为发生到富国银行主动报告至金融监管部门，中间时隔两年。

消费者金融保护局局长 Richard Cordray 指出："一家银行——如本案中的富国银行——意识到自身内部目前存在着问题，但未即时上报。此时，这家银行不应该假设我们不会从员工或者顾客或者其他渠道获悉相关情况……他们最好尽快、主动进行报告。但富国银行在本案中却未做到这一点。在我看来，富国银行很晚才就这个问题与我们接触。"

富国银行的股价在"幽灵账户"等违规行为持续期间仍然上涨约 30 美元，而在案发后股价又大幅下跌，造成了富国银行股票的"虚假繁荣"。富国银行怠于向金融监管部门报告相关情况，说明其对监管存有抵触，甚或存有侥幸心理和逃避监管意图。

（三）将消费者权益与公司利益对立化

"幽灵账户"案的发生，体现出富国银行下属机构将消费者权益与公司利益对立化的倾向，造成长期、隐蔽侵害消费者权益。

"幽灵账户"对消费者的损害，并不仅仅局限于未授权的账户开立及多收取的手续费等，而且具有更为长期的、恶劣的影响。Sherrod Brown 参议员指出："富国银行宣称它处理好了顾客的问题，但它所做的并不够。比如，尚不明确普华永道在核算时是否计算了受损害的客户在贷款时因过低的信用分数而造成的成本，这样的贷款可能是长达 30 年期的月息贷款。

有时，该银行甚至与利益受损的客户为敌。"

就其实质而言，消费者权益保护与金融机构利益并非对立关系。充分履行金融机构义务，从短期来看，可能会使得金融机构放缓业绩增长，减少经济利益；但从长期来看，维护消费者合法权益，有助于获得金融市场的普遍认可，提升金融机构信誉度和公信力，强化其客户黏性，保障其长久稳健运营。富国银行虽反复强调"保护消费者"，但从激进的交叉营销所招致的后果看，富国银行的公司文化及评价体系导致很多分支机构、下属机构过分强调自身利益，将消费者保护与公司利益对立起来。

五、金融监管部门、行业协会及金融消费者视角的责任分析

（一）金融监管部门的责任

谁来监管监管者，是金融监管体系构建中的重要理论和实践问题，对金融监管的质量和实效具有直接影响。

在富国银行"幽灵账户"案中，美国金融监管部门通过对富国银行提出建议、进行严厉处罚等措施，控制了损害的扩大，在一定程度上平息了公众愤怒。对此，消费者金融保护局局长 Richard Cordray 指出："洛杉矶市检察官办公室纯粹从执法角度出发。他们提起诉讼……货币监理署贡献的则是其机构安全性与稳健性监管的深度知识，消费者合规问题以及安全与稳健对每一位消费者的实际影响，正在受到越来越多的关注和重视……我们拥有独一无二的能力……我们拥有可据以执法的单行法律，包括识别违规操作行为……同时，我们提供以消费者为核心的视角，进行市场分析并提供专门知识，甚至在诉讼领域之外我们也有能力积极运用我们的犯罪调查职权以获取并处理信息。"

金融监管部门在富国银行"幽灵账户"案中的履职表现是否无可指

摘？从整个案件的演化过程看，对这一问题的回答是否定的。从介入的时间等表现看，美国的金融监管部门至少如下三个方面存在履职不足：一是金融风险发现和预警不足。在长达4年的时间里，金融监管部门未能通过消费者投诉数据分析、金融机构现场检查等方式发现、预警相关风险。二是金融监管合作不足。货币监理署于2013年率先介入该案，但并未将相关信息共享给洛杉矶地方检察院和消费者金融保护局（后二者直到2015年方才介入该案）。三是金融监管实效不佳。金融监管部门从2013年、2015年介入"幽灵账户"案，但并未在第一时间解决这一问题，以致消费者权益在金融监管部门介入后仍然处于被侵害的状态。

因此，就监管部门未能及时发现风险、未能实现有效的监管合作、未能取得较好的监管实效而言，监管部门的表现并不尽如人意。

但是，截至目前一直还未发现有哪个美国监管部门由于此事件而被追责！

（二）行业协会、消费者的责任

美国拥有较为悠久的行业协会发展历史，行业协会在规范行业发展、维护行业利益、履行社会职责等方面发挥了重要作用。

在"幽灵账户"案中，银行业协会基本处于"缺席"状态：既未在事前预防、发现风险，也未在事件发生后发出声音。以美国银行家协会（The American Bankers Association，ABA）为例，该协会在美国拥有十分广泛的影响，是银行业协会的典型代表。该协会拥有ABA Foundation、ABA Securities Association等下属机构，其中ABA Foundation更是将"帮助银行家为各年龄段的个人消费者提供金融教育、承担社会责任以提升消费者的生活"作为使命。但是，"幽灵账户"案发后，该协会网站暂未发表对该案的官方态度，亦未以行业协会身份发出倡议要求会员单位遵守监管规则、保护消费者利益等，而是仅仅登载了消费者金融保护局针对"幽灵账户"案发布的同意令（Consent Order）。

从"幽灵账户"案看，行业协会、行业龙头公司在维护行业秩序、监督同业行为方面失灵，行业协会所宣称的社会责任、行业自律等并未得到充分履行，很大程度上在于行业协会更多地关注协会成员的利益，而忽视消费者的利益。

被开立"幽灵账户"的消费者，对于其自身损失是否负有责任，目前尚无相关证据证明。

（三）媒体强大的监督作用

富国银行"幽灵账户"案，不是由金融机构自行发现的，也不是由金融监管部门发现的，公开资料显示，是 2013 年《洛杉矶时报》对"幽灵账户"案的相关报道，才使洛杉矶市检察院开始对富国银行的销售行为进行调查。这反映出媒体作为社会监督的重要组成部分，在金融风险发现、监督和金融消费权益保护中的重要作用。

六、"幽灵账户"案的启示

（一）对金融机构的启示

金融机构应强化有效的内控机制、健康的公司文化、适当的合规风控框架和追责机制，注重投诉数据分析。

美国货币监理署署长 Thomas J. Curry 提出，监管机构应确保被监管机构充分理解如下各项：文化的重要性、信誉风险，以及当你失去信誉或者参与令人质疑机构文化的活动时可能产生的财务影响；金融监管部门的工作重点包括确保商业银行建立适当的架构，促进相关重要信息的流动，以便应对投诉处理制度中出现的缺陷；同时，应为商业银行健全激励薪酬体系提供明确的方向，包括收回、没收和其他机制，让高管和其他负有重大责任的员工承担责任（详见专栏 3-3）。以上论述都体现出美国金融监管部门对包括合规风控机制、内部责任追究机制、企业文化建设在内的制度建设的重视。

金融机构应通过科学设计业绩指标考核机制、员工行为规范标准等整顿企业行为规范，通过端正管理层的经营管理思路树立正确的企业核心理念，按照从"治标"到"治本"的原则逐步构建健康的、可持续的企业文化；搭建可靠、有效的合规风控框架，建立健全覆盖所有业务风险的监控、评估和预警系统，实现有效识别合规风险、避免违规事件发生、主动采取各项纠正措施和到位的惩戒措施等周而复始的良性循环；根据金融市场发展情况，不断完善内部机制建设，健全独立、高效的内部追责机制和监督制约机制，尤其对高级管理人员的履职行为进行 360 度评价；风险控制部门应匹配充足资源，保证风控部门有充分的精力、专业的知识、足够的内部协调统筹能力，集中公司资源实现风险防范和控制的目标。

事件发生后，富国银行也采取了诸多措施力图避免类似事件再次发生。《富国银行 2016 年年报》中指出，富国银行认识到，这些欺骗客户行为的发生预示着富国银行需要从根本上对其企业文化、管理体系和执行领导层进行调整。提名 Tim Sloan 担任首席执行官、Mary Mack 担任社区银行负责人，引领社区银行文化、绩效管理、薪酬体系及风险报告结构的变革浪潮。富国银行董事会积极参与管理行动，采取措施增强监督和公司治理能力。对公司的规章进行了修订，规定董事会主席必须由一名独立董事来担任。此外，富国银行还修改了董事会章程，加强对团队文化、道德操守报告和消费者投诉等方面的监督。独立董事们开展调查，以确保了解销售行为问题的根源并吸取教训，以防止今后此类问题的再次发生。

投诉数据是反映金融机构业务开展状况的重要指标。金融机构应充分重视挖掘投诉数据的价值，通过分析投诉分布领域、变动趋势等，精准定位金融机构在经营过程中存在的不足，采取相应措施予以改正。《报告》对富国银行处理投诉的方式提出了批评：相关风控部门在应对一些问题时，常常采用一种狭隘的"事务性"方法。他们关注的往往是具体的员工投诉或在此之前的个人诉讼，却错过了将这些个案放在一起审视，并发现这些问题实际指向了更严重且更具系统性的销售行为问题，尤其是对几个州违规集中发生反应迟钝。这一教训值得我们深刻关注。

（二）对金融监管部门的启示

1. 金融监管部门应强化行为监管，加强对金融机构交易环节的关注，这是确保风险管理得以落实的关键

在金融业务中，金融交易是连接金融机构和金融消费者的关键环节。金融监管机关加强对金融交易的关注，提升金融机构和从业人员业务行为的合规性，有利于显著提升风险管理的效果。

美国消费者金融保护局局长 Richard Cordray 从富国银行金融产品合同的仲裁条款入手，阐明了类似格式合同的不当之处："这些金融产品通常都附有仲裁条款。当这种情况发生时——就像本案一样——发生了大规模的不当行为，但每个个体消费者遭受的危害很小，此时，除了通过集体诉讼外，消费者很难得到救济。然而，我相信，在这种情况下，仲裁条款可能使集体诉讼落空（富国银行提供的合同约定，与消费者发生争议时，双方只能通过仲裁解决纠纷，变相剥夺了消费者选择诉讼解决纠纷的权利，使得选择仲裁解决纠纷具有强制性）。"作为金融交易的重要载体，格式合同的应用日益广泛，金融机构往往利用自身优势，加入诸如"强制仲裁条款"等内容，损害了消费者的自主选择权，并使其在后续维权中处于弱势地位。美国货币监理署署长 Thomas J. Curry 也提到，他已命令机构工作人员审查个人的不当行为和过失，同时审查所监管的所有大型和中型银行的销售行为，并评估对销售实践的充分控制。这些都反映出美国金融监管机关对交易行为的关注，是行为监管的具体动作。

金融监管部门应抓住金融交易这一关键环节，更加注重行为监管。金融监管部门要密切跟踪、监测金融市场发展趋势与金融机构的行为特点，建立行为风险识别、预警系统，健全交易产品评估体系，加强合同内容、

交易过程的合规性、交易证据留存、免责条款规定等的信息披露工作，形成主动性的、预防性的、前瞻性的事前保护机制，强化对金融机构和从业人员的约束，促进提升金融机构经营行为的合规性，有效控制金融风险。

2. 金融监管部门应注重监管合作

洛杉矶地方检察官办公室的首席代表 Jim Clark 提及，该机构与富国银行达成协议，建立针对加州受侵害消费者的补救机制，同时还要求富国银行继续对权益受损的客户提供赔偿方案。他特别指出，该解决方案是与联邦合作伙伴、消费者金融保护局、货币监理署协商一致的结果，体现出相关金融监管机构在这一问题上的合作。

金融监管部门应加强合作，扩大监管覆盖，延长监管链条，加深监管穿透，从广度、长度、深度上强化监管。当前的金融业务越来越呈现出跨行业、跨地域、跨市场等新趋势，单靠某一监管机构，难以形成对金融风险的全面监管，加强金融监管合作是大势所趋，更是监管实践的现实需求。同时，也应注重监管机构与行业专家、理论者、第三方独立机构的合作，广泛借助外部智力支持。注重公众监督、媒体监督在金融机构风险管理中的不可替代的作用。应当通过健全投诉举报奖励机制，提升民众参与社会监督的积极性，让民众监督成为金融机构自身风险控制、金融监管之外的"第三只眼"，震慑金融机构的违法违规行为。

3. 加强问责监管，强化监管责任，配足监管资源，是金融监管部门充分履职的重要保障

应从机制设计上强化对金融监管部门的问责，促使其对风险早发现、早处置。同时，金融监管，尤其是行为监管，工作具体、琐碎，需要投入大量的、具有相当专业能力的人才，应配备充足的行为监管资源，依靠具有丰富金融市场实践经验的律师、公安机关的经侦人员、其他具有丰富工作经验的从业者在内的专业人员，深入行为监管的具体工作中，讲求实效、抓准重点地开展工作。

（三）对金融消费者、行业协会、媒体、其他第三方机构的启示

消费者要守好保护自我利益的第一道防线，及时跟踪账户变化情况，重视个人金融信息保护，遇有纠纷应及时向金融监管部门或其他有权处理纠纷的机构进行投诉，防止自身合法权益受到侵害。

行业协会要发挥好行业自律作用。行业协会应平衡好行业发展与金融消费权益保护的关系，不能简单地将维护成员单位利益与保护消费者合法权益对立起来。应立足长远，提升行业自律水平，明确自律惩戒机制，提高行业规则和标准的约束力，强化守法、诚信、自律意识；发现成员单位违法违规行为，应积极配合监管部门做好调查处理整顿工作，促进行业规范化水平提升。

媒体应继续发挥社会监督的职能。媒体通过及时发现新闻线索、专业分析事件内容、深入揭露违规行为、全过程穷追猛打，负责任地发挥好舆论监督作用。同时，媒体也可发挥在金融消费者教育领域中的作用，通过典型案例分析报道，揭示风险、提升消费者金融素养，纠正金融消费者的系统性行为偏差，增强消费者风险识别和自我保护能力。

律师事务所、会计师事务所、咨询公司等专业性第三方组织在规范金融机构行为、保护金融消费者合法权益方面也应充分发挥其独立、专业的优势。《富国银行2016年年报》中首席执行官Timothy J. Sloan致辞时提到，富国银行雇用了第三方机构来审查账目，确定受到影响的客户，并将此举视为重建信任、规范员工行为、保障客户利益的重要组成部分。

特别需要关注的是，负责本次调查的独立法律顾问公司——谢尔曼·思特灵律师事务所（Shearman和Sterling）聘请了富通咨询公司（FTI Consulting）。该公司以"幽灵账户"案为切入视角，较为系统地分析了背后的原因、富国银行采取措施是否有效、从根源上解决问题的建议等。参与调查的律师事务所、咨询公司都是专业的第三方机构，具有丰富的法律理论和实践经验，只对独立董事们负责，只为寻求事件真相，排除了相关利益方

的影响，"专业的人做专业的事"，从而收获了显著的效果。

（四）小结

回顾富国银行"幽灵账户"案的始末，我们清楚地看到了富国银行在公司治理、公司文化、高管责任、一线员工销售行为、风控体制等多方面存在的问题，值得持续关注。同时，富国银行在事后也采取了较为有力的措施，力图重建市场形象，挽回声誉损失，增强风险防控和处置能力，包括更换 CEO，要求涉事高级管理人员承担责任，委托专业第三方机构针对"幽灵账户"案进行彻底、深入调查（调查报告见附件一），主动加强与监管部门合作等。这些措施体现出富国银行对"幽灵账户"案的深刻反思，其中诸多实践值得我们借鉴学习。

第六章　我国外汇批发市场的
行为监管

　　我国银行间外汇市场自 1994 年建立以来，不断深化发展和开放，对推进我国汇率改革等发挥了积极作用。相对零售市场，外汇批发市场行为监管相对较弱，处于"有原则缺规则"状态，行为监管有待加强。虽然全国外汇市场自律机制制定了《中国外汇市场准则》等自律性文件、外汇交易中心对相关产品也有交易规则，但在追究市场主体违规责任上"力不从心"。从国际上看，自律也代替不了行政监管。因此，需在开放外汇批发市场的同时，加强外汇批发市场行为监管，补上监管短板，更高层次上接轨国际外汇市场。

一、我国外汇批发市场行为监管现状

　　（一）我国外汇批发市场即银行间外汇市场①自 1994 年建立以来，逐步开放、深化发展

　　1. 参与主体以银行为主：目前，中国外汇交易中心共有会员 667 家，银行会员 581 家，占 87%。

---

　　① 银行间外汇市场，又可称为外汇批发市场，主要参与者为大型商业银行、投资银行等交易商。我国银行间外汇市场是指符合条件的机构之间通过中国外汇交易中心、货币经纪公司等指定交易平台进行人民币对外汇交易的市场。

2. 交易品种：包括人民币外汇即期、远期、掉期、货币掉期、期权五类，其中掉期交易占比最大。

3. 交易规模不断增加：2017 年外汇批发市场日均交易量 833 亿美元，超过 85% 交易量由做市商达成。

4. 交易基础设施不断完善：中国外汇批发市场新一代交易平台"CFETS FX2017"全面上线，交易方式包括询价、竞价、撮合等。交易后的交易确认、同步交收等功能不断扩充，为便利交易和监测留痕提供保障。

（二）我国外汇批发市场立法较为原则，对外汇市场交易行为监管的规范较为薄弱

1.《外汇管理条例》对外汇批发市场的管理规定较为原则，法律责任较轻

其内容包括：一是明确市场准入资格，金融机构参与外汇批发市场交易，须从外汇管理部门获得经营结售汇业务资格。二是外汇交易应当遵循公开、公平、公正和诚实信用原则。三是外汇交易币种和交易形式由外汇管理部门规定。四是外汇管理部门可依法对外汇市场进行调节。五是法律责任。金融机构违反外汇市场交易管理的，可被没收违法所得，处以 20 万元至 100 万元罚款，或责令停止经营相关业务。

2.《银行间外汇市场管理暂行规定》（1996 年出台）在一定程度上细化了对外汇市场的管理规则，但不侧重于对市场主体的交易行为进行事中、事后监管

《银行间外汇市场管理暂行规定》主要规范了交易场所、交易代理资格、汇率标价方法、交易价格的最大浮动幅度、需要批准的交易事项（如交易方式、交易时间、交易币种及品种、清算方式等应当报经国家外汇管理局批准）等。

3. 中国外汇交易中心根据交易品种制定了交易操作规则，但侧重于交

易的技术性规范

其内容包括《人民币外汇即期交易规则》《人民币外汇远期交易规则》《人民币外汇掉期交易规则》《人民币外汇货币掉期交易规则》《人民币对外汇期权交易规则》等，主要涉及会员管理、交易市场、报价成交、清算交割等。

4. 外汇市场自律机制出台自律性文件《中国外汇市场准则》①，为我国外汇市场主体提供通用性的指导原则和行业最佳实践的操作规范

其内容包括：常规惯例、通用原则、交易执行、风险控制、交易确认与清算、经纪公司、技术术语等章节，旨在促进外汇市场专业、公平、高效、稳健运行。

（三）我国外汇批发市场行为监管缺位

1. 法规建设相对滞后于市场发展

近20年来，我国外汇批发市场发生了诸多变化。参与主体日益多元化，交易规模持续提升，交易方式和品种不断丰富，与股市、债市联动关系更加明显，在金融市场体系中的重要性不断凸显。但仍执行1996年出台的《银行间外汇市场管理暂行规定》，法规相对滞后。

2. 行为监管"有原则缺规则"

《外汇管理条例》第二十九条规定"外汇市场交易应当遵循公开、公平、公正和诚实信用的原则"，但缺乏关于行为监管实际操作的规范，特别是不当交易行为的具体认定。实践中，也无依据此原则对违规交易行为进行处罚的案例。此外，《银行间外汇市场管理暂行规定》第四章虽专设"对交易行为的监管"，但主要规范交易主体资格、交易方式、交易时间、交易币种等，并未涉及可能损害市场公平竞争行为的监管及其相应的法律责任。

---

① 2017年，全国外汇市场自律机制基于外汇市场实践，并充分借鉴《全球外汇市场准则》及主要国家外汇市场自律机制相关规定，出台《中国外汇市场准则》。

专栏6-1　河南首例"炒外汇"案件宣判　涉及五人均判刑

案情概述：2014年7月，河南省三门峡市湖滨区法院以非法经营罪分别判处钱某、苗某等5名被告人有期徒刑6个月至两年三个月不等，并处罚金10万元至40万元人民币不等。5名被告人涉嫌利用互联网通过境外交易平台为客户进行外汇保证金交易，从中收取客户的盈利佣金及境外交易平台返还的交易佣金，这也是该省境内首例因非法"炒外汇"而被追究刑事责任的案件。

事实经过：法院查明，本案主要涉案人员钱某、苗某及李某于2011年5月在河南省开封市成立"未来财富株式会社开封办事处"，利用互联网通过境外交易平台为客户进行外汇保证金交易，从中收取客户的盈利佣金及境外交易平台返还的交易佣金。2011年12月，以钱某、李某、苗某的妻子余某为股东注册成立河南保利信息投资咨询有限公司，该公司与美国百汇集团有限公司上海代表处、英国艾福瑞有限公司上海代表处等十余个境外交易平台在中国的代表处签订代理协议，授权该公司发展客户从事外汇保证金交易、收取交易佣金。河南保利公司成立后经营的业务包括：发展客户投资外汇保证金交易，客户办理相关申请手续后在我国境内将投资的人民币兑换成美元以"境外培训"或"留学"的名义汇至境外交易机构指定账户，后由河南保利公司操盘手或客户经理为客户进行外汇保证金交易，客户盈利后公司抽取利润的10%~30%作为佣金；另外，每交易一标准手即1000美元，境外交易机构返给公司30美元至50美元不等的交易佣金。2011年5月至2012年8月，河南保利公司共计非法拉拢400余名客户投入资金共计320余万美元、770余万元人民币、1.9万澳元，并汇至境外交易平台指定账户进行外汇保证金交易。2011年8月至2012年6月，河南保利公司进行外汇保证金交易共计 2.5 万余单。随后，张某进入公司，并任公司经理，负责公司日常行政管理工作。2014 年 4 月，秦某也与该公司签订合作协议，以河南保利公司三门峡分公司（办事处）的名义，发展客户从事外汇保证金交易。2012 年 4 月至 2012 年 8 月，秦某非法拉拢客户共计 20 余名，投入资金 29 万美元、19 万元人民币，并汇至境外交易平台指定账户进行外汇保证金交易，河南保利公司返给秦某交易佣金提成 8.8 万元人民币。

处理结果：法院经审理认为，5 名被告人以牟利为目的，组织他人非法从事外汇保证金交易，扰乱金融市场秩序，经营数额达到 20 万美元以上，情节严重，依照现行国家外汇管理法规，以非法买卖外汇论处，根据《最高人民法院关于审理骗购外汇、非法买卖外汇刑事案件具体应用法律若干问题的解释》第三条规定，构成非法经营罪，分别判处 5 名被告人有期徒刑 6 个月至两年三个月不等，并处罚金 10 万元至 40 万元人民币不等。

（资料来源：中国裁判文书网。）

专栏 6 - 2　"炒外汇"大案　厦门速汇总经理吞掉 3.5 亿元被判无期

案情概述：2013 年上半年，陈某购买了具有个人本外币兑换特许业务经营许可的厦门速汇商务服务公司，随后更名为厦门速汇货币兑换公司（以下简称速汇货币公司），并聘用王某等人进入公司，搭建网上外汇交易平台进行外汇保证金交易。为掩盖非法炒汇以及逃避监管，陈某、王某共谋更换交易软件上的交易操作术语，使用"预约"、"预约购入"、"预约售出"、"撤销预约"等名词对"交易"、"买入"、"卖出"、"平仓"等进行替换。

在与兴业银行签订交易资金进出协议后，陈某、王某等人搭建起"厦门速汇货币兑换电子预约平台"（以下简称速汇外汇平台）。陈某、王某设立10万外币单位和30万外币单位两种准标准化合约为交易对象，并采用双向交易、对冲平仓、T＋0交易模式、保证金制度、每日无负债结算等交易规则。此外，王某等人引入国际外汇交易数据和人民币离岸汇率数据，在设定汇率转换后将速汇外汇平台中的交易设置为人民币交易结算。自速汇外汇平台运营开始，在平台没有与外汇交易市场连通且速汇货币公司亦无外部外汇交易对手的情况下，陈某、王某等人共谋利用交易平台封闭对赌的性质、保证金交易的杠杆风险以及与客户实际动用资金相较高额占比的交易费用设置，在网络外汇交易过程中非法谋取客户的交易资金。

陈某等人隐瞒速汇货币公司所获个人本外币兑换特许业务经营资格系地区性柜面交易的真实情况，虚假宣称速汇外汇平台系国内首家获批、采用人民币结算的外汇电子交易平台；掩盖平台交易对象系准标准化合约的真实情况，虚假宣称交易对象为外币现钞，交易方式为线上预约买入或卖出，线下提取或支付；隐瞒除光大银行外其他银行和第三方支付公司并未对客户资金进行第三方存管，平台交易资金直接进入速汇货币公司账户的真实情况，虚假宣称资金第三方存管；隐瞒所收手续费、过夜费的计算标准，不告知客户收取点差以及将点差计入交易盈亏的真实情况。陈某安排洪某负责风控部，维护交易软件运行，管理后台交易数据。此外，陈某还安排专人管理公司柜面货币兑换业务，确保"线上预约，线下支付或提取"的虚假宣传不被发现。

速汇货币公司以发展代理商的方式招揽客户。陈某、王某与会员单位、代理公司就客户交易成本额和交易亏损额约定比例进行分配。会员单位、代理公司的人员隐瞒真实身份，虚构分析师团队，隐瞒交易费用收取的真实情况，以"高收益""国家外汇管理部门批准""资金第三方存管"等为由引诱客户，并诱骗、怂恿客户频繁交易、反向建仓等导致客户支付高额交易成本费用以及遭受交易亏损。速汇货币公司风控部门则利用软件后台管理权限监控客户交易情况，将盈利客户的交易信息提供给代理商，以便于对盈利客户进行控制。在定期结算出客户群交易成本和交易亏损支出总额后，速汇货币公司财务人员利用交易软件后台权限对平台内公司控制的个人账户直接进行资金数据修改，让该账户呈现盈利状态，盈利金额即为结算出的客户群亏损总额；随即再通过与该交易账户关联的个人银行账户将资金转走。此后在会员单位、代理公司之间进行分配。

2015 年 2 月，厦门市外汇管理部门向速汇货币公司发函指出其未经批准在厦门以外设立分公司，在网上超出经营范围进行虚假宣传，并涉嫌网络炒汇，要求该公司进行整改，并禁止参与网络炒汇。同年 3 月，陈某参加由厦门市外汇管理部门召开的会议，会上公布暂停速汇货币公司特许业务经营资格，要求公司停止货币兑换在线预约业务，禁止以此为名运营外汇交易平台。在有关部门提出经营整改以及禁止运营的要求后，陈某等人继续对外发展代理商招揽客户进入平台参与交易。

2013 年 9 月至 2015 年 8 月 14 日，速汇外汇平台参与交易的客户共计 5905 人，交易亏损总额 132768094.80 元人民币，手续费支出总额 203191340.00 元人民币，过夜费支出总额 10764180.00 元人民币，以上共计 346723614.80 元人民币。2015 年 8 月 14 日，陈某被抓获。

处理结果：经审理，法院认为陈某等人所依托的速汇货币公司并无外部外汇交易对手，其运营的速汇外汇平台也没有与其他外汇交易市场进行交易数据、资金支付结算连接；速汇外汇平台内部并无交易价格产生条件，速汇货币公司实际上成为承接客户报价的主体。速汇货币公司以做市商模式进行对手交易，却不投入自有资金也不承担交易费用，其盈利完全来自客户群资金以交易成本和交易亏损为由遭受的减损，客户的盈利则会直接导致速汇货币公司的亏损，因此速汇外汇平台实际上是没有投资交易价值、具有封闭对赌性质的电子盘。在速汇外汇平台及其发展的会员单位、代理商与平台客户群利益严重对立的情况下，陈某等人利用所持个人本外币兑换特许业务经营许可，以国家批准、现钞交易、人民币结算、资金第三方存管等为由进行虚假宣传，隐瞒平台实为对赌性内盘交易的真实情况，引诱普通投资人进入平台进行外汇保证金交易。为非法获取对赌利益，陈某等人设置了与客户实际动用资金相较占比较高的手续费、点差、过夜费等交易费用并对费用的收取进行了隐瞒，增加了客户交易成本和持仓成本，增大了交易中的强制平仓风险；将点差计入交易盈亏，从而减少客户交易盈利或扩大其交易亏损。与速汇货币公司约定分配客户交易成本和交易亏损的会员单位、代理商则引诱客户频繁交易从而产生高额的交易费用以及交易亏损。综上，陈某等人的行为系诈骗行为。

2017 年 12 月 21 日，重庆市第五中级人民法院以诈骗罪判处被告陈某无期徒刑，剥夺政治权利终身，并没收个人全部财产。同时责令被告人陈某等人共同退赔被害人经济损失 3.47 亿元人民币。后陈某表示不服提出上诉，重庆市高级人民法院作出裁定，其认为本案事实清楚，证据确实、充分，审判程序合法，量刑适当，因此驳回上诉，维持原判。

（资料来源：《中国基金报》。）

3. 自律机制对不当交易行为约束性有限，特别是在"处罚"层面

《中国外汇市场准则》和交易规则并非法律法规，无法作为追究市场主体行政法律责任的依据，不能代替政府部门监管。

二、加强我国外汇批发市场行为监管具有现实必要性

（一）有利于维护外汇市场和金融体系稳定

2017 年中国银行间外汇市场人民币外汇交易量为 20.3 万亿美元，约为外汇零售市场交易量（3.7 万亿元人民币）的 36.7 倍。未来，随着外汇市场双向开放，部分机构的发展冲动增强，境外机构的业务渗透压力增大，不当交易行为的风险也将日益显现。由于金融市场具有内在关联性，有必要通过完善外汇市场行为监管，防范汇率异常波动，以及股市、债市、汇市交叉传染扩散的风险。

（二）有利于外汇批发市场规范发展

1. 2015 年 1 月，外汇管理部门取消对境内金融机构的入市资格许可审批，许可取消后，有必要加强事中事后行为监管。

2. 目前，银行间外汇市场的交易主体逐步从以境内商业银行为主扩展至"两非"交易主体（非银金融机构、非金融企业），后者内控机制相对较弱，有必要对其加强行为监管。

3. 随着人民币国际化进程的不断推进与外汇市场的持续双向开放，境外投资者逐步参与我国外汇市场，有必要对其加强行为监管，对标国际规则。

（三）有利于维护外汇市场多方参与主体的合法权益

外汇批发市场参与者众多，影响利益广泛，市场形成的汇率直接影响到众多进出口企业以及个人等。但该市场结构较为独特，少数核心参与者拥有较大的支配能力和市场交易份额。从全球外汇交易市场来看，2017 年基本上前 10 家机构交易量占到全球市场的 63%。从国内看，同期我国银行间外汇市场前 20 家机构交易量占比约为 70%。因此，有必要加强外汇批发市场行为监管，特别是对于交易量较大的机构的行为监管，防范其利

用垄断力量影响市场的风险。

（四）有利于健全外汇批发市场基础设施

1. 国际金融市场发展经验表明，行为监管规则是重要的市场基础设施

以美国期货市场为例，早期主要依靠自律，出现了大量操纵、内幕交易等行为，严重损害了市场信心，为此美国于 1921 年出台了《期货交易法》，核心就是规范交易行为，奠定了市场发展的制度基础。

2. 促进我国外汇批发市场开放发展，先进的交易系统和平台十分重要，同时市场交易行为的规范等基础制度建设也不可或缺

随着我国外汇批发市场交易规模增长、上市品种增多，以及人民币汇率波动幅度增大和双向预期的形成，其对完善、高效的市场行为规则要求也更加迫切，亟待补上监管短板，在更高层次上接轨国际外汇市场。

（五）有利于吸取前车之鉴，防患于未然

近年来，国际外汇市场接连爆发操纵汇率、内幕交易等丑闻，暴露了部分金融机构风险内控严重不足的问题，也突出了加强市场行为监管的重要性。2014 年至 2015 年，英美监管机构查处的汇率操纵案中，花旗、摩根大通、巴克莱、瑞银等若干国际大行交易员在 2007 年至 2013 年 1 月间以近乎每天的频率共谋操纵外汇市场，主要影响欧元兑美元货币对交易，包括伦敦时间下午 4 点的路透定盘价，其共谋交易使用专属聊天群和暗语来掩盖其不当行为，在特定时间段避免买或卖方向的交易，使得汇率朝着对其敞口有利而不利其他市场参与者的方向运行。上述银行由于操纵行为及其暴露的机构内控不足等问题，先后遭到美英等国不同监管机构的处罚，罚款金额合计百亿美元，部分金融监管机构开具的处罚金额创其罚款纪录新高。值得注意的是，国际大行汇率操纵案中欧美监管机构处罚的花旗、摩根大通、汇丰、巴克莱、美国银行、瑞银等国际大行，其海外分行或中国子公司目前也是我国银行间外汇市场会员，有的还是做市商。

三、外汇批发市场行为监管的国际经验

英美两国外汇批发市场发展较早，其市场交易量和活跃度在全球具有举足轻重的地位，并已建立了相对成熟、完善的行为监管体系。目前，两国有多个监管机构基于不同法规规定，从不同角度对外汇市场实施行为监管。例如，美国商品期货交易委员会（CFTC）依据《商品交易法》负责衍生品交易行为管理；司法部依据《谢尔曼法》调查起诉涉嫌犯罪的不当交易行为；美联储、货币监理署等依据《联邦存款保险法》，监管其辖下机构的不当交易行为。英美外汇批发市场监管内容主要包括以下五个方面①。

（一）对市场参与主体的准入资格管理

1. 根据美国《商品交易法》规定，仅合格的合约参与者（ECP）才能开展衍生品交易

ECP 包括：（1）开展自营交易的下列机构/个人：②金融机构；②保险公司及其分支机构；③投资公司；④总资产超过 500 万美元的商品投资基金；⑤总资产超过 1000 万美元，或净资产超过 100 万美元、从事交易与机构业务相关的企业、合伙、信托及其他机构；⑥总资产超过 500 万美元的员工福利计划或政府员工福利计划；⑦政府性组织；⑧根据《证券交易法》注册的经纪商、交易商或投资银行控股公司；⑨期货经纪商；⑩自主投资资产超过 1000 万美元或超过 500 万美元且从事交易与其管理资产、负债风险相匹配的个人。（2）作为经纪商或为其他机构/个人开展代理交易的上述①、②、④、⑤、⑦、⑨类机构。（3）CFTC 认定的共创合格的机构/个人。

---

① 2008 年国际金融危机后，国际社会聚焦场外衍生品市场透明度缺失问题，国际外汇市场监管改革开始关注强制集中清算、指定平台或场所交易、建立交易报告库制度等。相比之下，我国外汇市场在这些方面在一定程度上已经提前实践了危机后全球监管改革，因此这部分内容不再赘述。

2. 根据欧盟委员会《欧洲市场基础设施监管条例》（EMIR）规定，英国允许三类市场主体参与外汇市场交易

EMIR 将开展衍生品交易的市场参与者分为三类：金融机构（FC）①、具有"系统重要性"的非金融机构（NFC＋）和不具有"系统重要性"的非金融机构（NFC－）②。各类市场参与者需从本国监管机构处获得授权许可。

（二）对市场不当交易行为的直接监管

1. 美国依据《商品交易法》《谢尔曼法》等对外汇衍生品市场或与其相关的交易行为进行监管，禁止市场操纵、欺诈等不当交易行为。（1）禁止操纵行为。美国《商品交易法》与《美国联邦法规汇编》明确规定，任何人不得直接或间接操纵或试图操纵任何互换、远期交割的合约。操纵价格的行为，均为非法。（2）禁止欺诈行为。美国《商品交易法》规定，针对订立任何商品或远期交割商品买卖合约，任何人作出欺骗（Cheat）或欺诈（Defraud），或试图欺骗或欺诈其他人行为，均为非法③。（3）禁止其他不当交易行为。美国《商品交易法》还就其他不当交易行为作出禁止性规定，包括倒量（Wash Sale）、串通交易（Accommodation Trade）、非市场价格交易（Not a True and Bona Fide Price）、虚假交易（Fictitious Sale）、幌骗（Spoofing）等。值得注意的是，尽管美国《商品交易法》相关条款并不直接适用于外汇即期交易，但是由于即期交易市场形成的基准汇率（如伦敦下午 4 点 WM/路透汇率）可直接用于货币互换、外汇互换、

---

① FC 是指根据欧盟各项金融服务条例登记的银行、保险和再保险公司、投资公司、欧盟可转让证券集合投资计划、养老基金、另类投资基金管理人管理的另类投资基金等。

② FC 之外的在欧盟境内设立的非金融机构统称 NFC。

③ 根据该法，欺诈行为具体包括：（1）欺骗（Cheat）或欺诈（Defraud），或试图欺骗或欺诈其他人；（2）故意向其他人作出任何虚假报告或声明，或故意促使他人向该其他人作出任何虚假报告或声明；或者故意为该其他人录入任何虚假记录，或故意促使他人为该其他人录入任何虚假记录；（3）就任何指令或合约或就任何指令或合约的处置或执行，以任何方式故意或试图蒙骗其他人，或者在所作出的任何代理行为中，针对为其他人发出的或与该其他人订立的合约，以任何方式故意或试图蒙骗该其他人。

外汇期货、外汇期权和其他金融衍生品的定价，因此操纵外汇即期的交易行为也会被视作违反上述规定。此外，美国《谢尔曼法》相关条款也是外汇市场交易应遵循的重要行为规范。根据该法第1条规定：任何契约，以托拉斯形式或其他形式的联合、共谋，用来限制贸易或商业，均为非法。任何人签订上述契约或从事上述联合或共谋，是严重犯罪。

2. 英国依据欧盟及其本国相关法律，对外汇批发市场交易行为实施监管

（1）适用欧盟《市场滥用行为监管条例》（*Market Abuse Regulation*，MAR），明确禁止内幕交易、非法披露、市场操纵（包括企图操纵）等不当交易行为。（2）适用欧盟《内幕交易和市场操纵刑事处罚指令》（CS-MAD），明确将外汇交易违规行为引入刑罚规定，故意违反法律规定的，构成犯罪并应受到刑事处罚。（3）根据《2000年金融服务和市场法》（市场滥用）修正案《2016监管规定》，金融行为监管局（Financial Conduct Authority，FCA）制定《监管手册》，细化了欧盟MAR法案要求。[①] 要求机构必须有适当的保障措施来识别和减少内幕交易、市场操纵等金融犯罪的风险。此外，若市场不当交易行为违反刑事法律，英国严重欺诈办公室（UK Serious Fraud Office）将追究其刑事责任。

（三）对市场参与主体的内控制度和风险管理的要求

1. 美国存款类机构在外汇市场交易中若因管理不当，导致违规交易，美联储和货币监理署等可对其实施处罚

在2015年国际大行汇率操纵案中，美国银行控股公司因其控股的美国银行在外汇市场交易中违反了《商品期货法》《反托拉斯法》等规定，构成了"不安全和不可靠的行为"，美联储依据《联邦存款保险法》[②] 对

---

① FCA, Market Abuse Regulation, https：//www.fca.org.uk/markets/market–abuse/regulation.

② 美国《联邦存款保险法》规定，任何存款机构从事经营业务时不得有"不安全和不稳健的行为"或违反法律法规、监管规定、联邦银行监管机构的规定等。

美国银行控股公司作出了罚款 2.05 亿美元的处罚。[①] 货币监理署依据《联邦存款保险法》对美国银行作出了罚款 2.5 亿美元的处罚。[②]

2. 英国监管规范也对机构从业行为的内控管理进行了规定，若金融机构在外汇市场的不当交易行为违反"机构从业原则"，FCA 可据此进行处罚

FCA 通过《监管手册》规定了 11 项"机构从业原则"，这些原则概括了机构在现行金融监管体制下的基本义务。[③] 前述国际大行汇率操纵案中，由于银行对交易员使用私人聊天室和其他电子交易渠道疏于管控，且长期未能发现，FCA 认为这些银行违反了《监管手册》中"机构从业原则"第 3 项要求（即机构必须以合理谨慎的态度，负责任地、有效地组织并控制其事务，同时应建立适当的风险管理体系），因此根据《2000 年金融服务和市场法》[④] 的规定，对违规银行处以重罚。

（四）对违规外汇交易行为的处罚措施

1. 美国监管机构对违规交易机构的处罚措施丰富

美国商品期货交易委员会（CFTC）对于违反《商品交易法》的机构

---

① Federal Reserve announces fines totaling more than ＄1.8 billion against six major banking organizations for their unsafe and unsound practices in the foreign exchange（FX）markets（May 20, 2015），https：//www. federalreserve. gov/newsevents/pressreleases/enforcement20150520a. htm.

② Consent Order for Civil Money Penalty（PDF）. In the Matter of：Bank of America N. A. United States Office of the Comptroller of the Currency. 11 November 2014. https：//www. occ. gov/news－issuances/news－releases/2014/nr－occ－2014－157f. pdf.

③ 11 项机构从业原则具体包括：（1）机构应诚信开展业务；（2）机构开展业务应具备相应的技能，并谨慎从事；（3）机构必须以合理谨慎的态度，负责任地、有效地组织并控制其事务，同时应建立适当的风险管理体系；（4）机构必须保有充足的财务资源；（5）机构必须遵守市场行为的适当标准；（6）机构必须适当顾及客户利益，并公平对待客户；（7）机构必须适当顾及客户的信息需求，并以清晰、公平和不具有误导性的方式与其沟通信息；（8）机构必须公正管理机构内部、机构与客户之间以及客户与客户之间的利益冲突；（9）机构必须以合理谨慎的态度，确保对于任何依赖其判断的客户，给出适当的建议并作出适当的自由裁量决定；（10）当机构受托为客户资产负责时，机构必须充分保护客户资产；（11）机构必须以开放和合作的方式与其监管者交往，并必须向 FCA 适当披露监管者合理预期的有关公司的任何情况。

④ 根据英国《2000 年金融服务和市场法》第 206 条规定，FCA 认为经授权的主体违反了本法或根据本法对其规定的要求（如内控要求），可对其实施 FCA 认为适当金额的处罚。

可采取以下措施：第一，禁止所涉机构再注册实体（依据该法指定或注册的交易场所、结算组织等）交易，并要求相关注册实体拒绝给予该机构任何会员权。第二，暂停或撤销该机构在 CFTC 的注册资格。第三，计征罚款，如对操纵或试图操纵行为，按照 100 万美元或其不当收益的 3 倍金额的高者征收，并可同时要求所涉机构按其违法违规行为直接导致的损失向客户返还该等款项。美国司法部对违反《谢尔曼法》第 1 条（以托拉斯形式或其他形式的联合，或共谋）最高罚款金额取以下金额中的最高者：（1）1 亿美元；（2）合谋者因该犯罪所得收益的 2 倍金额；（3）合谋者因该犯罪所致他人损失的 2 倍金额。个人违反《谢尔曼法》第 1 条若被定罪，将被处以不超过 100 万美元的罚款，或十年以下监禁；由法院酌情并处或单处以上两种处罚。

2. 英国对外汇市场不当交易行为处罚严格，且近年来更加趋于严格

2015 年英国央行行长还建议将市场滥用行为的最高监禁刑期延长至 10 年，显示出立法和监管机构对市场滥用行为的严厉打击态度。此外，英国对涉及市场滥用行为罚款最大特点是无上限。英国 FCA 依据"裁决程序及处罚手册"（Decision Procedure and Penalties Manual）计算应缴具体处罚金额。该手册规定了五个步骤的具体处罚金额计算方法。第一步，追缴违法所得；如无直接因违法而所得，则该金额为零。第二步，考虑违法的严重性，初定罚款金额。在该步骤中，首先，确定违法行为及其期间涉及的业务领域和产品的收入，该数据反映了违法的潜在损害程度；其次，根据违法的影响、性质、主观情况（故意还是过失），选择合适的百分比档次（分五档：0、5%、10%、15%、20%）以反映危害的严重程度；最后，以违法涉及的收入乘以危害程度档次，即可初定罚款金额。第三步，根据是否具有减轻或加重情节调整罚款金额。第四步，判断上述罚款金额能否对类似违法行为形成威慑，调整罚款金额；如不足以威慑，则进一步增加罚款金额。第五步，依据是否与监管机构有和解协议及其确定的折

扣，最后调整罚款金额。2014 年 11 月，FCA 查处国际大行汇率操纵案时，根据"裁决程序及处罚手册"确定了具体罚款金额，对五家金融机构合计罚款 11.15 亿英镑（约合 17 亿美元）。①

专栏 6 - 3　六家国际大型银行因操纵外汇市场被罚款

　　2014 年 11 月，英国、美国和瑞士监管机构宣布对六家国际大型银行罚款总计 42.5 亿美元，因为它们对外汇市场进行了操纵。这六家银行包括摩根大通（JP Morgan）、花旗集团（Citigroup）、瑞士银行（UBS）、苏格兰皇家银行（RBS）、汇丰（HSBC）和美国银行（Bank of America）。

　　作为全球最大石油公司之一，BP 已卷入这场外汇操纵丑闻难以脱身。作为一家年收入近 4000 亿美元、在大约 80 个国家开展业务的跨国石油巨头，BP 每天都会大量交易外汇。据称，BP 的外汇交易员每天都会从全球一些最大银行的同行那里获得有价值的信息，包括提前得知这些银行要进行怎样的交易、客户有哪些保密的业务细节、交易止损价位，以及银行大手买进或卖出的时间和价位。

　　这次外汇操纵丑闻中，向 BP 提供内幕交易信息的人包括知名银行公司的资深外汇交易员，这些人建立了名叫"联合体"的聊天室。这个聊天室最先由摩根大通现汇交易主管 Richard Usher 发起，随后摩根大通、花旗集团、巴克莱和瑞士银行的资深交易员加入。上述四家银行发起的外汇交易量占全球外汇交易总量的 45%，规模足以影响市场走势。有了聊天室的聊天记录，外汇市场每次波动前的隐秘交易才

---

　　①　FCA fines five banks ￡ 1.1 billion for FX failings and announces industry – wide remediation programme（Press Releases Published：12/11/2014 Last updated：08/11/2016），https：//www.fca.org.uk/news/press – releases/fca – fines – five – banks – % C2% A311 – billion – fx – failings – and – announces – industry – wide.

得以公之于众。

与股票、债券等证券市场不同，外汇交易市场受到的监管较松，而这也是外汇交易员无所顾忌的原因。据报道，对于自己信任的联系人，外汇交易员提供交易信息的方式就像是发糖吃。一些共同基金、退休基金和日间交易员成了牺牲品。如果没有内幕交易的相关买盘或卖盘，他们本可以在更低买价或更高卖价成交。

那么，上述银行的交易员具体是如何操纵市场的呢？外汇市场的一个基准是 WM/路透每日定盘价，相当于全球数以万亿计美元投资和贸易活动的参考价。该价格根据伦敦时间下午 4 点前后 30 秒的买盘和卖盘来制定。"联合体"聊天记录显示，一家银行的交易员曾在某一天下午 3 点半告诉 BP 的交易员，他将在计算定盘价的那一分钟买进美元、卖出澳元。这等于是告诉 BP 的交易员澳元将会下跌。由于提前得知了内幕信息，BP 的交易员可以先卖出澳元，定盘价出炉后再将澳元买回获利。

当然，这种做法不是没有风险。在计算定盘价的那一分钟，如果其他银行的交易员下达了更大金额的买进澳元的指令，定盘价将会上升，BP 的交易员也就无法获利。不过，问题在于，这些大银行的外汇交易总额占了全球外汇市场的近一半，只要它们的交易员通过聊天室串通在一起，汇率就会在很大程度上受到操纵。

由于有了这种内幕交易，银行的客户将蒙受损失。BP 的交易员得到消息，抢先卖出了澳元。BP 的卖盘压低了澳元价格，导致后卖出的银行客户在更低卖价成交。银行的客户包括企业、共同基金、退休基金、个人投资者等，本应享受服务反而要蒙受损失，这意味着银行违背了自身作为资金受托人的义务。

（资料来源：http://www.jiemian.com/article/220459.html。）

（五）外汇交易行为管理执法中的行政和解与暂缓起诉机制

1. 欧美外汇市场违法犯罪处罚中较为广泛地使用了行政和解与暂缓起诉制度。这主要由于操纵市场等违规行为认定难、取证难。行政和解是指行政主体和行政相对人在行政执法中，通过对话、沟通协商等方式，有效解决行政争议的一种争端解决方式。暂缓起诉又称推迟起诉，指司法机构基于社会公共利益考虑，综合权衡案件情况，对被告暂缓提起公诉，且为其设定一段时间和相应义务，待考验期满后，根据被暂缓起诉人义务履行情况，再次作出是否提起公诉的一种司法制度安排。两者虽然具体适用上有所不同，但都突破了"公权力不可处分"原则，兼顾了处罚的公平与效率原则，节约了监管成本和司法成本。

2. 美联储、美国货币监理署通常在其实际执行行动中，特别是针对被监管对象实施罚金时采用和解方式。同时，达成和解的金融机构要作出弃权声明，放弃法律授予的要求听证、行政审查、司法审查、对处罚令有效性的质疑等权利。美国司法部门在对金融机构进行处罚时，也会采用类似措施，与被调查对象签署辩诉协议（Plea Agreement）而暂缓起诉。

如 2015 年 5 月，美国司法部与五家国际大行就操纵外汇即期市场行为、外汇市场欺诈交易行为等达成辩诉协议，协议主要内容包括：（1）暂缓起诉的期限为 3 年。（2）合计处以 27 亿美元刑事罚款，这是美国司法部处以的最高额反垄断罚金。花旗集团、巴克莱、摩根大通、苏格兰皇家银行、瑞士银行分别支付了 9.25 亿美元、6.5 亿美元、5.5 亿美元、3.95 亿美元、2.03 亿美元罚金。（3）采取更全面的补救措施，包括停止所有违法行为、加强内控、辞退违规员工、向监管机构定期报告等。（4）配合正在进行的相关行为调查，同时任何抗辩协议都不能阻止司法部以相关不当行为起诉有罪责的个人。①

---

① Five Major Banks Agree to Parent – Level Guilty Pleas，https：//www. justice. gov/opa/pr/five – major – banks – agree – parent – level – guilty – pleas.

3. 英国 FCA 允许相对人在开始调查后的任何阶段提出和解申请，并详细划分了不同阶段及其对应的罚金折扣和弃权安排。具体而言：（1）在监管机构开始调查到草拟警告通知（只要监管机构拟进行处罚，就需提前发布该通知）时，和解的罚金折扣比例为 30%；（2）发出警告通知至机构意见陈述期满，和解的罚金折扣比例为 20%；（3）机构意见陈述期满至发出决定通知前，和解的罚金折扣比例为 10%。

四、完善我国外汇批发市场行为监管的政策建议

为促进我国外汇批发市场开放、规范发展，建议建立一套层级递进、功能互补的外汇批发市场交易行为规范体系：第一层是自律机制及其规范、中国外汇交易中心交易规则，第二层是行政监管机构的监管指引、部门规章和行政法规，第三层是刑事法律。其中，重点是完善第二层的行为监管机制及其相关规范。

（一）研究制定《银行间外汇市场行为监管指引》，并修订《外汇管理条例》

1. 研究制定《银行间外汇市场行为监管指引》，夯实行为监管基础

目前已有中国外汇交易中心和全国外汇市场自律机制前期扎实的实践，在此基础上，结合国际经验和我国汇率市场化程度现状，制定外汇批发市场行为监管指引。主要包括如下内容：（1）规范交易行为。如禁止市场操纵、内幕交易、欺诈交易、传播虚假信息等不当行为。（2）要求市场参与者建立完备的内控机制和风险管理。（3）重罚违规。（4）本外币全覆盖，即银行间外汇市场交易和本币市场交易（货币市场、债券市场、衍生品市场）全覆盖。（5）逐步提升外汇批发市场监管能力。

2. 在更高法律层次上，如《外汇管理条例》修订时，可以写入外汇批发市场行为监管相关内容

未来修订《外汇管理条例》过程中，可在保留关于"外汇市场交易应当遵循公开、公平、公正和诚实信用的原则"条款的前提下，研究增加以下内容：（1）列举并明确禁止对市场秩序和公共利益影响较大的市场操纵、内幕交易、欺诈等不当交易行为。（2）考虑汇率操纵行为的系统危害性，应提高其行政处罚幅度，对市场主体形成有效震慑。

3. 针对严重违法外汇交易行为，建议适时配合有关部门推动外汇市场交易行为管理与刑事法律衔接①

最终形成"自律规范＋行为监管规范＋刑事规范"多层次、功能互补的外汇批发市场交易行为规范体系。目前虽然全国外汇市场自律机制制定了《中国外汇市场准则》等自律性文件、中国外汇交易中心对相关产品也有交易规则，但在追究市场主体违规责任上"力不从心"，自律代替不了行政监管。自律虽然对于营造外汇市场合规氛围具有积极作用，但自律对市场主体的约束力和有效性不及行政监管，不足以震慑和防范市场主体的市场操控、欺诈、内幕交易等违法违规行为。行政监管该出手时要出手。

（二）建立外汇批发市场交易行为的规则体系

1. 禁止操控市场行为：包括但不限于操纵或试图不当影响收盘价、倒量交易、通过不当交易推动市场价格靠近或者远离触发水平、独断性逼仓、滥用市场支配地位、与其他市场参与者协调行动等。

2. 禁止欺诈行为：如诱导交易、从事虚假多档报价、制造和散播谣言等。

3. 禁止内幕交易：不得利用所掌握的对价格有重大影响的非公开信息从事交易活动，不得泄露相关信息，或利用该信息建议他人从事交易

---

① 我国《刑法》对证券、期货市场严重不当交易行为设定了以下罪名：（1）内幕交易、泄露内幕信息罪；（2）利用未公开信息交易罪；（3）编造并传播证券、期货交易虚假信息罪；（4）诱骗投资者买卖证券、期货合约罪；（5）操纵证券、期货市场罪。

活动。

4. 禁止非法披露信息：交易员应严格保守交易对手、客户、合作伙伴等机构的商业秘密。非经所在机构授权或应监管机构要求，交易员不对外提供任何交易信息和数据。

5. 禁止利益输送：交易员在与交易对手、客户及其他第三方服务机构业务往来中，不得利用职务、岗位便利为自己或他人谋取私利。

（三）要求市场参与者健全内控机制和风险管理框架

1. 机构应建立参与外汇批发市场交易应遵循的制度框架。内部操作规程和风险管理制度，应包括任不限于交易额度限制、分级授权、合规内控管理、报酬激励机制等。

2. 机构应建立参与外汇批发市场交易行为风险管理架构。机构应建立覆盖全面、授权明晰、相互制衡的本机构参与外汇批发市场交易行为管理体系，并明确董事会、监事会、高级管理层和相关职能部门在外汇批发市场交易行为管理中的职责分工。

3. 机构应实施全流程风险管理。涵盖交易前准备、询价与报价、交易簿记、头寸管理、对账机制、清算与账务处理、违约处置等各环节；开发风险监控模型以监控交易人员的异常交易行为，通过科技手段将监控、计量、提示等风险管理要求"嵌入"业务全流程。

4. 机构应建立外汇批发交易的前、后台防火墙隔离机制。前台与后台部门在内部组织结构和岗位的设置上应权责分明、人员分离、相互制衡。

5. 机构应妥善保存并监控交易相关的电话和电子通讯的沟通记录。保存期限应根据交易性质决定，一般录音内容或电子信息记录的保存期限为至少12个月；部分履约时间较长的外汇交易产品，应延长相关记录的保存期限。

6. 机构应制定相关制度和流程识别可能出现的操纵市场行为和其他不当交易行为。鼓励员工在出现可疑交易时向其主管或指定负责人报告，确保通过该途径发现的问题能够被恰当、透明地解决。

（四）明确外汇批发市场违规交易行为的法律责任

1. 在法律责任主体方面，实施双罚制。既从交易行为规范角度处罚违规交易员，也要从风险内控角度处罚违规交易机构，督促其加强内部控制和风险管理。

2. 在法律责任形式方面，对个人主要采取暂停或取消交易员资格、市场禁入等措施；对机构的处罚主要是没收违法所得、罚款，中长期可研究限制重大违规金融机构的结售汇综合头寸、外汇资产规模扩张、引入刑事法律责任等。

3. 在具体罚款金额方面，借鉴美英等国的做法，对机构罚款综合考虑违法所得、市场危害程度和影响程度、违规行为持续时间、历史违规记录、内部管控、配合监管部门调查等因素，具体金额应足以起到对违规机构的威慑作用，促使其采取一切可能措施预防和制止类似不当交易行为。如借鉴《证券法》《期货交易管理条例》处违法所得 1 倍以上 5 倍以下的罚款；没有违法所得的，处一定金额罚款。

（五）探索开展外汇批发市场违规交易行为处罚的行政和解试点

借鉴国外行政执法实践和我国证券等领域相关和解制度，可配合相关部门适时探索开展外汇批发市场不当交易行为处罚的行政和解试点，创新行政管理方式。

1. 明确行政和解的适用范围与条件

主要适用于行政相对人涉嫌实施操纵市场、内幕交易、虚假陈述或者欺诈客户等违反外汇交易行政法规和相关监管规定的行为，相关案件已正式立案且经过了必要调查程序，但案件事实或者法律关系尚难完全明确的情形。

2. 规定行政和解的实施程序

行政相对人自收到案件调查通知书之日起，至行政处罚决定作出前，可提出行政和解申请。监管部门自作出受理行政和解申请决定之日起，可以与行政相对人就涉嫌违法行为、行政相对人愿意承担的罚款数额等事项进行协商。

3. 签订和解协议并执行

监管部门与行政相对人就涉嫌违法行为的处理进行协商，达成一致的，签订行政和解协议。行政和解协议达成后，由监管部门监督行政相对人在协议规定的时限内履行协议规定的义务，同时终止案件的调查、审理。行政和解协议达成后，行政相对人不履行行政和解协议的，行政和解协议无效，监管部门应立即恢复调查、审理，且不得再次适用行政和解程序。

此外，还应强化外汇管理部门对外汇批发市场的行为监管职能。一是建立适应行为监管需要的外汇监管队伍。如增加编制，设立外汇批发市场行为监管的专职内设部门。二是明确和细化外汇管理机构行为监管职责。包括规则制定、监督检查、投诉受理、违规行为查处等监管职责。三是探索与境内外其他机构的监管合作。外汇批发市场操纵、内幕交易、利益输送等违法交易行为的调查难度大，还可能涉及境外，可与公安机关等建立联合调查机制，与其他国家或地区监管机构签署备忘录，加强监管合作。四是参考外汇市场专业机构意见认定不当交易行为。外汇管理部门调查和认定不当交易行为时，可参考中国外汇交易中心、全国外汇市场自律机制等机构的专业意见。

第七章　我国跨境金融服务领域的行为监管

近年来，借助互联网从事的跨境金融服务增多，表现为在一个国家拿到金融牌照，建个网站，为其他国家个人、企业提供金融服务。互联网跨境金融服务可对促进各国金融开放发挥积极作用，但也会助长跨境违法违规金融服务，导致风险跨境传染。本章以外汇保证金交易为例，深入剖析非法外汇保证金跨境提供服务模式，并提出"跨境交付"模式下的跨境金融服务监管问题。初期可要求外资以设立商业存在的方式提供金融服务。中长期需逐步提高金融服务市场开放水平，同时建立和完善一套与开放程度相匹配的监管体系，加强国际监管协调，建立全球治理体系。

一、何谓"跨境金融服务"

（一）"跨境金融服务"的概念

目前，我国法律法规并没有关于"跨境金融服务"的明确定义，也未规范其内涵与外延。从世贸组织《服务贸易总协定》（GATS）、我国与其他国家签署的自由贸易协定等来看，跨境金融服务属于服务贸易范畴，一般以列举方式表述其内容。

根据 GATS《关于金融服务的附件》的定义，"金融服务"（Financial Services）指一成员国的金融服务提供者提供的任何金融性质的服务。金融服务包括所有保险及其相关服务，以及所有银行和其他金融服务（保险除外）。金融服务包括的活动如表7－1所示。

表7－1 关于"金融服务"的定义①

保险及其相关服务

1. 直接保险（包括共同保险）：

（1）寿险；

（2）非寿险。

2. 再保险和转分保。

3. 保险中介，如经纪和代理。

4. 保险附属服务，如咨询、精算、风险评估和理赔服务。

银行和其他金融服务（保险除外）

1. 接受公众存款和其他应偿还资金。

2. 所有类型的贷款，包括消费信贷、抵押信贷、商业交易的代理和融资。

3. 金融租赁。

4. 所有支付和汇划服务，包括信用卡、赊账卡、贷记卡、旅行支票和银行汇票。

5. 担保和承诺。

6. 交易市场、公开市场或场外交易市场的自行交易或代客交易：（1）货币市场工具（包括支票、汇票、存单）；（2）外汇；（3）衍生产品，包括但不限于期货和期权；（4）汇率和利率工具，包括换汇和远期利率协议等产品；（5）可转让证券；（6）其他可转让票据和金融资产，包括金银条块。

7. 参与各类证券的发行，包括承销和募集代理（无论公开或私下），并提供与该发行有关的服务。

8. 货币经纪。

9. 资产管理，如现金或证券管理、各种形式的集体投资管理、养老基金管理、保管、存款和信托服务。

10. 金融资产的结算和清算服务，包括证券、衍生产品和其他可转让票据。

11. 提供和传送其他金融服务提供者提供的金融信息、金融数据处理和相关软件。

12. 就上述所列的活动提供咨询、中介和其他附属金融服务，包括信用调查和分析、投资和资产组合的研究和咨询、收购咨询、公司重组和策略咨询。

---

① 石广生：《中国加入世界贸易组织知识读本》（二）《乌拉圭回合多边贸易谈判结果法律文本》，310－313页，北京：人民出版社，2001。

（二）"跨境金融服务"的四种模式

根据 GATS，服务贸易的四种模式均适用于金融服务。一是"商业存在"模式。外国服务提供者通过在其他国家设立商业实体的方式提供服务。如 A 国在 B 国设立银行、证券机构、保险机构等提供金融服务，这些机构属于 B 国的"境内外资机构"。二是"跨境交付"模式。服务提供者在一成员的领土内向另一成员领土内的消费者提供服务。如 A 国银行设立在 A 国国内，但向 B 国境内机构提供贷款。此时，消费者和服务提供者都未跨境，但实现了服务跨境。三是"境外消费"模式。即服务提供者在一成员的领土内向来自另一成员国的消费者提供服务。这种服务提供方式的特点是，消费者到境外去享受境外服务提供者的服务。如 A 国消费者到 B 国开立账户享受资金结算、现钞提取、刷卡消费等服务。四是"自然人流动"模式。即一成员国的服务提供者以自然人身份进入另一成员国的领土内提供服务。如 B 国的自然人到 A 国，为 A 国公民提供私人理财顾问等服务。不同于商业存在模式，此种情形下的服务提供者没有在消费者所在国领土内设立商业机构或专门机构。

（三）我国在 GATS 框架中关于金融服务的承诺

GATS 采取正面清单方式，根据我国在 GATS 项下的承诺，在我国加入世贸组织服务贸易减让具体承诺中，金融服务市场准入的承诺内容也多集中体现在"商业存在"模式下，除特定保险服务、证券服务、金融信息数据服务外，我国未承诺其他金融服务可通过"跨境交付"方式提供。

根据《中华人民共和国加入议定书》附件 9《中华人民共和国服务贸易具体承诺减让表》，我国已作出的"跨境交付"模式下市场准入开放承诺限于以下金融服务：一是保险服务。包括再保险；国际海运、空运和运输保险；大型商业险经纪、国际海运、空运和运输保险经纪，以及再保险经纪。二是证券服务。包括外国证券机构可直接（不通过中国中介）从事 B 股交易。三是金融信息数据服务。包括提供和转让金融信息、金融数据处理以及与其他金融服务提供者有关的软件；就减让表所列相关活动进行咨询、中介和其他附属服务，包括资信调查和分析、投资和证券的研究和建议、关于收购的建议和关于公司重组和战略制定的建议。在"跨境交付"模式下，除上述采取正面清单方式承诺已开放的项目外，我国可以对其他未承诺开放项目实施限制，并不构成对世贸组织规则的违反，如表7-2所示。

表7-2　　　　　　　"跨境交付"金融服务市场准入相关内容①

部门或分部门	市场准入限制
金融服务	
A. 所有保险及其相关服务 a. 寿险、健康险和养老金/年金险； b. 非寿险； c. 再保险； d. 保险附属服务。	除以下内容外，不作承诺： a. 再保险； b. 国际海运、空运和运输保险； c. 大型商业险经纪、国际海运、空运和运输保险经纪，以及再保险经纪。
B. 银行及其他金融服务（不包括保险和证券） 银行服务如下所列： a. 接受公众存款和其他应偿还公众资金； b. 所有类型的贷款，包括消费信贷、抵押信贷、商业交易的代理和融资； c. 金融租赁； d. 所有支付和汇划服务，包括信用卡、赊账卡、贷记卡、旅行支票和银行汇票（包括进出口结算）； e. 担保和承诺； f. 自行或代客外汇交易。	除下列内容外，不作承诺： 提供和转让金融信息、金融数据处理以及与其他金融服务提供者有关的软件； 就a至k项所列所有活动进行咨询、中介和其他附属服务，包括资信调查和分析、投资和证券的研究和建议、关于收购的建议和关于公司重组和战略制定的建议。
非银行金融机构从事汽车消费信贷	除下列内容外，不作承诺： 提供和转让金融信息、金融数据处理以及与其他金融服务提供者有关的软件； 就a至k项所列所有活动进行咨询、中介和其他附属服务，包括资信调查和分析、投资和证券的研究和建议、关于收购的建议和关于公司重组和战略制定的建议。

---

① 石广生：《中国加入世界贸易组织知识读本》（三）《中国加入世界贸易组织法律文件》，195-203页，北京：人民出版社，2001。

部门或分部门	市场准入限制
其他金融服务如下： k. 提供和转让金融信息、金融数据处理以及与其他金融服务提供者有关的软件； l. 就 a 至 k 项所列所有活动进行咨询、中介和其他附属服务，包括资信调查和分析、投资和证券研究和建议、关于收购的建议和关于公司重组和战略制定的建议。	没有限制。
证券服务	除下列内容外，不作承诺： 外国证券机构可直接（不通过中国中介）从事 B 股交易。

（四）互联网时代"跨境金融服务"的进一步发展

1. 网络打破了国内行政区域限制，也打破了各国的国界限制

一个境外机构在"线上"（包括网站、APP 等）即可为本国客户跨境提供金融服务，而无须设立商业存在，也不需要消费者跨境等。GATS 作为"前互联网时代"的多边贸易规则，并未对互联网跨境服务明确规则，未能明确界定这类"线上"跨境服务到底属于"跨境交付"还是"境外消费"，一定程度上存在争议。

2. 在多双边自贸协定中，相继出现更为开放的"跨境金融服务"条款

即本国居民无论身在何处（本国、对方国家或任何第三国），境外金融服务提供者均可对本国居民提供金融服务，只要该服务提供者未在本国领土内"招揽"或"展业"。其逻辑是，只要外国服务提供者不在本国招揽或展业，就认为是消费者"境外消费"，而非"跨境交付"。通常来看，国际上普遍对"境外消费"承诺开放程度较高，一般无过多限制；但对"跨境交付"模式限制较多，较为谨慎作出开放承诺。

笔者认为，基于互联网的跨境金融服务，服务者和消费者相互分离在不同国家，即服务者和消费者均不"移动"，而仅是服务"跨境"，"跨境

交付"模式更符合互联网跨境金融服务的本质特征。其实质仍属于"跨境交付",而并不应以是否"招揽"或"展业"为标准,界定为"跨境交付"或"境外消费"。而目前《跨太平洋伙伴关系协定》(TPP)中的"跨境金融服务"条款认为非"招揽"或"展业"模式下的跨境金融服务属于"境外消费",其实质是提高了"跨境交付"模式下跨境金融服务的开放程度。开放水平高于GATS。关于跨境金融服务,我国目前对外承诺中,仍以GATS中的承诺水平为准,尚未接受这种说法。因此,我们认为,凡是服务者和消费者相互分离在不同国家的,通过互联网等网络形式跨境提供金融服务的,应认为是"跨境交付",而非"境外消费"。

二、实践中"跨境交付"模式下的跨境金融服务的新发展——以外汇保证金交易为例

(一)何谓"外汇保证金交易"

1. 外汇保证金交易,也称外汇按金交易,一般指客户投资一定数量的资金作为保证金,按一定杠杆倍数在扩大的投资金额范围内进行外汇交易

主要特征是投资者以获取外汇交易盈利为目的,实际投资一定数量资金,作为交易保证金,按一定的杠杆倍数扩大投资金额,使实际进行外汇交易的合同金额超出投资者实际投资的交易保证金金额。

2. 具有场外、带杠杆、虚盘等特点。一是场外交易(OTC),一般不被视为期货(期货为场内交易)。二是带杠杆,通常以保证金方式开展。三是虚盘交易,不进行实物交割,损益来源于汇率波动。四是零售市场交易,投资者以个人散户为主。

3. 交易模式主要为做市商模式。一是做市商模式。外汇经纪商直接作为交易对手,与客户持有反向头寸后,在银行间市场平盘。一般规模较大的外汇经纪商采取此模式。二是中间商模式。即外汇经纪商不持有头寸,

客户交易的单子直接转给流动性供应商，由流动性供应商与客户进行交易，并在银行间市场平盘。一般规模较小的外汇经纪商采取此模式。此外，还有"对赌"模式，即外汇经纪商持有头寸，但不在银行间市场平盘，与客户形成"对赌"。此类模式对经纪商和投资者均有较大风险，一般"黑平台"多采取此模式。

（二）我国目前尚未开放外汇保证金交易，其他国家虽有开放但也实施严格监管

1. 我国尚未开放外汇保证金市场，目前在我国境内开展的外汇保证金交易均为非法

1994 年《中国证监会、国家外汇管理局、国家工商行政管理局、公安部关于严厉查处非法外汇期货和外汇按金交易活动的通知》（证监发字〔1994〕165 号）明确规定，未经批准，任何机构擅自开展外汇按金交易，属于违法行为；客户（单位和个人）委托未经批准的机构进行外汇按金交易，也属违法行为。2018 年 9 月，人民银行、公安部、外汇局公开发布风险提示，再次强调外汇保证金交易在我国境内为非法，警示公众不要参与此类平台交易，避免财产损失。

2. 澳大利亚、英国、新西兰、美国等国已开放外汇保证金市场，但对此实施较严格的监管

一是明确外汇保证金交易须"持牌经营"。如英国、美国、澳大利亚等国均明确规定须申请牌照方可经营。美国明确规定无牌照机构开展的场外杠杆外汇交易属于非法行为。二是限定杠杆率。从全球看，出于防范金融风险的需要，近年来杠杆率呈下降趋势。如英国对"12 个月以下投资经验的零售客户"设定的杠杆倍数最高为 25 倍，其他普通客户最高为 50 倍[①]。美国

---

① 英国金融监管局在 2018 年的一份声明文件中，拟按照欧盟的统一标准，将杠杆倍数限定为 2 倍至 30 倍之间。但目前尚未在英国正式实施。

对主要货币①的最大杠杆倍数限定为 50 倍，次要货币②的杠杆倍数为 20 倍。三是最低资本要求。如美国要求零售外汇经纪商至少持有 2000 万美元净资本。四是保护客户资金。美国、英国、澳大利亚均要求，客户保证金账户与经纪商账户分离，资金须由第三方银行代为托管。五是客户适当性管理。如香港地区要求具有稳健性投资资质的客户方可办理外汇保证金业务。六是要求对客户风险提示。如澳大利亚要求经纪商在网站上明确提示，客户的损失可能会超过最初保证金金额，并需列举关于客户损失超过其初始资金的实例。七是明确禁止通过互联网方式提供此类服务。如比利时明确禁止通过电子渠道向客户提供外汇保证金交易等场外杠杆产品交易。

3. 国际证监会组织（IOSCO）关注对外汇保证金交易等场外杠杆交易的风险管控，重点保护投资者利益

IOSCO 在 2018 年 2 月提出的《零售场外杠杆产品咨询报告（征求意见稿）》中提出，应对场外杠杆交易（包括外汇保证金交易、差价合约和二元期权）实施以下管理措施：一是经营场外杠杆产品的机构，无论是国内还是跨国机构，均要持牌运营。二是要限制交易杠杆率。三是要将投资者损失控制在其初始资金以内。四是要加强对交易成本和费用的信息披露。五是要加强对盈利和损失比率等的风险披露。六是要提高报价和订单执行质量。七是要限制此类产品的销售、推广、营销活动，减少不当销售风险。

（三）近年来基于互联网的非法外汇保证金业务趋于活跃

1. 境外网站向我国境内非法提供外汇保证金交易

一是境内机构"披洋皮"在境外设立网站返程向境内提供跨境金融服务。我国有个别境内企业绕道境外获取牌照，再转以境外的"洋身份"利

---

① 主要货币指欧元、日元、英镑、瑞士法郎、澳元等，这些币种占全球外汇市场交易量的90%以上。

② 次要货币指主要货币以外的，在外汇市场上交易量占比较小的货币。

用互联网"返程"境内开展此业务。二是境外平台通过互联网跨境在我国境内开展外汇保证金交易，在我国境内乔装打扮为培训公司、咨询公司等，拓展市场，突破我国关于禁止开展外汇保证金交易的禁止性规定。有些"外汇交易平台"自称持有境外监管部门颁发的牌照（如自称已获得英国、澳大利亚、新西兰、塞浦路斯等金融监管部门颁发的牌照并受其监管等），杠杆率可达到一比数百甚至上千。

2. 投资者"曲线投资"式的资金运作风险大且涉嫌违法违规

目前我国境内的外汇保证金交易，资金运作一般采取"地下模式"。资金"跨境"的少，"不跨境"的多。一是资金"跨境"的，主要利用个人结售汇 5 万美元便利化额度、买卖虚拟货币等方式转移资金。二是资金"不跨境"的，境内主要通过支付机构收付人民币资金，境外通过地下钱庄、内存外贷等方式获得外币资金。上述"曲线投资"式的资金运作，涉嫌违反我国支付管理以及外汇管理规定。而且，投资者资金运作过程缺乏监管，处于风险状态，有的甚至暴露在诈骗之中，并不能得到有效保障。

3. 近期已处置几起典型案例

一是处罚为外汇保证金交易提供支付服务的支付公司。人民银行某中支和外汇局某分局发现，某支付公司为境外多家非法黄金、炒汇类平台提供支付服务，通过虚构货物贸易，办理无真实贸易背景跨境外汇支付业务，未能发现数家商户私自将支付接口转交给现货交易等非法平台使用，客观上为非法交易、虚假交易提供网络支付服务。因此，人民银行和外汇局当地分支机构对其共处罚款 3044.28 万元人民币，没收违法所得 1107 万元人民币。二是对涉嫌诈骗、非法集资的平台，移送公安机关。比如，E 平台宣称获境外监管牌照，在互联网平台上开展外汇保证金、货币指数、P2P 等多种交易。2018 年 6 月，当地公安机关以涉嫌诈骗对其立案侦办。F 平台通过网站、手机 APP 客户端向我国境内居民提供外汇保证金交易、外汇理财产品、港美股交易、P2P 理财等各类产品；与第三方支付机构签订合作协议，利用控制的壳商户收取境内个人人民币入金。2018年9月，当地公安机关以涉嫌非法吸收公众存款对其立案侦办。2018年底，国家外汇管理局已协调相关部门处置非法外汇保证金网站600余家。其中，关闭572家；整改清退18家（删除网站中有关外汇交易内容）；约谈16家（承诺整改，删除相关外汇交易内容）；3家移交公安机关。

4. 各国在监管中也发现外汇保证金交易存在一些问题

一是新西兰金融市场监管局（FMA）发布风险提示，警告一家来自中国的零售外汇经纪商百华环球，冒用注册号，虚假宣传。二是澳大利亚证券投资委员会（ASIC）监管发现以下问题：①套牌经营。有机构"克隆"正规持牌机构官方网站开展业务；短租房屋用于拍照、带客户线下参观，而后通过网上误导提供交易服务。②混用业务牌照。部分机构在集团内安排多层级复杂的组织架构，各关联公司部分具有牌照，部分不具有牌照，但名称类似，误导投资者。③获得本国业务牌照但被外国公司实际控制，难以追查资金链条，无法保护消费者利益。三是国家互联网金融安全技术专家委员会发布的关于"互联网外汇理财"平台的巡查公告，发现如下问题：①业务牌照涉嫌造假，声称受权威机构监管或宣称拥有授权，实际查询信息不匹配。如YD国际集团声称获得英国FCA认可并受其全面监管。但经查询，FCA的注册号显示的公司与YD的信息不一致。②承诺高收益，交易过程不透明，暗箱操作，蚕食客户资金。③涉嫌利用"传销模式"发展客户。部分平台按层级返利方式吸引新投资者加入。④打着"外汇交易"旗号，持续高额分红，由于盈利的不确定性，很可能是"庞氏骗局"。

此外，实践中还发现其他提供类似非法跨境服务的行为。一是居民境外购房。属于我国尚未开放的资本项目交易，如涉及违规操作，将会予以重罚。二是居民境外炒股、期货和贵金属。证监会也提示过风险，目前境内居民境外炒股只有沪（深）港通、合格境内机构投资者制度（QDII）等合法渠道，其他渠道开展境外炒股，并无任何资金保障和法律保障。三是居民通过互联网、APP 等参与境外赌博、赌球。苹果公司在应用商店中上架赌博应用程序（APP），通过该 APP 提供跨境赌博服务。据外媒报道，2018 年 8 月苹果公司在其应用商店中删除了 25000 个赌博应用程序。四是 ICO 交易，此前也有境外机构或我国境内机构在境外通过网站，向我国境内消费者提供 ICO 交易服务。目前我国尚未开放该市场，且明确禁止在境内开展相关交易。

三、金融科技对跨境金融服务与金融开放具有"双刃剑"作用

（一）金融科技为"跨境交付"模式下的跨境金融服务提供了技术支持，可以冲破市场壁垒，促进全球金融市场开放

1. 有利于推动金融创新，交易更加快速、便捷、安全。网上银行、手机银行等快速发展，使人足不出户就可实现便捷交易。

2. 有利于实现"普惠金融"。金融科技的应用，可有效降低金融服务成本，提供个性化的金融服务，提升金融服务质量和普惠金融能力。

3. 有利于促进形成更加一体化的全球金融市场。TPP 框架下的金融服务自由化在一定程度上代表了未来跨境金融服务的高水平开放标准。目前发达国家已形成高水平开放的金融服务一体化市场。如果发展中国家仍停滞不前，势必会失去进入全球金融服务市场的机会。要努力向金融开放的新标杆看齐，促进全球金融市场开放。

（二）金融科技发展，也会助长跨境违法违规金融服务，导致风险跨境传染

1. 近年来，基于互联网的跨境非法金融活动持续活跃。澳大利亚金融监管部门让苹果公司、谷歌下架了 300 多个 APP 应用软件，主要是有些公司未经过市场准入就向澳大利亚居民提供金融服务。俄罗斯央行关闭了

400 多家网站，因为这些网站违规向俄罗斯居民提供金融服务。

2. 互联网是把"双刃剑"，一定程度上增加了打击难度。一方面，互联网使信息更加易得，有利于解决信息不对称问题，更容易实现规模效应，强化金融业务正外部性。另一方面，由于信息传输迅速、受众广泛且不确定、信息难辨真伪等特性，在某种程度上，互联网金融的风险因素更易突发并迅速扩散，非法行为危害更广、传播更快、打击难度加大，负外部性也更大。

3. "跨境交付"模式下的跨境金融服务不易对消费者实施有利保护。例如，在实践中，非法外汇保证金交易就出现过严重损害消费者/投资者利益的案例。除交易亏损外（据境外外汇经纪商介绍，外汇保证金交易30% 的客户是盈利的，70% 的客户是亏损的），网站"跑路"、诈骗等也是造成投资者受损的重要原因。近年来，IGOFX、万象国际外汇、恒星外汇等相继跑路，消费者损失惨重，哭告无门。

4. 对服务接受国来说，风险主要是扰乱当地金融秩序，积累金融风险。一方面，通过互联网开展跨境金融活动，可以绕开所在国关于商业存在的市场准入要求（这类准入要求一般较为严格）。在现行金融监管模式下，规避了监管视线。从跨境资金流动角度而言，也易诱发地下交易，突破监管政策，对跨境"三反"带来挑战。另一方面，如果服务接受国金融监管部门对此类业务尚无市场准入管理，也无完备的管理体系，在"无监管"的状态下野蛮生长，金融风险将逐步累积，一旦风险暴露，将对服务接受国金融体系造成严重打击。

5. 对服务提供国来说，风险主要是难以监管本国机构在境外的行为，可能损害投资人利益、损害国家形象。此外，服务提供国也难以对"出海"资金实施监管。如资金受损，则境内投资者将面临利益缺乏保护的问题，也会间接影响境内金融体系的稳定。

6. 究其原因，主要是不同国家基于战略、利益和理念的不同，对于本国金融活动的监管宽严标准各异。全球范围内金融活动存在向监管宽松区域和低洼地带移动的动力。而互联网技术和金融科技的发展，使得这种移动更加"便捷"。相对来讲，发展中国家法制不健全，行为监管能力较为薄弱，监管范围和水平有限更为明显。从我国目前打击非法外汇保证金交易的经验来看，未来一段时间内发展中国家面临的跨境非法互联网金融活动可能会增多，风险和处置难度也会加大。

四、加强"跨境交付"模式下的跨境金融服务的行为监管

（一）从国际经验看，有必要对"跨境交付"模式下的跨境金融服务加强行为监管

1. 在"跨境交付"模式下，监管难度较大。对服务接受国和服务提供国来讲，在服务贸易四种模式中，"跨境交付"因只有服务跨境，对服务提供者的监管难度较大。随着金融科技的发展，通过互联网向全球消费者提供金融服务，是较为典型的跨境金融服务，而其主要通过"跨境交付"方式实现。因此，服务接受国和服务提供国对互联网跨境金融服务的监管难度较大。

2. 消费者保护的需要。跨境金融服务因涉及本国市场开放及消费者权益保护，国际上一般采取严格的监管措施。如要求外资向本国提供金融服务必须设立商业存在、开展金融服务必须经过许可等。与此同时，跨境监管合作也日益强化，部分司法辖区当局通过签署谅解备忘录（MOU）的形式增进信息共享，开展联合行动搜集违法行为的证据材料，联合东道国共同打击通过互联网违法提供金融服务的他国机构。

3. 近年针对线上交易的金融产品，由于极易伴随欺骗性或误导性营销损害消费者权益，各国监管更趋谨慎。例如，2016 年，法国金融市场管理局公布关于外汇、二元期权、差价合约的广告禁令；2018 年，国际证监会

组织（IOSCO）发布了《零售 OTC 杠杆产品报告》，提出改进外汇现货、二元期权、差价合约等杠杆产品监管的指导意见，鼓励更有效打击这一领域的非法活动。

4. 在国际上多双边自贸协定中，在"跨境金融服务"高水平开放的同时，也会明确要加强管理。例如，即便在服务贸易开放水平相对较高的 TPP 协议框架内，虽允许服务提供者在其他国没有商业存在的情况下提供跨境金融服务，但仍要求其在对方国家完成跨境金融服务提供的商业注册或取得该国相关监管部门的授权。

（二）初期可要求外资以设立商业存在方式提供金融服务

作为服务接受国，出于维护本国市场开放程度及消费者权益保护的需要，可要求外资向本国提供金融服务必须设立商业存在、开展金融服务必须经过许可等。以"商业存在"模式提供金融服务。作为本国注册成立的金融机构，纳入本国现行金融监管体系，对本国金融监管体系影响较小。国际上一般也采取类似的严格监管措施。例如，2018 年 12 月 7 日俄罗斯国家杜马提出国家支付系统法律修正案，要求未在俄罗斯注册的外国支付系统运营商必须在俄罗斯开设代表处，并从俄罗斯中央银行获得转账许可。如我国支付宝和微信未在俄罗斯设立商业存在并获得许可，根据该法案，将被禁止向俄罗斯公民提供转账服务。

（三）从中长期来看，需逐步提高我国金融服务市场开放水平，提高"跨境交付"模式下跨境金融服务的开放度

1. 分步骤开放

一是初期以"正面清单"方式对外承诺开放金融服务。主要考虑，目前我国的金融服务还是遵循 GATS 框架下的基本规则，GATS 框架下仍以"正面清单"方式承诺开放金融服务，且"正面清单"开放方式，符合我国目前开放实际，有利于满足我国金融防风险需要。根据我国加入世贸组织的承诺，我国已对部分保险服务、证券服务以及金融信息数据服务承诺开放。下一步，可按照扩大正面清单的开放思路，逐步将更多的可开放的金融服务项目纳入正面清单中。

二是未来随着开放程度的不断提高，可逐步转为"负面清单"方式对外承诺开放金融服务。但首先需具备完备的监管体系，要有能力对以"跨境交付"模式提供跨境金融服务的境外机构实施有效监管，也要有能力对本国向境外提供跨境金融服务的机构实施监管。据此，一方面，要对跨境向本国提供金融服务的境外机构实施牌照准入管理以及日常业务监管；另一方面，还要实时监测本国机构向境外跨境提供金融服务情况，并主动对本国机构在境外的展业行为实施管理。

2. 建立并完善一套与开放程度相匹配的监管体系

一是金融服务市场开放是未来趋势，封闭市场会失去参与全球竞争的机会。而且一些违法违规的跨境金融服务的出现，也是因为没有开放市场。与其故步自封，不如逐步对外开放，主动融入全球市场，增强主动性。金融是一个竞争性的行业。竞争就体现在金融是多元化的、多样化的。金融业要引入竞争，才能更加促进通过市场化机制提供更多的金融服务。要竞争，就必然要开放，对内对外都要开放，通过对外开放引入竞争，提高我国金融机构的服务能力，提供更好的服务，促进金融行业有序发展。

二是要放得开，还要管得住，要强调互联网虽然无国界，但是金融牌照必须有国界，跨境金融服务不可"无照驾驶"。随着金融的开放，会出现跨市场、跨地域、跨国界的跨境资本流动，提高金融的开放水平，必须要提高金融的监管能力。国际经验表明，只有在监管到位的情况下，金融开放才能起到促改革、促发展的作用。在开放的过程中，必须要加强监管，使监管能力与开放水平相适应。要坚持持牌经营，金融是一个具有高度敏感性和外部性的行业，必须持牌经营。要强调互联网虽然无国界，但是金融牌照必须有国界，跨境金融服务不可"无照驾驶"。任何机构通过任何方式在本国境内提供金融服务，都需要遵守当地金融监管规则，不可游离在本国金融监管之外。就跨境金融服务而言，开展业务之前必须要取得金融监管部门核发的牌照，要在监管之下严格依法经营，还要加强事中、事后监管。

三是要处理好金融创新和风险控制的关系，要建立并完善一套与开放程度相匹配的监管体系。第一，需具备健全的金融业务许可备案制度，保证本国境内所有金融业务需经许可备案方可开展，即"金融业务必须持牌经营"。本国境内所有金融业务必须在监管视线之内，避免形成监管盲区。需强调的是，如果本国尚未开展某类金融服务，境外机构也不可通过"跨境交付"方式向本国提供。第二，要具备数据监测、业务实时监测的监管网络以及数据分析、及时发现异常情况的高水平监管队伍，保证对所有发生在本国境内的金融业务的事中、事后有效监管。第三，需具备有力打击金融非法违法行为的能力，特别是在金融分业监管的模式下，监管权限尚不清晰，可能有重叠、有交叉、有空白，金融监管机构不能相互推诿，而要敢于担当，对于凡对我国金融体系有危害的金融非法违法行为，要予以精准打击。第四，金融服务提供国应加强对本国金融服务提供者在境外提供金融服务的合规管理。目前，我国已经逐渐开始关注中资企业境外机构的合规经营问题。例如，银保监会于2019年1月22日发布了《关于加强中资商业银行境外机构合规管理长效机制建设的指导意见》（银保监办发〔2019〕13号），要求在境外设有经营性机构的中资商业银行，健全跨境合规管理机制，提高跨境合规管理有效性。国家发改委等7家单位联合发布《关于印发〈企业境外经营合规管理指引〉的通知》（发改外资〔2018〕1916号），要求开展对外贸易、境外投资、对外承包工程等"走出去"企业及其境外子公司、分公司、代表机构等境外分支机构，建立合规管理框架，完善合规运行机制，加强合规风险识别、评估与处置，开展合规评审与改进，培育合规文化，形成重视合规经营的企业氛围。对于以

"跨境交付"模式提供跨境金融服务的境内企业，也要提出类似合规管理要求，加强对"跨境交付"模式下的跨境金融服务行为监管。

3. 加强"跨境交付"模式下的跨境金融服务全球治理

在"跨境交付"模式下，加强国际监管合作是必要的。在 A 国服务提供者跨境向 B 国提供金融服务的情形下，如果 A 国服务提供者违反了 B 国法律，根据国际通行的管辖标准，A 国基于属人管辖，可以对 A 国服务提供者实施监管。B 国基于属地管辖，也可以对 A 国服务提供者实施监管。但对于 A 国来讲，其难点在于难以获得在 B 国违法行为的证据。对于 B 国来讲，A 国服务提供者并未在 B 国设立商业存在，B 国面临"找不着人"的尴尬境地。因此，需通过国际监管合作，解决上述问题。

具体措施包括：一是要强调跨境金融服务的交易留痕。要实现境内境外穿透式监管、线上线下穿透式监管。二是要在双边和多边层面，加强国际监管合作，探索形成全球最佳监管标准，防范监管套利。缔结双边和多边协定时，可明确跨境提供金融服务需同时满足服务提供国和服务接受国的市场准入条件，获得两国的金融许可。三是联手打击非法，使非法跨境金融服务境内、境外无处遁形，线上、线下无处遁形。可通过签署谅解备忘录（MOU）的形式开展监管和执法合作，打击违法违规。可考虑在监管合作法律文件中约定，如 A 国管辖，则 B 国须向 A 国提供证据，A 国须将处理结果通报 B 国。如 B 国管辖，则 A 国须协助 B 国确保 A 国跨境金融服务提供者能够配合接受 B 国监管部门的调查程序及处理结果。具体个案由 A 国还是由 B 国管辖，可以双方协商确定。

附件一

富国银行独立董事及公司销售行为
调查报告*

概述

本文是一份关于富国银行董事会的独立董事们对社区银行销售行为所做的调查报告。调查由四名董事组成的监督委员会主持，独立法律顾问公司——Shearman & Sterling 律师事务所协助。独董们的调查目标是为了解社区银行产生不当销售行为的根源，确定采取何种补救措施以杜绝此类问题，并重建客户对银行的信任。Shearman & Sterling 律师事务所为此开展了 100 次采访，并查阅了超过 3500 万份文件。

主要调查结果

不当销售行为源于社区银行销售文化和绩效管理体系的扭曲，外加激进的销售管理模式。多种因素交织在一起，不断向员工施压，迫使其向客户推销了不想要或不需要的产品，并在某些情况下开设了未经授权的账户。富国银行分散的公司治理结构赋予了社区银行领导层太多的自主权。他们不仅不愿改变销售模式，甚至不愿将其视为引起问题的根本性原因。他们抵制并阻碍外

---

* 富国银行官方网站。

部的审查和监督，并在不得不向上汇报时极力隐瞒问题的严重性和本质。

富国银行的前任首席执行官过于依赖银行数十年的成功交叉销售经验，以及客户和员工积极正面的反馈，未能及时调查或质疑社区银行的销售业务，也没有意识到问题的严重性和银行面临的重大声誉风险。

富国银行的公司管控职能受制于分散的组织结构和对业务部门高度倚重的销售文化。此外，银行一直以来解决问题的方式使其忽视了对于更广泛背景的考虑，导致其错失了分析销售问题，并确定其规模及使其受到更高关注的机会。

直到 2014 年，销售问题才被董事会认定为值得关注的风险。到 2015 年初，管理层报告称补救措施正在发挥作用。在 2015 年和 2016 年，董事会定期对销售问题进行讨论，但管理报告并未准确地说明销售问题的范围。董事会仅仅了解到，在 2016 年 9 月与洛杉矶市检察官、美国货币监理署（OCC）和消费者金融保护局（CFPB）达成的和解协议中，约有 5300 名员工因其不当销售行为被解雇。

改革与问责

董事会多措并举，支持管理层采取措施解决这些问题。一是重组了社区银行领导层，取消了销售目标，对薪酬激励措施进行了改革，并进一步加快了控制权的集中化步伐。二是将银行主席和首席执行官的角色分开，完善监督委员会的章程，成立新道德操守监督办公室并定期向董事会汇报工作。调查结果显示，该委员会已解雇了五名社区银行的高级管理人员，并对管理层进行了薪酬没收、追回和调整等形式的处理，合计金额超过 1.8 亿美元。

引言

2016 年 9 月 25 日，富国银行董事会的独立董事们成立了一个监督委员会，对富国银行社区银行的销售行为问题进行全面调查。此报告列出了调查的主要事实结果。

该报告经过独立董事的审查和批准，共分为三部分：第一部分描述了调查过程；第二部分提供了委员会的主要调查结果和结论的摘要；第三部分在调查结果和结论的基础上，详细介绍了包括社区银行高级管理人员、富国银行管理层和董事会的控制职能在内的有关销售行为管理的补救措施。同时，该委员会还被授权调查并向董事会就是否接受或拒绝由银行股东在董事会上提出的衍生诉讼请求给出建议。董事会对于这些请求将单独予以回应，在此报告中不予赘述。

调查过程

独董们于 2016 年 9 月 25 日创建了监督委员会，由 Stephen W. Sanger（董事会和委员会现任主席）、Elizabeth A. Duke（董事会副主席）、Donald M. James 和 Enrique Hernandez 四名独董组成。独董们授权该委员会采取适当和必要的行动审查不当销售行为，并报告调查结果和提出政策建议。独董们聘请了独立于富国银行的 Shearman & Sterling 律师事务所协助调查。

调查期间，Shearman & Sterling 律师事务所通过会议、电话会议和与相关团体及个人间的通讯联系等方式定期向委员会报告。此外，还在三次董事会上向所有独董进行了汇报。

直到 2017 年 4 月 8 日，富国银行的管理层才收到这份报告和中期调查结果。为配合调查，富国银行提供了调查要求的证人、文件和其他信息。此次调查范围广泛，Shearman & Sterling 律师事务所对富国银行董事会和其他相关部门的现任和前任员工进行了 100 次访问，主要采访与销售行为有关的各领域的高级管理人员。此外，Shearman & Sterling 律师事务所还代表富国银行对下级员工进行了数百次的采访，审查了由富国银行内部调查组对因违反销售诚信规定而遭解雇的下级员工的 1000 多次调查的有关信息。

Shearman & Sterling 律师事务所向富国银行申请调阅了数百份文件和材料，并收到 3500 多万份文件，其中包括 300 多名管理人员的通讯信息和其他材料。此外，Shearman & Sterling 律师事务所还审阅了富国银行数千份有关外部调查的文件，并委托 FTI 咨询公司（一家法律咨询和数据分析公司）开展法律咨询和数据分析。该咨询公司可直接且不受限地访问富国银行的相关账户、人力资源系统和数据库。

摘要

当董事会的独董们被授权进行此次调查时，其目的不仅仅是为了确定赔偿或进行追责，而是为了审查不当销售行为的根源并评估企业结构、企业文化及个人行为对富国银行客户造成的损失和对银行的品牌及声誉所造成的巨大伤害。董事会本着汲取经验教训的精神，以促进问责制的落实和加强组织管理为目标，尽可能减少未来此类事件再次发生的可能性。报告的这一部分总结了调查的实际结果，并将在随后的章节中予以详细描述。报告还列出了一些为应对销售实践中产生的问题而已经和正在采取的关键步骤、纠正措施及最终的调查结果。

社区银行

作为一个将自身视为销售组织且拥有分散的企业治理结构的机构，富国银行及其下属的社区银行在"愿景与价值观"的指引下在市场中取得了长期的优异表现。虽然销售目标、以销售为导向的企业文化或分散的公司治理结构并不一定都是坏事，但这些因素却不幸在富国银行累积产生了巨大的负面效应，并以失败告终。富国银行倡导的愿景和价值观与其下属社区银行强调销售目标间的冲突越来越多。在一种极其倚重业务条线管理的企业文化（具体表现在多次重复"把公司当成是你自家的那样去经营"这一口号）的引导下，社区银行的高层扭曲了销售模式和绩效管理体系，并营造出了一种引发低质销售和不正当、不道德行为的不良氛围。

社区银行的高层对其销售模式有着深刻的坚持。该模式通常要求其销售的诸如支票账户、储蓄账户和信用卡等在内的产品的数量每年都要有显著的增长。即使受到区域领导层的质疑，社区银行高层也没有意识到他们将销售目标定得过高，且越来越难以为继。

随着时间的推移，即使高级区域经理们质疑和批评越来越不切实际的销售目标——认为他们销售给了客户既不需要也不使用的产品——社区银行的高层仍容忍了低质账户作为销售驱动型组织必然附带的产物。相反，社区银行的高层领导担心，过多地要求质量会降低产品的销量；更普遍的是，高层领导不愿采取他们认为可能会对社区银行业绩产生负面影响的措施。他们没有充分考虑到低质账户可能是未经授权的账户，而是将低质且未经授权的账户以及其他员工的不当行为归咎于个人的道德问题和管理不善，而非社区银行的销售模式，反倒是更方便的做法。

为协助调查，独立法律顾问公司——Shearman & Sterling 律师事务所聘请了 FTI 咨询公司。该公司分析了各种指标以确定社区银行销售文化所产生的影响。首先，它检查了富国银行违反销售诚信，以及与解雇雇员和员工辞职相关的指控调查数据。其次，分析了有关社区银行客户出资比率，即客户将初始存款存入新的支票和储蓄账户的信息。尽管客户可能因众多原因而没有将资金存入某个账户，但较低的客户出资比率（新账户比例低于最低存款的比例）仍表明有些客户被销售开设了可能不想要或不需要的账户。

数据中的趋势表明，随着销售目标变得更加难以实现，指控和遭解雇的雇员数量都在增加，与此同时，新开设账户的质量则在不断下降。因此，从 2007 年第二季度起与销售诚信相关的指控以及由此引发的雇员解聘和员工辞职数量都在不断上升，并在 2013 年第四季度随着一篇披露了洛杉矶地区存在不正当销售行为的报道公布于众而达到顶峰。自 2013 年开始，当社区银行和公司管控部门开始将更多的资源和关注度集中于这一问题，且销售目标的增长有所缓和后，在销售诚信方面的指控和与此相关的解雇雇员和员工辞职的数量才稳步下降。

这一情况可通过客户出资比率的增减反映出来。从 2005 年的约 90% 下降到 2012 年的 80% 以下，之后在 2013 年有所上升，此后持续攀升，到 2016 年超过 95%，与 2013 年之后富国银行对销售行为的关注程度持平。

2013 年计划销售目标的减少反映出，虽然社区银行确实采取了一系列措施来解决与违反销售规范和积极销售目标相关的问题，但这些步骤是渐进的，且实施缓慢，不足以解决根本性问题。无论是不当行为的范围，还是解雇员工的数量，社区银行高层都不愿将其视为系统性问题。通常管理层采取的做法是责怪那些违反规定的员工，却没有分析其背后的原因。显然，他们将问题造成的影响与产生问题的原因混淆了。当富国银行确定不当销售行为时，其处理方式通常是解雇那些违规员工，而不考虑违规行为的原因或确定有没有需为此承担后果的责任人——这些人虽可能没有直接指示其下属开展具体的不当行为，但却创造出一种更容易导致这些违规事件发生的环境。社区银行负责人 Carrie Tolstedt 和她的一些高级经理没有足够重视不恰当和不道德的销售行为对富国银行品牌和声誉造成的重大风险，甚至没有认识到对客户的财产造成损害或其他损害的潜在可能性。

此外，保持销售模式不变和销售额增长意味着社区银行的绩效管理体系必须对员工施加重大的压力，在某些情况下是极端的压力，才能达到或超过其目标。许多员工认为，不能完成销售目标可能（有时确实会）导致被解雇或职业生涯受阻（来自其主管的批评指责）。作出不当行为的员工往往将其行为与销售压力而不是薪酬激励联系起来，尽管后者与客户服务或其他因素相比过分重视销售额而导致了问题的产生。相反，员工认为最有可能获得赞誉、奖励和支持的是那些取得高销售额的员工。

在洛杉矶和亚利桑那州等不当销售行为的多发之地尤其如此。那里的银行家和极端压力密切相关。在某些情况下，他们每天多次致电下属，检查其销售业绩，指责那些未达成销售目标的员工。某些管理者也明确鼓励下属向客户出售不必要的产品以达到社区银行的销售目标。

社区银行自视为一个类似于零售店那样的销售组织，而非服务型金融机构。因此，持续关注销售业绩、缩减对员工的培训时间和员工的高流动性在这里就变得不足为奇了。

富国银行的分散式（权力下放式）组织结构和对业务线的遵从促成了这种环境的持续存在。Tolstedt 和她的小圈子是封闭且心存戒备的。他们不喜欢受到挑战或被质疑。即使是社区银行的高层领导也经常害怕或不愿提出不同观点。Tolstedt 有效地挑战并抵制了社区银行的内外部审查。她和集团风险官不仅将这些问题掩盖了起来，不让外界知晓，还阻止银行内部处理此事，包括阻挠董事会得到关于因违规销售而遭到解雇的员工数量的信息。尽管他们这样做可能是想通过自己的力量来解决这些问题，而非鼓励不正当行为的发生，但对富国银行而言，后果和代价都是巨大的。

正如调查所证实的那样，解决不当的销售模式和不当销售行为根源的唯一途径是强调其他绩效指标，并放弃通过销售目标和销售驱动激励计划向员工施加压力的做法。经董事会同意，富国银行于 2016 年 9 月 13 日宣布，社区银行将取消零售银行的产品销售目标。同时，为改变原先错误的薪酬激励政策，富国银行于 2017 年 1 月制定了一项新的激励计划，其重点在于客户服务而非产品销售。

此外，董事会还于 2017 年 2 月 21 日，根据调查后的结果宣布解雇 4 名社区银行高管：集团风险官、战略规划和财务主管（主要负责监督销售目标和激励机制）以及洛杉矶和亚利桑那州两位高级区域经理（鼓励和部署开展不当和过度的销售行为）。与此同时，对于那些讲求诚信、工作努力、且对过高销售目标和不当销售行为提出质疑和表示担忧的其他社区银行高层，董事会予以表彰和重用。

此前，董事会于 2016 年 9 月 25 日没收了 Tolstedt 1900 万美元的未归属股权奖励，并裁定其不应领取奖金或遣散费。2017 年 4 月 7 日，人力资源委员会与独董们认定董事会于 2016 年 9 月 25 日就 Tolstedt 终止雇用事宜所作出的决定合理，因而没收其股票期权奖励（目前内在价值约为 4730 万美元）。

高级管理人员

John Stumpf

2016 年 9 月 29 日，在众议院金融服务委员会的证词中，John Stumpf 表示，其"对我们零售银行业务中所有不道德的销售行为承担全部责任"，并坦白了自己"没有更早地解决这一不可接受行为的原因"。虽然责任肯定不在于 John Stumpf 一人，但他明确承认自己犯了重大错误，并帮助创造了一种文化，导致其在销售实践中被滥用。

经过几十年的成功经营，Stumpf 是富国银行分散经营商业模式、交叉销售和销售文化的主要支持者和拥护人。但在 2013 年及其后的几年里，他对社区银行的承诺却影响了他的判断。甚至有越来越多的迹象表明，在银行声誉受到严重恶化和威胁的情况下，他非但没有挺身而出，反而依赖社区银行来解决这一问题。抱着社区银行的领导层有责任"像他们拥有的那样"经营这个企业的态度，Stumpf 没有参与调查并进行批判性分析以充分了解问题所在。正如下文所讨论的，向他报告的公司治理部门以及他所信赖的部门同样受到银行分权模式的制约。

即便已有所觉察，Stumpf 对销售文化的承诺仍促使他采取了大事化小、小事化了的做法。Stumpf 本质上是个乐观的管理者，因此他拒绝接受销售模式严重受损这一事实。他始终认为问题只是由一些害群之马造成的，而绝大多数员工的行为都是正常的。显然，当他意识到应对基本的商业模式进行检查或自省时，已为时太晚。

此外，Stumpf 与 Tolstedt 长期的工作关系也影响了他的判断。2015 年底前，Tolstedt 一直受 Stumpf 领导。虽然 Stumpf 很欣赏她作为一名银行家所具有的素养，以及她多年来为社区银行所做的贡献，但他也意识到，包括董事会的首席独立董事和风险委员会主席在内的许多人在看了她在销售实践活动中的表现后都开始怀疑她是否仍是领导社区银行的合适人选。尽管如此，Stumpf 在处理这些问题时仍过于迟缓。

2016 年 9 月 25 日，Stumpf 承认，他对那些无法令人满意的零售银行销售行为负有责任。他向董事会表示同意放弃他所有未获得的股权奖励，金额约为 4100 万美元，并且他的 2016 年年度奖金也被扣除。他于 2016 年 10 月 12 日辞去 CEO 和董事长一职。2017 年 4 月 7 日，董事会还决定，富国银行将追回 Stumpf 所持有的 2013 年制定并于 2016 年发放的价值大约为 2800 万美元的股权激励。

Tim Sloan

Sloan 在 2011 年至 2014 年间担任首席财务官，之后担任零售银行主管，直到 2015 年 11 月被提升为总裁和首席运营官。之后，他成为了 Tolstedt 的直接主管，并在几个月前评估了她的表现，然后决定她不应该继续领导社区银行。

在他此前的两个职位中，Sloan 几乎没有接触过销售业务。同时，他对于银行内部对 Tolstedt 控制欲强，不接受批评，也不善于和其他部门合作之类的抱怨也有所耳闻。但由于岗位职责不同，在成为总裁和首席运营官之前，他无法直接参与解决销售业务方面的问题。

公司管理部门

报告的这一部分描述了富国银行的管理部门，尤其是企业风控部门、法律部门、人力资源部门、内部调查和审计部门，是如何处理社区银行的销售行为问题的。几个共同的主题——再次与富国银行的文化和结构密切相关——阻碍了这些部门有效地分析、衡量和提升销售行为问题的能力。

首先，富国银行的分散式（权力下放式）组织架构使集团职能在社区银行一级的部门中也予以了平行设置，从而妨碍了集团对社区银行的掌控和影响力。从历史上看，富国银行的风控职能是高度分散的。业务风险经理主要对企业负责人负责，并在自己业务部门内率先评估和处理风险。包括董事会常务委员会主席在内的董事会风险委员会，于 2011 年成立并负责监督整个集团的风险。此设计始于 2013 年的多年期项目计划，该计划包括拟推动公司风险管理部门的快速发展，同时使风险管理职能集中化，以增强该部门对各业务条线的全面风险监管能力。根据该计划，董事会支持 2014—2016 年增加专项资金投入企业风险部门。但随着 2013—2015 年社区银行的销售行为问题日益突显，企业风控部门的工作仍在慢慢推进中，而首席风险官对于社区银行的权力也十分有限。随着事态的发展，他对于社区银行风险问题的了解由于依赖集团风险官员而受到阻碍，同时他基本上也仅仅试图哄骗和劝说 Tolstedt 与社区银行只对销售行为相关的风险作出回应。

同样，分散的人力资源管理结构也导致其对销售行为问题的范围和性质缺乏了解。几乎所有销售案例和问题都涉及人力资源职能的某些方面，包括雇员的雇用终止、雇用、培训、指导、纪律、薪酬激励、绩效管理、人事变更、情绪、工作环境、索赔和诉讼。尽管如此，无论是在社区银行还是在集团层面，人力资源部门都没有对销售行为问题进行追踪、分析或报告。

控制职能的碎片化和分散化需要而且正在得到解决。2016 年，4100 名风险从业人员被从业务部门调至集团风控机构，2017 年还将有 1100 人进行类似的岗位调整。同样地，富国银行还于 2016 年重新调整和整合了人力资源团队，包括其薪酬及人员的从属关系。其中，社区银行的人力资源主管不再向社区银行负责人汇报工作，而是向集团人力资源部门报告。

其次，遵从于业务条线管理的企业文化也被相应地带入企业的治理功能中。此前，即使当高级主管意识到社区银行内部的销售行为是个严重的问题或没有及时得到充分解决时，他们还是依赖 Tolstedt 和她的高级经理们采取相关措施。这种服从的文化在 Tolstedt 这儿被进一步放大，因为她在过去社区银行取得了巨大成功而受人尊敬，同时她也得到了首席执行官的大力支持，而且众所周知她非常抗拒外界的干预和监督。

再次，相关风控部门在应对一些问题时，常常采用一种狭隘的"事务性"方法。他们关注的往往是具体的员工投诉或在此之前的个人诉讼，却错过了将这些个案放在一起审视，并发现这些问题实际指向了更严重，且更具系统性的销售行为问题。例如，尽管人力资源部门在其系统中记录了大量信息，但它却没有开发出整合销售行为问题相关信息的方法，并对其进行报告。

同样地，法律部门的律师们也对不正当的销售行为及其原因有了清晰的认识，事实上，他们通过形形色色的委员会及其他方式为解决这一问题作出了很好的尝试。然而，法律部门，尤其是高级别人士，并没有讨论或重视社区银行的销售行为问题的严重性及其规模，也没有充分考虑是否存在违法行为的模式。相反，该部门的重点是在出现问题时提供一些法律问题的建议以及处理富国银行在面临某些诉讼风险方面的问题。

同样，审计也是如此。审计审查了相关的风控措施和流程，发现它们总体是有效的；然而，尽管它可以获取关于销售行为的信息，但它并不认为自己有义务去更深入广泛地分析不当行为的根本原因。

最后，直到 2015 年，即使销售行为已在提交给董事会风险委员会的材料中被贴上了"高风险"的标签，在富国银行的风控部门中还有一种普遍的看法，即认为销售行为的滥用是一个相对不严重的问题，就好比是一种可以容忍的或没有产生受害者的轻微犯罪。这种对销售行为的轻描淡写部分源于错误的认知，且这种错误认知一直持续到 2015 年。这种不当做法也没有给任何客户造成伤害，而伤害客户本身被狭隘地理解为只对客户造成了金钱上的损失，比如费用和罚金。这种错误认知使它很容易低估滥用客户信息以及不当销售行为而导致的信任违约对富国银行品牌和声誉所带来的损害。

在 2017 年 2 月 28 日，董事会基于高层领导对运营和声誉风险的集体问责制，降低了富国银行运营委员会 8 名成员的薪酬，其中包括企业风险部门、法律部门、人力资源和审计部门的负责人。这些人的 2016 年年度奖金被取消，2014 年的绩效奖金也被减半，被扣减的薪酬总额约为 3200 万美元。根据此次调查结果，后续没有调整运营委员会成员薪酬的计划。

董事会

2014 年 2 月，继报刊发表文章公开批评富国银行在洛杉矶的不当做法后，银行管理层将销售行为确定为董事会和风险委员会"需要特别关注的风险"。此前，销售行为问题从未被董事会确定为值得关注的风险。2014 年，董事们收到了来自社区银行、企业风控部门和企业人力资源部门的报告，称销售行为问题正受到审查和关注，到 2015 年初，与此相关的风险已有所降低。与此同时，如上文所述，风险委员会和首席风险官仍在继续着 2013 年开始的项目，以收集更多来自企业风险部门的资料。

2015 年 5 月，洛杉矶市检察院提起诉讼，指控富国银行在洛杉矶的分支机构普遍存在不当销售行为。与此同时，对销售行为的监管审查也进一步加强。在 2015 年 5 月事发到 2016 年 9 月宣布达成和解期间，董事会和风险委员会在多次会议上强调了销售行为问题，解决洛杉矶的诉讼问题，并对监管作出回应，同时也对客户受到的伤害进行了补救。董事会和风险委员会授权保留第三方顾问来调查在社区银行发生的销售行为和流程情况，并对客户的伤害和补救措施进行分析。

虽然管理层通过书面报告形式向董事会和风险委员会明确了销售行为问题是值得关注的风险，但于 2015 年 5 月和 10 月分别向风险委员会和全体董事提交的书面报告和进行的口头汇报在内容上并不充分。董事会成员因而相信，他们被 2015 年 5 月向风险委员会做的那次报告的内容所误导。在那次报告中，仅仅披露了 230 名雇员在社区银行遭到解聘，却没有提供风险委员会明确要求的全社区银行遭解聘职员总数，而实际人数却远超230 人。此后，Tolstedt 于 2015 年 10 月向董事会提交的报告也被董事们普遍认为是在缩小事态和低估社区银行的问题。

2016 年 5 月，董事会审计和审查委员会（A&E）收到一份书面报告，提供了 2014 年和 2015 年社区银行违规销售行为的准确数据：其中，2014年为 1327 起，2015 年下降了 30% 至 960 起。2016 年 7 月，审计和审查委员会获得了 2016 前 5 个月的违规销售行为数据：其中，社区银行有 483起。Tolstedt 于 2016 年 7 月 31 日离开社区银行。

2016 年 9 月 8 日，通过与消费者金融保护局（CFPB）、美国货币监理署（OCC）和洛杉矶市检察院达成和解，董事会第一次获悉：在 2011 年 1月至 2016 年 7 月间，大约 5300 名富国银行员工因违规销售行为而被解雇。此后不久，销售计划的中止和相关调查就开始了。

委员会认为，董事会的行动本可在三个方面得到改善。首先，如前所述，尽管 2013 年风险委员会和董事会发起了一项综合性计划来增加资源和提升公司风险控制的有效性，但其实富国银行早该向集中风险控制的方向去走。虽然银行内部对集中风险控制仍存在较大分歧，但事实证明强有力的集中监管对于风险管理是最有效的。

其次，董事会和风险委员会从 2014 年 2 月起就收到管理层的报告，承诺银行的企业风控部门、人力资源部门和社区银行都正在加强监管，或是在积极应对不当销售行为的滥用问题，而这些问题已呈下降趋势。然而，管理层的报告总体上缺乏细节，没有具体的行动计划和相关指标来监督计划的执行情况。风险委员会和董事会本该制定更为详细和具体的计划，但却被推迟至 2016 年。

再次，鉴于董事会在 2015 年 10 月的那次董事会上对 Tolstedt 领导能力的怀疑和不满，董事会本应敦促 Stumpf 委任新人领导社区银行，使其得以更好地发展。

最后，在此次调查尚未结束之前，董事会就对自身的公司治理做了一些改变。2017 年初，富国银行成立了全新的道德、监管和诚信办公室，将原先其全球道德规范和诚信、内部调查、销售行为和投诉监督等职责整合了进去。同时，风险委员会的职责也相应扩大，负责对其进行监督。该部门将每年至少 2 次向董事会汇报其自身工作及相关活动的开展情况。同时，在人力资源部门的支持下，董事会还对《人力资源委员会章程》进行了修改，扩大了对激励性薪酬风险管理计划的监督，并加强对解聘员工、企业文化和道德热线（EthicsLine）等方面的监督。此外，董事会对《企业责任委员会章程》也进行了修订，使委员会可以收到来自管理层的关于客户的投诉和来自其他类似道德热线渠道的与客户相关的道德规范问题方面更为全面和详尽的报告。此外，董事会将 A&E 委员会对于法律法规层面的监管职责进一步延伸，将公司的合规文化一并纳入其中。这些举措应会有利于明确董事会对行为风险的监督，使审查和监督更为集中和高效，同时进一步增强审查和监督部门向董事会汇报造成富国银行销售文化体系崩溃这一类问题的力度。

社区银行

一、简介

富国银行的分散经营模式是从西北银行继承而来的。从 1998 年两家银行合并之时起，公司的内部理念就是"把公司当成是你自家的那样去经营"。这一指导原则囊括了富国银行自由的传统业务路线，它不仅可以自行决定商业活动，还能独立行使行政及监管职能，比如风控和人力资源。

Carrie Tolstedt 是富国银行的高管之一，2002 年她被提升为社区银行区域银行主管，2007 年又被提升为社区银行负责人。尽管富国银行的分散经营模式赋予了 Tolstedt 独立的地位，但她成功的经营案例和出色的财务业绩才是使她能保持和增强权威的重要因素。

二、社区银行积极的销售文化

社区银行的销售模式强调销量，且十分依赖持续的年销售增长。每年，负责特定零售银行领域的区域银行领导所设定的投入目标会随着时间的推移有所增减，而销售目标最终则压在了社区银行领导的肩上，特别是对于社区银行的战略规划和财务主管 Tolstedt 和 Matthew Raphaelson 而言。在许多情况下，社区银行领导层将其认为无法实现的计划称为 50/50 计划，这意味着只有一半的地区能够达到他们的预期。

目标一旦设定，销售目标就会被分配到各个区域，最终流向富国银行的零售银行分支机构，在每一个不同的等级上，员工的表现与这些目标相关的业绩挂钩，并对销售业绩进行排名。同时，员工的奖金和晋升机会也会依据目标而定。这一制度给员工完成目标造成了巨大压力，甚至在某些地区，地方或区域经理会对其下属施加过多的压力。

（一）区域银行范围的排名和竞赛

1. 激励报告

区域银行范围内的销售报告过程包括依据个人、分公司和区域销售目标间的竞争进行多次排名。参与者将每日和每月的"激励"报告视为其压力的来源。这些报告包括月度、季度和年度的销售目标，并且对销售排名的关注一直延续到零售银行。报告的发行范围及其对销售排名的关注度加大了管理人员的压力，使一些人产生"生与死"的激进想法。参与者还说，某些地区的这种极具竞争性的氛围，在很大程度上是由定期排名这种安排造成的。在社区银行举办的"领导人峰会"上，地区管理层建议改变或消除他们之前坚持的靠羞辱文化和销售压力来进行激励的方法。此后，激励报告这一做法终于在 2014 年被取消了。

2. 零售记分卡

同样，零售记分卡在社区银行内也产生了巨大的销售压力。Tolstedt 在接管社区银行后创立了记分卡，用于衡量雇员或经理的执行情况与销售计划间的差距。记分卡分为业务驱动因素和日常更新两部分。员工和管理人员可以依据销售计划随时检查雇员或经理的进度，并且他们也被鼓励去这样做。部分经理把满足记分卡的要求作为唯一的目标，这也被称为"管理记分卡"（Managing to the Scorecard）的策略。结果，这些向经理汇报的员工为了达到记分卡所设定的目标，一直承受着巨大的压力。

3. 销售活动（包括"跃入一月"活动）

区域性的银行销售活动，特别是"跃入一月"活动（Jump into Janaury），也随着时间的推移越来越不规范。"跃入一月"活动始于 2003 年，目的在于激励员工通过实现和超越 1 月份的目标来开始新的一年。每年的 1 月份，社区银行都会给员工制定更高的日销售目标以及更高的奖励。虽然很多知情者认为此项活动的出发点是好的，但他们几乎广泛认同，该项活动的初衷随着时间的推移越来越变味了，并成为滋生不良行为和负面销售文化的温床。据知情人回忆称，银行要求员工去寻找潜在的可以帮助他们实现 1 月份销售目标的朋友和亲人，并列出名单。此外，从 12 月份到次年 1 月份他们会暂停开户，以便达到销售目标并拿到奖励，而这种方法导致了很多低质量账户的产生。FTI 咨询公司分析滚动融资利率（社区银行使用的一种质量衡量指标，用来追踪客户给活期或储蓄账户"存钱"的速度）后认为，自 2008 年起，社区银行每年 1 月份的融资利率低于全年平均月融资利率。同时"跃入一月"活动也增加了银行雇员的流动率，甚至在一些地区，1 月份不给予员工带薪休假或培训的福利。

随着"跃入一月"活动的持续推进，许多高级区域经理开始担心过高的销售压力会使低质量账户变得泛滥，但据一位知情人士透露，社区银行对是否终止这一做法颇为犹豫，因为 Tolstedt 担心一旦终止则会影响整年的销售额。2013 年，"跃入一月"活动被"加速行动"（Accelerate）取代，即由原来的 1 月延长为第一季度。"加速行动"更加注重银行与客户的互动以及客户体验，但一些知情人士认为，"加速行动"相较于"跃入一月"活动只是名称上的改变而已。

（二）区域管理实践

一些社区银行过于强调销售排名，或使用其他的激进做法，使其负面影响进一步恶化。特别是在加利福尼亚州和亚利桑那州，它们在销售实践中存在的问题最多，其中部分原因是一些区域经理大力支持销售压力策略。

1. 洛杉矶

随着时间的推移，洛杉矶地区的销售诚信问题意外地呈现出与之并不匹配的高增长率，一些银行高层认为这与高压氛围有关。知情人士认为洛杉矶的高压氛围与 Shelley Freeman（2009 年之前她是洛杉矶区域主席，后被调往佛罗里达州任区域主席直至 2013 年）有直接关系。她是一个野心勃勃的销售经理，给行业带来了巨大的销售压力。例如，她会自己编辑并群发"激励"邮件，在邮件中她特别突出她的团队在社区银行激励排行榜中的排名并强调增加销售和排名第一的重要性。Freeman 在 2007 年 8 月的一封邮件中写道，"今早我们在激励排行榜上排名第 15 名，我们实现了 99% 的解决方案、93% 的利润和 105% 的核对。我讨厌以 9 开头的数字！我喜欢以 1 开头的三位数，比如 105 或 110"。Freeman 在"跃入一月"活动中表现得尤为积极；知情人士向我们描述了类似闯关的做法，区域经理们穿着印有特定主题的服饰站在起跑线上，然后跑到远处的白板旁并报告他们获得的销售业绩。知情者还说，Freeman 还向下属建议，不管客户是否需要都要鼓励客户购买产品。

与美联银行合并后，富国银行将 Freeman 派往佛罗里达州。她继续向员工施加着巨大的销售压力。一位知情者说，她像社区银行高层领导成员一样，为了增加销售额而极力强调实现销售目标的重要性，并容忍低质量账户的增加。例如，截至 2012 年 9 月，佛罗里达州的滚动资金率下降到 71% 左右，低于整个社区银行的滚动资金率，而这个比例本身已经下降到 77% 左右。不过也有相关人士表示，随着时间的推移，Freeman 开始把更多的精力放在销售质量上。在她去佛罗里达州的几年后，她在 2012 年发的一封电子邮件中对她之前一直坚持采取员工排名的做法表示了歉意："我的经验是，排名更多的是带来了不良行为。前几年我一直说洛杉矶在激励方面排名第一，对此我感到很抱歉。"

Freeman 在洛杉矶的继任者 John Sotoodeh 也喜欢运用高压管理的方法，特别是在没来洛杉矶之前，在圣地亚哥的时候他的这一管理风格就已十分明显。2013 年，洛杉矶成为虚拟资金中心的问题曝光时，Sotoodeh 在洛杉矶主持工作。然而，多名见证者表示 Sotoodeh 正尝试着改善洛杉矶的销售文化。他开发了一套员工识别系统。该系统除了关注员工的销售业绩外，还整合了客户体验分数。同时，他还制定了几项新的培训计划，以锻炼员工服务客户的技能，增强销售道德感，其中包括专门针对"跃入一月"活动的培训计划。此外，洛杉矶的滚动资金率也逐步地获得提高。2009 年以前，洛杉矶地区银行的滚动资金率始终（在许多时期内显著地）低于社区银行的整体滚动资金率；然而在 2009 年以后，该地区的滚动资金率持续高于社区银行的滚动资金率。

Lisa Stevens 于 2009 年成为加利福尼亚州的区域总裁，2010 年成为西海岸地区的负责人，直接向 Tolstedt 汇报工作；2014 年底 Sotoodeh 离开洛杉矶之前，Stevens 一直是他的主管，与 Sotoodeh 一起负责那些有重大销售实践问题的领域。事实上，正如她的区域领导团队所承认的，西海岸地区在她到来后仍是违反销售诚信的"不幸的领导者"。至少在一定程度上，这是由于她继承的销售文化，以及持续被社区银行领导层强烈的销售增长预期所强迫的结果。然而，为了进行销售目标模式和社区银行激励行为模式类型的改革，Stevens 成为社区银行内的一个提倡者，并与包括首席风险官 Michael Loughlin 在内的社区银行以外的高级别管理人员讨论了她的担忧。

2. 亚利桑那州

2007 年到 2017 年，Pam Conboy 担任亚利桑那州地区的银行业务领导人。在上任的两年内，他将亚利桑那州从社区银行地区销售业绩排名的最后一位拉升至第一位。多位见证者表示，Pam Conboy 之所以能做到这些不仅是通过采用有效且适当的管理手段，同时也对职员施加了巨大的销售压力，如高度重视排名和销售业绩。高度重视销售业绩可从每日多次讨论销售结果、定期"开会"、将"跃入一月"活动延伸至全年等举措中得以体现（如新增了"飞入二月""步入三月"等一系列新的活动）。许多知情者表示，Conboy 或其下属的某些部门鼓励员工不顾客户实际的需求向其出售 "重复账户"（Duplicate Accounts）。一位向 Conboy 报告的经理感叹道，亚利桑那州的地区经理 "教会了分公司经理如何在同一天销售多个与客户需求不匹配的账户"；另一位经理报告说："一些经理和销售人员在同一天为顾客开立多个 DDA 感到有点不合适，因为感觉好像他们在操纵销售系统。"Conboy 还告诉下属，他们不应过分强调质量账户，而应该遵循社区银行的最低质量标准，以免错失 "多产" 机会。Conboy 向一位地区经理表示："你们的团队应该以滚动资金率保持在 87.5% 的指导方针下去管理分支行。我们已经讨论过 100% 资金账户的机会成本，我的目标是指导你们的分支行和边际产量使储蓄滚动资金率保持在 87.5% 以上。"

尽管有见证者指出，许多地区并没有效仿亚利桑那州的做法，但 Tolstedt 仍将 Conboy 视为成功的典范。例如，2010 年 Conboy 在一次领导力会议上做了演讲，探讨亚利桑那州的做法，特别是使用日常的 "早会" 来讨论前一天的销售报告，并鼓励地区管理人员每天打多次电话给分支机构并对其进行反复检查的行为。见证者还说，地区领导人被派去研究 Conboy 的领导技巧，Conboy 也前往这些地区为其进行辅导。

三、虚假融资（Simulated Funding）

在《洛杉矶时报》的一篇文章中，富国银行的销售实践问题首次引起公众的关注，《洛杉矶时报》是一家曝光洛杉矶职员工作问题的报纸。这些问题中包括虚假融资，即有时员工在未经授权的情况下就将资金从一个客户账户转移至另一个客户的账户上，或员工存取自己的资金使得第二个账户看起来就像是由客户自己管理的一样。这种行为产生的原因是因为账户开设的数量以及这些账户内的资金存取率对员工实现销售目标和获取奖金起着决定性作用。2015 年，富国银行聘请普华永道来确认除此之外可能受到虚假融资影响的富国银行零售银行的支票和储蓄账户，分析包括 2011 年 5 月至 2015 年 7 月间所开设的账户。在这份报告中，FTI 咨询公司从时间和地理跨度上查看了潜在的虚假资金账户的开设趋势。FTI 咨询公司发现，潜在的虚假融资账户数量在 2012 年第一季度达到峰值后略有下降，并在 2013 年第三季再次达到峰值。此后，数量逐渐下降，直至 2015 年 7 月审核期截止。

当按州划分时，潜在的虚假资金账户数量显示虚拟资金的中心是加利福尼亚州和亚利桑那州。加利福尼亚州的潜在虚假融资账户数量最多，其次是亚利桑那州（佛罗里达州排名第四）。截至 2013 年，加利福尼亚州和亚利桑那州"每名雇员"账户数量（换句话说，是不同地区的不同人数的核算）比其他州的账户高得多。FTI 咨询公司在对富国银行零售银行地区的个人数据进行分析后发现，洛杉矶的奥兰治县地区银行和亚利桑那州社区银行潜在的虚假资金账户数量最多，其"每个雇员"的潜在虚假融资账户数量分别排在第一位和第三位。

四、雇用、晋升和激励员工增加了销售模式的额外风险

（一）绩效管理

雇用、晋升和激励员工的做法为社区银行的销售模式增加了额外风险。社区银行领导层经常将零售银行比作非银行零售商，这一观点导致员工高流动率的产生。2011 年 1 月至 2015 年 12 月期间，社区银行 12 个月平均人员流动率达到 30% 以上，截至 2012 年 10 月的这 12 个月期间人员的平均流动率达到 41% 以上。一些社区银行的领导认为减少流动率不是首要任务，因为他们认为高流动率是零售业务的正常现象。一位知情者表示，Tolstedt 认为总有人愿意在富国银行分行继续工作下去的。

富国银行很多分支机构的员工缺乏相关经验，因为他们把零售业务作

为工作的重点。同时，许多知情人士指出，上述因素加上高压的氛围，共同导致了员工"不按正确的方式"来处理问题。此外，知情人士还表示，经验不足的员工经常因为成功销售而获得晋升，而这些缺乏经验积累的员工成为管理者后，自然就认为成功是通过销售业绩来衡量的。知情人士们一致认为，尽管不是在所有地区，但一般情况下，社区银行所有级别员工的晋升都是基于销售业绩的。对许多员工来说，通往成功的道路就是创造比你同行更多的业绩。相反，许多员工担心由于未能达到销售目标而受到经理的处罚，虽然这份调查没有显示确切的数字，但有知情者表示员工有时会因未能达到销售目标而被调往其他岗位或干脆被解雇。

（二）薪酬激励

银行分支机构的薪酬激励计划结构是：银行员工必须达到一定的标准才能获得奖金。这个标准随着员工职位和工作时间的变化而变化。通常情况下，日销售产品、日利润、每季度售出的组合产品、季度合作伙伴推荐或每季度的贷款数量都有最低要求。一旦员工达到标准，他们就可以获得相应的薪酬，其中包含根据每天售出的产品数量、所获利润和顾客体验满意度所给予的奖金。在每一个级别（铜、银、金，有些年还有铂金奖）都有不同数量的奖金，员工只要达到规定的目标就可获得相应的经济回报。每个等级的目标都不一样，随着目标的提高，奖金水平也水涨船高。例如，在2012年第一季度，员工只要完成9个合格日销售额的目标便可获得250美元的季度奖金；达到11个合格日销售额目标的员工可获得这个数字两倍的季度奖金，而一个达到13个合格日销售额目标的员工可获得800美元的季度奖金。

2010年以后，富国银行将绩效管理与销售目标的完成率进行挂钩，使得薪酬激励、业绩评级都与销售任务的完成与否直接相关。这意味着，那些没有完成销售任务的银行家、分行经理和地区经理，不仅可能丧失获得奖金的机会，而且还面临着业绩评价不佳的后果。但是，据两位知情人士透露，在 2013—2014 年期间，社区银行人力资源部门通知说不能因未完成销售任务而裁减员工，富国银行也制定了新的评级方法。其中一位知情人士还透露，导致这种转变的部分原因是富国银行担心把销售目标与业绩评级联系起来会导致不道德行为的产生。

针对分行以上的所有区域银行经理的薪酬激励同样包括销售部分。对于地区经理来说，销售额占薪酬激励权重的三分之一（其他因素包括"利润代理"和客户体验）。从 2010 年开始，销售质量成为一个额外的组成部分（例如，在 2010 年，地区经理被要求完成 85% 的滚动资金率，否则他们的奖金将被扣减）。销售业绩同样也是高级经理（例如，地区总裁）奖金的组成部分。对于这些职位，销售额通常在薪酬激励中占 20% ~ 25% 的权重。

很多人认为，奖金方案过于强调销售业绩，而且许多人向社区银行领导层抱怨奖金计划目标定得过高，而过于注重销售业绩则会导致不合规行为的产生。由于良好的销售业绩大多被认为是完成或超过销售目标，不良的业绩在许多情况下会带给他们羞耻感或者更糟，这使得许多员工认为他们在富国银行的未来取决于他们卖出了多少产品。一位社区银行营销负责人在 2012 年 1 月发给同事的一封电子邮件中写道，尽管银行管理层越来越重视客户需求，但"我们始终把更多的注意力放在销售业绩上，而销售目标也越定越高……员工们接收到的信息仍是唯销售业绩论成败，其他的以后再谈"。

具有讽刺意味的是，2004 年 Tolstedt 在给 Stumpf 的邮件中承认了制定薪酬方案的重要性，例如他们鼓励引导适当的行为。她写道："我认为必须平衡正确的激励方案和其他措施以便确保交叉销售的质量。许多支行……开发的产品导致了不当销售行为的产生，例如他们强迫销售人员免费赠送新的账户以及多个储蓄账户等。如果激励银行经理团队每天只围绕销售业绩打转，那么问题就会出现。" Tolstedt 认为应以提高家庭用户渗透率和客户家庭盈利能力为目标进行交叉销售，而且需要基于单位和利润制定一个平衡的激励计划。"如果你只盯着一个指标，而不是建立一个综合模型，那么势必将产生低回报率，且缺乏资金支持的交叉销售行为，是不会增加收入和利润的。"然而在实际工作中，Tolstedt 却并未遵循她自己提出的建议。

五、违规销售行为的发现和增长

（一）概述

2002 年，社区银行采取措施应对违规销售行为的增长，包括建立一个诚信销售专项工作小组。专项工作小组采取了各种举措，包括开展诚信销售培训课程、实施认证措施、修改激励计划以减少不良推广行为以及利用审计程序识别可疑活动。同时，社区银行也开始追踪资金率来衡量销售质量。

2004 年，富国银行内部调查组的一名成员起草了一份解决销售行为问题的备忘录。备忘录指出，年度销售竞赛案例的增加——被定义为了获取补偿或实现销售目标而进行的操纵和（或）错误销售——从 2000 年的 63 起案例增加到了 2004 年（预计）的 680 起。备忘录指出，被解雇的员工数量也有类似的增加，从 2000 年的 21 人增至 2004 年的约 223 人。

尽管人们在 2004 年已经意识到销售行为问题的增加以及销售行为与销售激励间的联系越来越多，但这个问题仍在持续发酵。虽然银行采取了措施来解决这一问题，但知情者则表示，社区银行的领导并不情愿作出根本性的改变。相反，他们认为通过增加培训、识别风险、惩罚违规者等手段，可以有效地控制这些风险。正如一位知情者所说的，他们"没有改变模式的欲求"。

无论是社区银行的内部或外部人员，都没有充分认识到不当销售行为所造成的影响或损害，而这其中的部分原因就是未能恰当地认识该问题。首先，他们没有充分考虑到侵犯顾客利益行为的后果。当员工在没有造成明显的损失或没有特定的顾客进行投诉的情况下，个人虽会因为违反销售行为遭到解雇，但银行却并未对其行为对客户造成的潜在影响进行合理评估。即便富国银行在 2013 年《洛杉矶时报》的文章发表后调查或解雇了一些员工，也仍没有开展充分的调查来确定和解决其行为可能给客户带来的损失。虽然这可能是由于对银行系统在某些情况下如何从关联的授权账户收取未经授权的账户费用存在着错误的理解，但银行本应尽早以更多的方式来确定究竟给客户造成了多少损失。人们直到 2015 年 5 月洛杉矶的律师提起诉讼时才意识到，伪账户可能以收费的形式损害客户的利益。其次，或许更重要的是，社区银行没有考虑到因滥用个人信息或在没有得到当事人授权的情况下就擅自为其开立账户而对客户造成的非财务性损害。最后，社区银行没有充分考虑到不当销售行为是会带来严重声誉风险的。

未能正确地认识到这些问题可能也受到高级管理人员想法的影响，他们认为每年解雇 1% 违反诚信销售规定的社区银行员工是可以接受的。例如，2013 年 11 月，在《洛杉矶时报》第一篇关于销售实践问题的文章发表之后，Stumpf 询问了因违反诚信销售规定而遭解雇的人员数量。当数据显示有 1% 的员工因此类违规行为而被解雇时，Stumpf、Tolstedt 和其他社区银行的领导们都欣然接受了这一数字，他们认为这恰好证明了绝大多数人的行为是合格的。

当这个数字在 2015 年再次出现时，Stumpf 在给 Tim Sloan 的邮件中作出了类似的回应。2015 年，当因道德问题而遭解雇的员工数量再次和 2013 年显示的数量类似时，Raphaelson 写道："我难以想象这个数字竟如此之低——我认为这表明我们的员工比普通的大众更具有道德责任感（当然没有任何数据支持，只是主观评论！）。"然而高级经理们并没有意识到，1% 仅代表了那些被发现的从事不当销售行为的员工。此外，鉴于社区银行的高流动率，每年解雇1%的员工意味着，实际从事了这种本应被终止的不正当行为的员工数量远不止1%。

（二）ICE 数据

FTI 咨询公司通过审查富国银行调查受控电子数据库（ICE）中的数据，以确定被指控和被解雇的进行了不当销售行为的人员的数量如何随时间的变化而变化。被指控的参与不当销售行为的员工数量从 2007 年第二季度的 288 起稳步增加到 2013 年第四季度的 1469 起（由于在此期间员工人数显著变化，FTI 咨询公司也分析了基于"每个员工"的变化趋势，在这一时期几乎翻了三倍）。指控数量随后在 2016 年第一季度下降到 958 起。FTI 咨询公司同时也剔除了不太可能对客户产生影响的指控，专门分析了那些对客户影响可能性大的指控。指控的数量从 2008 年第一季度的低点——336 起飙升到 2013 年第四季度的高点——1050 起（按"每名员工"计算，这一比率在此时期翻了一番）。2016 年第一季度有 730 起此类指控。

FTI 咨询公司就解雇和辞职情况进行了类似的分析，这些解雇和辞职是由前一段所提及的指控所引起的调查而引发的。这些趋势与指控相同；2007 年第二季度有 61 起与销售不当行为有关的解雇和辞职事件，这一数字在 2013 年第四季度飙升至 447 起的高点（按"每名员工"计算，这一比率翻了两番）。解雇和辞职数量在 2016 年第四季度下降至 162 起。不当销售行为的子集最可能与影响顾客的因素相关，这个趋势和分析是保持一致的；解雇和辞职的数量从 2008 年第一季度的 106 起上升到 2013 年第四季度的 339 起（按"每名员工"计算，增长了 50%）。2016 年第一季度，这一数字降至 122 起。

为了确定这些数据是否与某些区域集中不当行为的证据一致，FTI 咨询公司审查了 2007 年 4 月至 2016 年 3 月的针对所有不当销售行为的指控以及员工的解雇/辞职情况。加利福尼亚州有到目前为止最多的针对销售行为的指控（占总额的 27.9%）和解雇/辞职人数（占总数的

28.2%）；佛罗里达州在这两个类别中均排名第三（分别为 9.2% 和 9.1%）。FTI 也基于"每名员工"来进行数据的调查，虽然加利福尼亚州的数值不再那么高，但它仍是前五个州中的一员（在指控方面，亚利桑那州也是如此）。在 2008 年 1 月至 2016 年 3 月期间，FTI 咨询公司对被归类为"客户许可"（未经客户授权开户）的指控和解雇/辞职数据进行了类似的分析。加利福尼亚州（占总额的 32.3%）、佛罗里达州（8.9%）和亚利桑那州（8.5%）在客户许可指控方面数量最多，加利福尼亚州（占总额的 33.3%）和佛罗里达州（9.3%）在因客户许可被解雇/辞职人数的数据中排名第一和第三。在以"每名员工"为基础的客户许可指控中，加利福尼亚州和亚利桑那州位列前五名。在以"每名员工"为基础的因客户许可而被解雇/辞职人数中，加利福尼亚州和佛罗里达州位列前五名。

（三）审查富国银行 ICE 数据库中的调查说明

与 FTI 咨询公司的定量分析不同，Shearman & Sterling 律师事务所对 2008 年至 2016 年期间发生的员工解雇和辞职的个人 ICE 调查记录中的 1341 条进行了审查，以更好地了解员工从事不当销售的原因。

1. 不当行为类型

销售行为或销售诚信问题包含一系列不当行为，其中包括从只影响富国银行的行为（如声称不恰当的转介信贷）到影响客户的行为（如开立未经授权的账户和虚拟资金）。

Shearman & Sterling 律师事务所审查的 ICE 记录中不当行为包括客户许可，通常是员工为现有客户开立未经授权的个人支票或储蓄账户；伪造银行记录是指员工帮助客户来伪造客户身份证明或伪造联系信息或伪造客户签名；资金操纵是指员工为客户持有的账户提供自己的资金或来自该客户持有的另一账户的资金；以及开立不必要的账户，指员工开设没有客户财务需求的账户（2015 年增加了一个类别）。

Shearman & Sterling 律师事务所没有对统计数据进行系统抽样，而是将重点放在了针对解雇员工的调查结果和与辞职有关的那部分，以及由富国银行开展的可能影响客户的活动上。尽管管理人员仅是被解雇或辞职的雇员中的少数，但有些测评是被明显引导和鼓励的，它们过分倾向于关注经理是如何评估员工在组织的哪个部分发生那些不正当行为的。几乎所有被解雇或辞职的经理都是富国银行分支机构雇用的分支经理、助理分支经理等下级主管。2011 年至 2015 年间，有 9 名高级分行经理因不当销售行为而被解雇或辞职；其中最高的职工等级是比分支机构经理还要高两个级别的区域总裁。

2. 不当行为的原因

调查中，大多数被解雇的雇员，无论是分支机构的员工还是经理都承认有不当行为。他们普遍表示这样做是销售压力过大而造成的。分行级别的管理人员经常受到上级施加的销售压力，但只有少部分员工表示他们被明确要求从事不当行为。除了销售压力，分行级别的管理人员经常需要帮助分支机构的员工达到个人目标或达到支行目标。例如，一个因给客户办理未经授权的借记卡而正接受调查的分支行经理表示，为帮助分行的银行家们完成任务指标，他经常这么做；而在被调查的案例中，因要维持分行员工队伍的齐整并完成销售目标的确困难重重，他自己办理了那些借记卡。

在 1341 条的审查记录中有 9 条显示，被调查的员工指控区域经理（比分支机构管理者高一级）明确指示其开展不当行为；例如，根据被调查的员工讲述，一个区域经理指示客户经理在计算机系统内掩盖不必要的家庭成员账户。有 10 个案例显示，地区经理通过每天向分支机构发送多个电子邮件来施加压力。有一次，一个地区经理在上任时告诫员工说，富国银行提供了一个充满挑战和激情的销售环境，他应该准备"用各种方法实现目标，除非这是不道德的"。

级别低的分支经理，以及非管理者等分支经理级别以下的员工经常听命于分行经理而作出不当行为，如对下属提供不恰当的指导。非管理人员经常认为销售压力是由分支经理带来的，偶尔也会将其归因于不断催促员工进行销售的区域经理。正如一位分行员工所描述的："每个人都知道经理会说，虽然现在已经很晚了，但我们仍需在今天结束前开设一定数量的账户。"

一些开展了包括虚拟基金在内的资金操纵行为的员工也指出，销售质量指标因需要获得销售信贷而促进了一些不当行为的产生。在一个案例中，经理承认从事虚拟基金以获得销售信贷。调查指出"在上述账户开立时，富国银行的政策是需要 100 美元才能正式为新支票或储蓄账户提供资金，以便于银行为开立账户获得销售信贷"。一些伪造银行记录的员工表示，富国银行的销售质量标准迫使他们作出了这些不当的行为。在一些审核记录中，员工录入虚假客户的电话号码或将客户的电子邮箱替换为自己的，以防止银行联系客户，因为这些客户很可能会在反馈时给出差评。在一起案例中，一名分行经理伪造了客户电话号码，并指示他的员工也这样做来规避调查，此行为导致了至少 192 个客户电话号码的缺失。

值得注意的是，在调查记录中频繁出现销售压力和销售目标的同时，员工很少将奖金作为诱发其作出不当行为的原因。尽管这可能在一定程度上是自私的表现，但和其他证据表明的一样，奖金不是直接的影响因素，销售压力和目标才是不正当行为的主要原因。

3. 不当行为如何蔓延

对调查记录的审查揭开了不当销售行为在分支机构蔓延的方式。几名接受调查的员工，特别是那些获得过晋升的员工，他们曾在富国银行的多个部门工作过。当员工调离原岗位时，其所接受过的不适当的培训技巧会在各分公司之间传播。例如，东海岸的一位分支行经理表示曾在西海岸工作时学习了如何不恰当地捆绑产品（例如，在西海岸工作时，把借记卡作为"随附"个人账户予以呈现）。在分支机构中，员工从以前的经理或同事那里学会了如何操纵客户信息，进而导致大量违规行为的产生。

五、社区银行领导层坚定维持现行的销售模式，尽管地区银行领导人对此表示异议

销售计划每年都有显著地增长，随着时间的推移，满足这些计划的难度越来越大，导致地区领导层对社区银行领导层越来越反感。尽管员工们对此表达了担忧，但社区银行的高级领导层却没有注意到越来越难以实现的目标所导致的低质量账户的出现，更糟糕的是，一些不正当的销售行为也随之而来。

诚信销售问题尤以西海岸地区为盛。几个地区的高层领导将此问题部分归因于社区银行高层决定继续保持该地区曾在历史上出现过的高销售增长率。虽然不局限于西海岸，但涉及诚信销售的许多问题都在西海岸地区领导和社区银行领导间的沟通过程中浮出水面。正如几位当事者所证实的那样，西海岸地区银行高管 Lisa Stevens 尤其直言不讳地谈到了激进的目标，以及他们对销售质量和诚信销售的可能影响，她所在的区域领导团队的成员也是如此；虽然他们不是唯一一个推动销售目标和目标设定过程的地区领导人，但他们是最直言不讳的。

例如，2012 年 10 月，Stevens 的区域领导团队中的一人在发给 Raphaelson 的关于 2013 年销售计划的电子邮件中写道："正如您和我讨论的一样，不管是什么原因，西海岸地区似乎是'边际销售'和道德销售问题的一个不幸的典型，我们（西海岸）需要确保建立一个适当的流程来减少这一问题的发生率。重要的是我们要制定一个合适的销售计划，这与我们想要达到的目标是一致的。"尽管西海岸的领导层明白西海岸的销售行为问题是不成比例的，但他们需要社区银行领导层制定不会激励低质量账户和

不当行为产生的计划来帮助他们解决问题。然而，社区银行高层领导却认为这是行不通的。

为了帮助解决账户质量问题，高级区域领导人敦促包括 Raphaelson 在内的社区银行领导人停止激励"二次"支票账户的销售（销售给已经有支票账户的客户）。虽然一些次级账户为富国银行及其客户提供了价值，但这些领导认为，把它们纳入销售和激励计划，会引起分行员工工作效率低下，以及不道德行为的发生（如亚利桑那州关于"重复"账户的讨论）。例如，在 2012 年 8 月与 Tolstedt 和西海岸领导人举行的一次会议上，一位与会者向 Tolstedt 建议，社区银行应从销售指标，特别是奖励计划中删除次级支票账户。因为银行员工被激励出售低质量的次级账户，而不是将重点放在会给富国银行及其客户带来更多利益的产品上。据一位中西部地区银行业领袖称，在 2012 年底的一次地区领导会议上，Tolstedt 和她的团队讨论了每日销售额下降的问题，区域经理们的普遍共识是应把重点放在高质量的账户上。但社区银行的高层领导却更追求增加每个客户销售额的必要性和次级支票账户的重要性。

区域领导层还强调了与社区银行高级领导层所进行的沟通，他们认为销售目标中包含了大量低质量的账户，而这些账户并没有满足客户的需求（多个当事者和电子邮件通信称这些账户为"垃圾"账户）。并且，这个问题的严重性还在于：当上一年的销售中包含了大量低质量的账户时，要实现增长就意味着需要开立更多的低质量账户以达到目标。

然而，社区银行的高级领导与他们的地区领导同事有着不同的观点。他们不认可这些地区对销售质量和诚信销售的担忧，并且没有充分意识到低质量账户和销售行为问题间的联系，他们普遍认为地区领导人的反对只是企图为了降低销售目标而进行的协商。尤其是资深的社区银行领导们认为西海岸地区的领导们努力完成目标，只是为了掩盖其糟糕的管理；对他们来说，销售质量和诚信问题应通过更好的管理来解决，而不是仅仅降低销售目标。尽管用着银行的钱，但社区银行的领导却容忍低质量的账户的存在，其中一部分原因是他们认为，过多地强调质量将导致更少销售活跃账户，而活跃账户是销售的重要驱动因素。许多人称，Raphaelson 鼓励区域领导提供二次账户，是因为他支持以 10 个低质量账户来换取一个好账户的做法。

管理者将这些低质量的账户称为"滑点"（Slippage），此类账户包括后被取消的或者从来未被使用过的产品、客户不想要或不需要的。管理者相信一定数量的滑点是在所有零售环境下开展业务的成本。在 2012 年 8 月，Raphaelson 团队的一名成员在给 Tolstedt 和 Raphaelson 的电子邮件中指出，产品小组正在研究"到底有多少滑点"。他表示，"这都是错误的［诚实，就像面包机效应（买一些你想要用但从未用过的东西），不诚实的永远不应被放在首位卖给的顾客——不对的顾客/不对的产品］，而且很难依据不对的产品/不对的顾客的片面信息来辨别面包机效应"；他担心地说，"如果检查行动（围绕滑点）变得过于繁重，那么尝试的风险就会大大降低。如果赌博变得非常安全，那就会错失赢钱的良机（好坏之比）"。另一名员工在 2012 年的另一封电子邮件同样指出："近年来，市场和分支行层面的目标在许多情况下过于激进，与现有资源和当前生产力水平的现实脱节。"并得出结论认为，"这是导致产品质量下滑、团队人事变动和其他方面效率低下的重要因素"。同样是在 2012 年 9 月，当被要求解释销售目标和激励对企业风险管理委员会的作用（ERMC）时，Raphaelson 指出，"产品/客户不匹配"（他将其定义为可能经历了"无效需求评估"后关闭账户的客户）是在"可接受的误差率范围内进行管理的"。

在讨论"质量""滑点"和"产品/客户不匹配"等问题的过程中，社区银行高层领导从未充分认识到，他们的销售模式导致了低质量账户数量和员工不当行为次数增加的问题，且这些问题多到了不可接受的程度。同时，他们也没意识到一些低质账户可能是在没有获得客户同意的情况下开立的。尽管社区银行高层不愿意承认销售目标和不当行为间的关系，但数据已充分证明了这种关系的存在。随着销售目标变得越来越难以实现，不当行为的比率不断上升，在 2013 年第四季度达到顶峰。同时，账户的质量持续下降；滚动融资利率——由社区银行设计的衡量新账户质量的指标——从 2005 年的大约 90％ 稳步下降到 2012 年的 80％ 以下。从 2013 年开始，这一数字开始上升，到 2016 年超过了 95％。

六、为解决销售实践问题社区银行采取的补救措施

（一）用于解决销售实践问题的措施

正如 Stumpf 在国会证词中所说的，许多当事者认为，社区银行在处理销售实践问题上行动过于迟缓。的确，在 2016 年 9 月前，销售目标模式的这一根本问题始终未得到彻底地解决。虽然如此，社区银行也还是逐步采取了一些措施去解决了部分与销售模式相关的问题。社区银行人力资源部门在 2011—2012 年间创立了一个销售质量项目小组以提升公司的培训和监管能力。销售质量团队，后被称为"销售和服务行为监督小组"（SSCOT），是社区银行的一个部门，负责监测和调查对不当销售行为的指控。在 2012 年，由 SSCOT 提出的销售质量报告卡（QSRC）概念被引入来衡量关键的销售指标，包括签名率、激活率、程序问题（如停止和加倍生产产品）和滚动融资利率等要素。到 2013 年底，销售质量报告卡被纳入了地区经理的奖金计划中。同时，滚动融资利率指标也被纳入了基层银行经理的奖金计划中。

如上所述，社区银行在 2013 年适当下调了销售目标，但这一目标仍无法实现。与此同时，为了能使分支行的员工获得奖金，社区银行还降低了产品的"每日平均销售额"这一指标。2013 年，社区银行为保证产品和服务的质量，还开始研究用于处理不当销售行为和实现其他业务目标的

"演变模式"。

（二）《洛杉矶时报》文章对补救工作的影响

据许多知情人士表示，《洛杉矶时报》中关于洛杉矶地区销售文化的文章是促成变革的催化剂。2014 年的销售目标像 2013 年一样有所减少，但仍处于无法实现的状态。社区银行为了避免不合理地分配目标，也开始在制定销售目标时不只是针对地方，还为分支机构制定了销售目标，而这也对进一步将高级区域负责人从销售计划的流程中撤出起到了作用（多名资深区域负责人表示，即使 2015 年他们已发现了未来将面临阻力，但他们都没有全身心地投入 2016 年的区域销售计划中去）。此外，在 2014 年初，为防止产品在客户不需要的情况下被捆绑销售，产品礼包（即与其他产品一起打包销售的活期存款）被取消了。2015 年，新员工在最初 3 ~ 6 个月的时间内被给予一个大幅降低了的单独销售目标。

社区银行还为银行经理和其绩效管理方案修改了奖金计划。修改后的绩效管理指标用以更好地平衡定量因素和定性因素，例如良好地服务顾客。一位当事者表示，由于人力资源部门认为不当销售行为是由销售目标与业绩评分挂钩而产生的，所以进行了部分修改。同时，为了达到能够获取奖金的资格，销售目标也被降低了。在 2014 年和 2015 年，奖金中的产品清单被逐步更改，不过直到 2016 年，Tolstedt 才最终同意尝试从奖金计划中移除次要活期存款账户的项目。直到 2016 年 9 月取消了销售目标，该计划才真正开始实施。

七、社区银行领导层未能充分解决潜在问题，导致大量销售违规行为的产生

（一）Carrie Tolstedt

Carrie Tolstedt 是社区银行加州中部地区的负责人，后任加州社区和边

境银行的负责人，2002年她成为全加州地区的总负责人，并于2007年升任整个社区银行的总裁。多年来，社区银行取得如此出色的财务业绩都归功于她的领导，她把公司各部门紧密团结在一起形成一个强有力的整体。社区银行员工敬业度和客户满意度调查进一步证明了她具有高超的领导力和管理水平。Stumpf对Tolstedt的才智、职业道德、敏锐性和纪律性都深表钦佩，并认为她是他所见过的最才华横溢的银行家。

尽管如此，Tolstedt还是未对社区银行销售行为问题增多的状况进行妥善处理，她未能意识到此事对客户的不利影响和给富国银行品牌及声誉带来的重大风险，并且没有证据表明Tolstedt很重视不正当销售行为给富国银行客户带来的影响，或是作出努力去测评和挽救客户所受到的损失。

甚至在已有种种迹象表明社区银行的销售模式会导致低质销售和不当销售行为产生的情况下，Tolstedt仍拒绝作出改变。她将当前的销售模式视为社区银行取得历史性成功的重要驱动力，而不愿采取任何措施。相反，她强调了高压销售文化的重要性。她称赞Conboy的高压策略，并将Conboy作为榜样，让其他人进行效仿。尽管人们普遍批判"跃入一月"计划为导致低质销售和不当销售产生的根本原因，但Tolstedt害怕改变会导致更严重的后果，因为改变计划可能会损害全年的销售数据，因此她只选择对销售计划的新增数据进行了适当下调。

大量证据表明，Tolstedt一贯的管理风格是"痴迷"于掌控，尤其乐衷于操控社区银行的负面信息，并且不愿作出任何改变。Tolstedt在社区银行的高层培育了一种狭隘的文化，并形成了一个支持她、强力贯彻她的观点并维护她的员工"核心圈"。她抵制并拒绝了银行高级区域负责人们近乎达成的共识：销售目标并不合理，其导致了负面结果和不当行为。在她的控制下，社区银行在2013年前连续提高销售目标，随后也只进行了小幅下调。

Tolstedt 加强了对社区银行信息的严格掌控，包括销售行为问题。这一做法阻碍了社区银行和董事会之外的力量来准确评估问题并解决问题。许多当事者和相关书面记载都能证实，从她的高级领导团队获取信息非常困难。Tolstedt 禁止向社区银行以外的人员提供信息。例如，当她得知，Lisa Stevens 与首席风险官 Loughlin 讨论了销售目标和销售压力时，Tolstedt 要求 Stevens 停止与他及其他社区银行的人继续谈论此事。当 Loughlin 于 2012 年 10 月（在 Raphaelson 演讲后的一个月）邀请社区银行人力资源部总监 Debra Paterson 向企业风险管理委员会（EMRC）汇报讨论人事变更事宜及相关风险时，Tolstedt 表示不赞同 Loughlin 提出的问题。她提出许多理由以反对提供详细信息给企业风险管理委员会，包括委员会只打算解决所谓的"企业"风险。同样在 2013 年 10 月，当 Tolstedt 听说 Loughlin 或其他的公司风险人员与社区银行人员谈论销售实践时，她给 Loughlin 发了一封邮件，责怪他没有请她参与讨论。

社区银行向企业风险管理委员会和董事会提交的报告显示了对信息的严格管控和透明度的缺失。Tolstedt 从未主动将销售实践问题扩大化，而且当她被特别要求这样做的时候，她和社区银行也仅仅提供了一些泛泛的，并被认为是具有误导性的报告。在企业风险管理委员会之前，社区银行的高层领导曾进行过两次（分别于 2012 年 9 月和 2014 年 4 月）关于销售压力和销售行为问题的讨论；但在这两次讨论中他们都没有对问题进行直接的描述和评估。在 Tolstedt 直接参与的面向董事会风险委员会和整个董事会的销售行为预备报告中，同样也没有直接并完整地描述销售行为的问题，Tolstedt 在 2015 年 5 月向风险委员会提交的报告具有误导性。到 2015 年为止，已有很多董事会成员认为 Tolstedt 是有意对她所助长的这些问题轻描淡写。

（二）Matthew Raphaelson

Matthew Raphaelson 被 Tolstedt 任命为区域银行销售目标和监管销

售激励项目的最终负责人。他被认为是 Tolstedt 的左膀右臂。尽管作为银行高层，Raphaelson 并没有恪尽职守地去监督这些违背销售诚信的行为。

Raphaelson 知道超额的销售目标和巨大的压力是导致员工进行不当销售行为的诱因，而且他经常受到其他人对他销售目标和数字驱动系统的质疑。多名知情者表示，员工们再三抱怨 Raphaelson 设立的销售目标过高，并且过于强调产品的销售数量，因而导致许多不良行为产生，比如开设未经客户授权的账户以及向客户销售他们不需要的产品。Raphaelson 收到过的消息表明一些地区存在大量的无资金账户和短期资金账户——这标志着其中存在着包括虚拟资金在内的潜在不正当行为。

即使 Raphaelson 被告知他设立的目标会导致不良行为的产生，他也不愿去适当地调整销售目标或激励措施来避免向客户销售他们不需要的产品，因为这样做可能会进一步导致高质量账户的减少；他宁愿容忍大量的垃圾账户，也不愿改变销售模式。虽然此后 Raphaelson 逐步采取了一些措施，例如在 2013 年小幅下调了销售目标，但这些做法对于彻底解决销售不当行为没有产生任何效果。

在对 Raphaelson 的访问中，他否认有大量与不诚信销售行为有关的裁员，有电子邮件表明，其实早在 2013 年 11 月，Raphaelson 就知道每年约有 1000 起与不诚信销售行为有关的裁员事件的发生，并且他还认为这是一个不错的数据。

（三）Claudia Russ Anderson

Claudia Russ Anderson 是社区银行风险的第一道防线，这个职位非常重要，因为在她担任集团风险官期间，富国银行的风险呈现出分散化的特性。她推动社区银行销售与服务行为监督团队的发展，并发现了其中存在的不当销售行为，特别是在《洛杉矶时报》的文章发表后，她参与了与社区银行的沟通工作，告知经理们过度的销售压力和不正当的销售行为都是不能被容忍的。然而在大多数时候，Anderson 的表现却远远达不到社区银行高级风险官员的预期和要求。Anderson 未能充分评估和倡导员工去改善违反销售诚信的行为。她也未对因不当销售行为而给客户带来的伤害进行及时有效的处理。

Anderson 没有对此类事件予以公开和透明的处理，也未能将不诚信销售和相关的裁员问题上报到富国银行董事会和企业风险管理委员会。从包括富国银行的高层经理在内的多人的报告和电子邮件中可以看出，Anderson 对他们并不坦诚。相反，她还为 Tolstedt 打掩护，并在与其他富国银行的监管人员进行交流时有所保留。

Anderson 在递交给社区银行的报告中删减和掩盖了许多包括不当销售行为在内的问题。从 2011 年底开始，Anderson 就向审计和检查委员会含糊其辞地报告有关公司安全部分的内容。在 2012 年的一封电子邮件中，公司的安全主管（负责内部调查）Michael Bacon 表示，Anderson "经常挑战审计和检查委员会，并在报告中废话连篇"。对此，Anderson 倒是表示认同。Bacon 还指出，"我们的数据（从道德底线的报告到高管投诉的信件再到已被核实的欺诈事件都有增加）表明销售诚信领域存在的问题依然非常严峻，因此，我们需要将这个问题继续上升到公司高层"。然而 Anderson 却告诉他，他的报告让这个问题听起来有些言过其实了。

一位当事者表示，在与监管机构共同处理不当销售行为的问题时，Anderson 更像是一位"倡议者"，而非决断者或中立者。当企业风险部门的工作人员表示，社区银行向风险管理委员会提交的销售行为报告的草稿中没有提供有关"当前状态"的信息时，Anderson 写信给另一位社区银行的负责人，表示"我宁愿口头上讲，也不要把这些情况写进报告中，因为监管机构是要对这份报告进行审查"。她在有关因销售诚信问题而被解雇的员工数量的内部调查数据上做了手脚，使得这些信息在递交给风险委员会的报告中遗漏了。

最后，由于 Anderson 的行动过于迟缓，销售行为问题未能得到及时有效的解决。在 Anderson 2011—2012 年接管销售与服务行为监督团队期间，公司安全部门主管对其感到非常失望，他原以为她会更积极地调查销售诚信问题。在《洛杉矶时报》的文章发表之后，尽管 Anderson 开始为调查销售诚信问题投入更多精力，但她主要是针对信息的传递和检测，而不是改革或改善销售模式或是解决问题的根源。Anderson 本应把问题直接汇报给首席风险官 Loughlin，但迫于 Tolstedt 施加的压力，她并没有这么做。

八、针对最近的补救措施的进一步改善

富国银行已开始采用一种新系统。该系统在消费者或小型企业的支票账户、储蓄账户或信用卡账户开通后不久，会自动向客户发送电子邮件，以确认该账户是否得到了客户的正确授权。此外，修订后的信用卡申请程序要求申请人在提交信用报告前须有书面同意。

此外，富国银行还增加了集中监控和控制系统，以加强对销售行为的监管。监控包括第三方"神秘购物者"计划，以及对地方、区域和总行的监督；增加的质保工作将带来每年 1.5 万~2 万次的网站访问量，以及额外的 600 次的风险评估。

2016 年 7 月，富国银行任命银行经纪业务前负责人 Mary Mack 取代 Tolstedt 的职位。为了解决根本问题，富国银行在 2016 年 10 月 1 日取消了社区银行的产品销售目标。在 2016 年第四季度，富国银行为零售部门员工实施了一项新的薪酬激励方案。在该方案中，"基本工资"在总薪酬中占了很大比例，激励措施则侧重于客户评价，同时还引入了旨在重视员工对客户的服务以及与客户建立长期合作关系的评价指标。

高级管理人员

一、Johnson Stumpf

Johnson Stumpf 是富国银行前首席执行官（CEO）兼董事长。1982 年，他就职于 Norwest 银行，后该行于 1998 年与富国银行合并。合并前，Stumpf 在 Norwest 银行的信贷和并购部门任职；在合并期间，他主要在得克萨斯州负责管理所有的分行；1998 年至 2002 年间，Stumpf 任富国银行西南和西部地区负责人；2002 年，升任富国银行社区银行业务执行副总裁并移居旧金山；2005 年，任富国银行首席运营官（COO）；2007 年 6 月，任富国银行首席执行官。作为首席执行官，Stumpf 主要管理富国银行四大主营业务：社区银行、消费贷款、财富与投资管理和大额银行业务。Stumpf 于 2006 年加入董事会并于 2010 年 1 月担任董事长。2016 年 10 月，Stumpf 辞去首席执行官职位，由 Timothy Sloan 接任该职位。

虽然 Stumpf 出身于 Norwest 银行，并在那儿享有极高的身份地位及威信，但他在任富国银行首席执行官期间却非常支持分散化管理模式。他认为，分散化决策能通过推广决策和制定更好的商业决策来控制风险，因为这样"更贴近客户"。但后来他逐渐认识到业务交叉协作模式更有利于客户和富国银行。当销售业务相关问题逐渐暴露出来后，他转而支持加强集中化管理的政策，并对风险与内控体系加以授权。

虽然 Stumpf 是富国银行风险管理的最终责任人，但员工们都认为他不愿听到不好的消息，也不愿去处理各种冲突。在分散化管理的模式下，顺从文化的影响力越来越大，不仅不鼓励不同的业务部门开展相互竞争，在日常的业务讨论中也难以听到不同的声音。每周召开的运营委员会（Operating Committee）会议在 Stumpf 的领导之下，没有人进行讨论、研究和质疑。

Stumpf 和前任 CEO Richard Kovacevich 一样，也支持交叉销售和产品销售（Cross-sell and Product Sales）。Richard Kovacevich 在 Norwest 银行开启"GR－8"项目来进行交叉销售并且当他到富国银行后也持续关注该项工作。其实，在合并前富国银行从未对交叉销售工作进行程序化的考评，而随着与 Wachovia 银行的合并，富国银行以销售为导向的文化转移到了 Wachovia 银行分支机构以及零售银行业务中。

Stumpf 收到了关于交叉销售成效显著的各类汇报，并在各种讲话中频繁地谈及其重要性。在写给 Tolstedt 和另一位执行副总裁的电子邮件中，Stumpf 提及为交叉销售所付出的努力，并表示富国银行为此已忙得不可开交！

Stumpf 清醒地认识到，在过高的销售目标和相关激励措施之下，富国银行对交叉销售模式的重视可能会刺激员工投机取巧并带来销售操作违规问题。2015 年 6 月，Stumpf 与业务负责人在电子邮件中探讨了只是基于销售数据来制定的激励措施会导致员工作出不正当决定甚至欺诈行为的潜在可能性。同年夏天，Stumpf 还建议 Tolstedt 放弃采用销售目标的方式来管理社区银行业务。然而，Stumpf 并未处理好正面激励与负面激励间的平衡。直到 2016 年 9 月，富国银行才决定取消社区银行员工的产品销售目标。据 Tolstedt 团队的一名高管回忆，其实他们早在 2012 年就曾对取消销售目标一事进行过讨论，但大多数人认为 Stumpf 不会同意进行这种改变，因为他主张销售目标能带来有效的激励。有证据表明，即使 2013 年销售操作违规问题已初现端倪，Stumpf 仍担心银行员工在销售时动力不足或受到过分的限制。

多年来，Stumpf 也了解到了一些特殊的销售行为问题。早在 2002 年，Stumpf 就被告知科罗拉多州的分支行出现了问题。此外，Stumpf 还收到了来自客户和员工的大量关于销售操作违规和销售压力过大的投诉，但他和助理仅是将这些移交给了下属处理，并未跟进。据富国银行员工反映，他们在 2012—2014 年期间曾屡次向 Stumpf 表达了对销售违规操作问题和投机取巧问题的担忧。

Stumpf 在 2013 年底获悉，每年约有 1000 名（或约 1%）的社区银行员工因违背诚实销售原则而被解聘，但他却对此无动于衷。在他看来，只有 1% 的富国银行员工被解雇同时也意味着其他 99% 的员工在工作中行为端正。在 2013—2014 年间，他并没有对这个问题开展进一步的调查或审查。

即使在 2015 年和 2016 年，Stumpf 也未能认识到问题的严重性。他继续公开支持富国银行的销售目标模式，并强调绝大多数富国银行的员工是以正当的方式实现销售目标的。甚至在洛杉矶市州立法院诉讼事件后，Stumpf 在 2015 年 5 月 17 日写给 Sloan 的电子邮件中依然谈道：

"整个周末，我都在与 Tolstedt 处理洛杉矶事件，我真的同情 Tolstedt 和她的团队。我们在这方面做得很好。我也会坚持到底。只有大约 1% 的员工因为'投机取巧'而失去了工作，其中有三分之二的员工想去规避监管，如更换电话号码等。强买强卖的说法绝非事实。无论如何，我们的行为是正义的，正义必胜。毫无疑问，总会有人犯错，这就是生活。所有的这些都是顺其自然的，并非我们有意为之。"

在访谈中，Stumpf 表示已记不清自己在这封电子邮件中提到的 1% 是指在整个地区银行工作的员工还是仅指在洛杉矶工作的员工。但事后，他也承认 1% 的比例无论如何都显得有些过高了。

在 Tolstedt 担任社区银行负责人期间，她直接向 Stumpf 汇报工作并一直得到 Stumpf 的支持。Stumpf 意识到，Tolstedt 作为一个领导者虽有不足之处，但她的优点却更为突出。Stumpf 认为，社区银行优秀的客户服务和团队成员满意度调查结果以及一贯良好的财务表现充分反映出了 Tolstedt高超的领导能力。他当然清楚，Tolstedt 不愿接受变革，而且处事不够灵活，但通过一段时间的观察，他意识到从风险的角度来说，这却是 Tolstedt的一大优势所在；他也相信，她保守的决策可以避免因仓促形事而使富国银行蒙受损失。

很多人注意到，即使在 2015 年 12 月首席独立董事和风险委员会主席的建议下，Stumpf 对是否应否定 Tolstedt 的工作并进而解雇她显得犹豫不决。据一名董事回忆，Stumpf 曾向董事会表示 Tolstedt 的领导风格存在问题，但同时又称赞她是"美国最好的银行家"。最终，这个问题留给了Tim Sloan。在他一被任命为首席运营官后就被要求立即作出决定，是否让Tolstedt 继续担任社区银行的负责人。

Stumpf 之所以能容忍 Tolstedt 犯下的错误，部分原因在于她在其他方面具有的优势以及她推动并实现包括交叉销售等业绩的能力。例如，在她2009 年的年度业绩评价中，Stumpf 写道，Tolstedt "对业务了如指掌——什么都难不倒她"，而且将她所提出的管理结构称为"天才的佳作"。2013年，Stumpf 将包括实现"创纪录的交叉销售"在内的社区银行的成功归功于 Tolstedt 的领导。当强劲增长难以维继时，Stumpf 还鼓励 Tolstedt 努力去增加交叉销售。许多人相信，Tolstedt 之所以能以她的方式经营社区银行，是因为她觉得 Stumpf 也认可她的这种方式。同样，这点也得到了大量这一时期电子邮件内容的印证，特别是在那些关于设定宏大销售目标以及专注于改善交叉销售的电子邮件中都有体现。

二、Tim Sloan

Tim Sloan 于 1987 年加入富国银行，此后担任过多个领导职位，包括首席行政官（CAO）（2010 年 9 月至 2011 年 2 月）、首席财务官（CFO）（2011 年至 2014 年）、批发银行业务主管（2014 年至 2015 年）和首席运营官（COO）（2015 年至 2016 年 10 月）。在 2016 年 10 月 Stumpf 退休后，他成为首席执行官（CEO）。在 2014 年前，Sloan 对销售违规操作问题了解不多，但在 2013 年 12 月《洛杉矶时报》刊发富国银行销售违规操作问题的文章后，Sloan 对其的了解有所增加。

虽然 Sloan 在《洛杉矶时报》刊发文章前就已通过与同事零星的讨论及匿名投诉的电子邮件了解到社区银行内部的销售违规操作问题，但他并没有意识到问题的严重性以及可能对客户带来的伤害。富国银行内部的分散化治理机构，以及"把公司当成是你自己的一样去经营"的管理结构和风格使得 Sloan 收到的关于社区银行的负面信息非常有限，因此也未能投入足够多的精力用于处理社区银行的问题。

Sloan 同样也意识到了许多 Tolstedt 管理方面的问题，其中包括她拒绝提供或接受任何负面信息。他明白 Tolstedt 是一名控制型经理，而且在与其他业务部门合作时也不是一个很好的合作伙伴。他也了解到 Tolstedt 不喜欢别人对她管理社区银行的事情提出批评，并且对于改变或调整持抵制态度，这种抵制态度也与对销售违规操作问题的讨论有关。Sloan 通过观察得出以下结论：Tolstedt 在身边布满了支持她的人，使自己只听得到想听的话。

2013 年 12 月，Sloan 向《洛杉矶时报》表示："我不知道有什么高压的销售文化。"在《洛杉矶时报》文章发表后，Sloan 了解到富国银行正努力调查并解决销售违规操作问题，包括指派工作组对此展开调查，并将开展更大规模的销售实务审查工作。

2013 年后，Sloan 也被列入了关于需要降低销售目标的内部函件的收件人名单。在 2014 年 5 月的电子邮件中，Tolstedt 向 Sloan 和其他高级管理人员报告了销售计划和销售目标的调整情况，并指出降低销售目标的出发点之一是"鼓励员工作出正确的行为"。2015 年，Sloan 出席了曾探讨违反销售规范行为的风险委员会系列会议，在其中的一次会议上，Tolstedt 特别提到了社区银行存在与生俱来的高风险。这是 Sloan 和富国银行内部的其他员工首次意识到销售行为可能会带来财政损失，不过他认为这种损害的程度很低而且问题正在得到解决。

Sloan 承认，富国银行应将关注点放在确认哪些客户受到了伤害并对其进行赔偿。他在 2016 年 10 月全行范围内的一次发言中表示："富国银行设置的销售目标有时会导致违背客户利益或我们集团成员利益的销售行为和做法的产生。"他补充指出，"尽管我们正在努力打击这些令人无法接受的不良操作与行为，但这些问题一直存在，因为我们轻视了这些问题，要么就是我们并未搞清问题的实质，其实这些问题比我们当初想象的要大得多。"

2015 年 11 月，当 Sloan 担任总裁兼首席运营官时，他与 Tolstedt 讨论了她需要对变革持更为开放的态度，而且要快速解决销售违规操作问题。Sloan、Stumpf 和董事会成员一致认为，Tolstedt 可能不是负责社区银行业务的合适人选，董事会成员对 Tolstedt 表达了更确切的、更直接的担忧。但 Sloan 认为在对 Tolstedt 未来在富国银行的命运作出决断之前，他需要再评估并应帮助她一同调整与改变。

到了 2016 年春天，Tolstedt 依旧未能有效地改变其管理方式。在 2016 年 4 月的董事会会议上，Sloan 和董事会讨论了免去 Tolstedt 社区银行负责人的头衔。在随后的 2016 年 6 月董事会会议上，Sloan 重申了其替换 Tolstedt 的想法。7 月初，Sloan 通知 Tolstedt，她将不再是社区银行的负责人。他们最终决定要让 Tolstedt 退休了。

企业风险

一、企业风险与企业风险管理委员会

从 1998 年与 Norwest 银行的合并开始，富国银行采用分散化经营和管理的模式，每一条业务线都独立运作。富国银行的管理层过去一直认为，一个组织机构的风险来源于不同的业务部门，因此风险管理这项工作就应在每个部门内进行。富国银行的风险管理通常在业务部门开展，业务人员和集团风险管理部门及其员工是"第一道防线"。管理层相信，分散化是管理风险和帮助富国银行取得成功的秘诀，同时它也会帮助富国银行毫发无损地挺过 2008 年的金融危机。

富国银行的企业风控部门在 2000 年中旬开始组建，并于 2005 年形成了一个企业级的运营风险管理和合规小组，由 Patricia Callahan 担任组长，直至 2007 年。该小组全权负责银行保密与反洗钱的合规管理以及公开消费者信贷、住房抵押贷款等法律合规事宜，但销售行为和诚信销售问题不在其职责范围之内。

在 Callahan 于 2007 年离职休假后，曾担任首席信贷官的 Loughlin 将合规工作纳入了其职责范围，并于 2010 年担任了首席风险官（CRO）。首席风险官没有权威或权力去强行改变业务部门作出的决定。他实际上只能够努力发挥自己的影响力鼓励业务部门解决风险问题，并在银行内部更广泛地宣传这些内容。首席风险官还可以识别并将问题提交企业风险管理委员会、首席执行官和董事会。

企业风险管理委员会（ERMC）是管理层层面的委员会，通过该委员会，高级管理人员对重大风险进行报告、评估并提交给董事会。该委员会的职责包括对银行声誉、政策、金融、信贷、法律、市场和经营风险进行管理；并作为考察和研究富国银行"企业范围内最优先级的风险问题"的管理组织，支持和协助风险委员会（Risk Committee）履行其风险监督职责。企业风险管理委员会大约每月召开一次会议，并向董事会提供富国银行面临最重大风险的季度评估报告。企业风险管理委员会的成员一直在变动，但其中也包括业务部门代表、首席风险官、首席法律顾问、首席行政官、人力资源总监和首席运营风险官。

二、集团风险管理人员报告公司风险

包括社区银行 Russ Anderson 在内的集团风险管理人员直接向业务部门负责人和当时的首席运营风险官（CORO）汇报。但在 2013 年秋季之后，当直接报告的对象从首席运营风险官变为首席风险官 Loughlin 时，这一报告机制就不再被沿用了。

首席运营风险官认为其职责是：（1）创建和监督企业必须坚持的某些风控项目。（2）如果出现严重的问题需要补救的话，则介入业务部门并帮助他们。她并没有把销售活动或薪酬问题纳入她的职责范围内，而认为这些都是业务部门和其他职能部门（如法律部门、人力资源、审计和调查）的职责。她认为投机取巧已成为广为人知的销售问题，并且此问题已得到有效的管理和控制，并在逐渐减少；她知道社区银行每年大约有 1000 个和销售行为相关的销售人员被解雇。但从社区银行的员工规模来看，这一数字并不高，不具有什么警示性。此外，在她看来，Tolstedt 不愿承担风险，处理问题时也显得十分迟缓。首席运营风险官向审计和检查委员会（A&E）进行报告，但这些报告并没有提出社区银行销售违规操作的问题。

甚至直到 2013 年底她离开富国银行前不久，Tolstedt 还是认为销售违规操作问题并不是一个重大问题。

首席运营风险官依靠业务部门中的风险管理人员来积极应对风险问题并决定是否将其上升到企业层面。她要求集团风险管理人员做定期汇报，但成效一般。首席运营风险官和 Russ Anderson 的关系紧张且意见相左。前者发现难以与 Anderson 协同工作，因为 Anderson 把工作重点放在控制社区银行内部的风险上。尽管 Anderson 极力抵制集中化的风险控制，但当她需要企业层面的帮助时，她仍然愿意提出问题。根据 Loughlin 的说法，在 2013 年秋天，在 Anderson 的汇报对象由首席运营风险官变为首席风险官之后，其汇报内容的透明度有所提高，但从未令人满意。

三、富国银行风险管理架构的演变

正如下文所述，富国银行的董事会于 2011 年设立了风险委员会（Risk Committee），此后不断致力于使其职责范围和职能的合理化。为努力加强董事会层面的风险监管，首席风险官付出了很多努力去完善富国银行的风险部门，以提供更有效的监管和风险控制。然而，在 2013 年销售违规操作问题变成主要问题浮出水面，并于 2014 年被董事会知晓后，这些工作仍未完全完成。

在 Loughlin 的推荐下，董事会在 2013 年初邀请了麦肯锡公司对富国银行的风险部门和组织架构进行分析并提出改进建议。麦肯锡公司向董事会提交了建议报告，其建议出现在 2013 年 10 月向董事会提交的备忘录的部分内容中，包括公司风险管理项目、战略和三年计划等内容，后来在 2014 年 7 月采用的富国银行风险管理框架也部分体现了这些建议。加强风险管理部门需要大幅提高资金与人力投入，这些董事会都予以批准。但是，麦肯锡公司的报告以及富国银行的风险管理框架并没有提及风险管理部门的集中化管理。不过，它们还是包括一些改进措施，如通过业务部门（第一道防线）的企业风险管理（第二道防线）对风险进行更有效和全面的监督管理。

关于销售违规操作问题，公司风险部门（Corporate Risk）在 2013 年下半年已开始策划更规范的监督管理，但这些举措直到 2015 年才开始实施。Loughlin 在 2013 年 10 月关于企业风险项目的备忘录中提到，企业风险管理部门在"富国银行的业务流程中推动系统化和规范化运营方式，尤其是那些会影响到客户的业务流程"的过程中将发挥主导作用。"之前被视为无关紧要的错误可能会带来严重的后果，包括会造成财务和声誉损害的风险的概率增加"以及不断上升的客户数量和监管要求对于与消费者相关领域（尤其是销售违规操作）的影响尤为明显，"富国银行将通过改善客户体验和规避错误的产生，从源头上解决这些问题，而不是事后再纠正问题"。按照富国银行 2014 年 7 月的风险管理框架规定，企业风险管理小组（Corporate Enterprise Risk Group）（该小组由向 Loughlin 直接汇报工作的下属领导）负责企业风险部门对销售违规操作风险的监督，这是对"跨部门"风险的监督。然而，直到 2015 年，企业风险部门都没有任何人被指定为该领域的实际负责人。

四、公司风险部门对有关销售压力和不恰当销售行为问题的回应

（一）2012 年

Loughlin 记得他首次知晓员工由于不当销售行为而被解雇的事情是在 2013 年的 10 月。当时，他被告知在洛杉矶地区的富国银行 BSA 的工作人员遭到了解雇。事实上，早在 2012 年初，Loughlin 就已认识到社区银行内部销售压力过大，可能会带来员工流失的问题以及向客户推销他们不需要

并且不了解的产品等问题。

Lisa Stevens 与 Loughlin 谈及有关不切实际的销售目标以及她对社区银行领导层的失望。Loughlin 请社区银行参加 2012 年 9 月 11 日举行的 ERMC 会议，以解决不切实际的销售目标及其他相关问题。在会议前，Loughlin 把社区银行代表应在 ERMC 会议上解决的问题发送给了 Matthew Raphaelson，其中包括"强调交叉销售是否会导致更多员工的流失；我们或一线的管理人员如何了解交叉销售（解决方案）是高质量的并且是符合客户利益的；过分强调解决方案的数量是否会引起销售的产品质量下降，并进而惹恼顾客；是否应强调收入而不是解决方案的数量；以及我们如何为交叉销售支付报酬以及相比竞争对手来说我们的情况如何"。

Raphaelson 和社区银行的另一位代表于 2012 年 9 月 11 日向 ERMC 会议作了书面和口头报告。Loughlin 记得，他与 ERMC 的大部分成员对报告的内容都相当不满。报告并没有使委员会对控制销售目标的问题有更好的理解，而是通篇玩弄辞藻，并且缺乏有力的数据说明，还故意对一些问题避而不谈。虽然书面报告确实列出了监测和防范控制方面的内容，包括操纵和其他方面，但并未涉及未经授权账户或客户同意授权的问题。此前，Loughlin 还请 Anderson 出席 2012 年的 ERMC 会议，但到了 10 月却突然决定她不再需要参会了。

2012 年 9 月 19 日，Loughlin 出席了 Stevens 的西海岸经理层会议并发表了讲话。他计划的讨论大纲包括与 Loughlin 和 Raphaelson 在 ERMC 会议上谈论的议题相似的主题。在会后的讨论中，两位经理向 Loughlin 谈到了销售压力过大的问题。Loughlin 对此感到惊讶，并建议经理们向 Stevens 报告此事，如果 Stevens 没有回应，那么就转告 Tolstedt。

在西海岸经理层会议后，Stevens 接到 Tolstedt 的电话，告诉她不要再与 Loughlin 谈论任何业务问题，而且她要"听话、不要惹麻烦"。但 Stevens 告诉了 Loughlin 其与 Tolstedt 的通话内容，Loughlin 向 Stevens 表示 Tolstedt 的指示简直"荒谬至极"。在 2015 年 12 月 Loughlin 与 Stevens 也进行了类似的交谈，Loughlin 鼓励 Stevens 努力接近 Tolstedt，同时直言不讳地指出 Tolstedt 的指示是"愚蠢的"，并表示如果出现问题 Stevens 可以随时打电话给她。

为落实 2012 年 9 月 ERMC 会议的相关内容，Raphaelson 在 2012 年 10 月 5 日向 Loughlin 发送了一封题为"销售目标"的电子邮件。在邮件中，Raphaelson 表示，设定销售目标是一个保持平衡的举动，他说："我认为这是一种 Charlie Munger 式的智慧"，即"目标过低必将导致无所作为，但目标过高又会增加舞弊的概率（因此需要在两者之间寻求平衡）"。Loughlin 回复道："我在想，过度强调个人销售业绩的话就会导致销售质量的下降（因为不是出于客户利益最大化的考虑，而是因为需要实现销售目标）以及由此带来的不必要的更高的人员流失率（为实现销售目标承受过大压力）。我只想知道，采用这种方式是否会给银行带来更多的收入。每年，每个分支行及地区的收入必须提升一定的百分比，从而迫使他们去思考如何更好地增加收入并对此提出好的建议。"

2012 年 10 月 16 日的企业风险管理委员会会议后，Loughlin 曾向社区银行在 ERMC 的代表提出社区银行员工流动率的问题。他还邀请社区银行的人力资源部门负责人参加后来举行的 ERMC 会议，讨论"店面人员流失的趋势、该趋势的驱动因素、相比同行以及不同地区我们应当如何做（应对人员流失问题）"以及如何管理这类风险等问题。如同上面谈到的，Tolstedt 反对该项活动，于是 Loughlin 推迟了（请人力资源部门负责人）报告有关事项。

（二）2013—2014 年

2013 年 6 月 5 日，社区银行人力资源负责人 Debra Paterson 向 ERMC 就员工流失问题进行了报告，指出 2012 年分支机构和客服中心（Call Center）的人员流失率大约为 42%，而分支机构和客服中心人员占社区银行员工总数的比例高达 90%。但这一比例被描述为"稍低于零售业中类似的企业"。随后在 2013 年 6 月，企业风险管理部门人员联系了社区银行，商讨社区银行能否再向 ERMC 做一次汇报，以解决"过高人员流失率与销售质量之间是否存在联系的问题，如果我们吸取前车之鉴，将对增强销售质量大有裨益"。

2013 年夏天，由于英国银行业的销售活动受到严格的监管，Loughlin 还鼓励 Tolstedt 向欧洲的银行咨询风险管理问题，其中包括有关销售违规操作的问题。为此，Tolstedt 和社区银行其他高管于 2013 年 8 月前往伦敦和斯德哥尔摩。

而在《洛杉矶时报》刊登了第一篇关于富国银行的报道后，Tolstedt 抨击了 Loughlin 和他的团队试图绕开自己获得社区银行销售违规操作情况的行为。2013 年 10 月 9 日，Tolstedt 给 Loughlin 发送了邮件。她写道："我非常希望你们团队能直接和我讨论有关销售方面的任何问题，而不是在未获得关于问题发展趋势、内部控制和未来管理相关信息的情况下得出结论。但令我沮丧的是，我被排除在谈话之外。我欣赏你们面对挑战时的勇气，但你们需要和那些掌握实际事实与信息的人进行沟通。"14 分钟后，她又写了一封邮件，表示她"很欣赏 Loughlin 及其团队所做的这一工作"，但仍然对于未能"参与讨论"而感到难过。Loughlin 回复道："我真的不知道你指的是什么。你打电话给 Anderson 问问我和我们的团队到底做了什么。我们是同一个团队的。"

Loughlin 在 2013 年 10 月对销售违规操作问题提高了关注度。当时，他被告知，对洛杉矶奥兰治县（Orange County）的调查导致了员工的解雇。同时，他还看到了富国银行员工在网上请愿活动中（Online Petition）对销售压力和销售行为作出的各种措辞严厉的批评。对于该问题的担忧不断增加，促使他作出决定，将销售行为作为一个重大风险提交到董事会讨论（在 2014 年初完成）。同样在 2013 年秋季，在 Stumpf 的敦促下，

Loughlin 开始与 Tolstedt 和 Anderson 开展季度性会面，以求降低社区银行的销售压力。在 2013 年提交给 Stumpf 的自我评估文件中，Loughlin 表示，"我们一直敦促 Tolstedt 关注销售违规操作问题。显然，她已接受该观点并推出了一些很好的系统来跟踪销售活动，但是近期《洛杉矶时报》的文章让我感到，虽然在销售流程上我们改进得不错，但在招聘、培训和管理方面我们仍存在问题。我本应花更大的力气去督促这些方面的工作。"

Loughlin 将销售违规操作问题纳入 2014 年 1 月给董事会的重大企业风险备忘录中，在此之后还纳入了 2014 年 2 月重大风险事项报告中。此外，Loughlin 和 Hope Hardison（时任人力资源总监）在 2014 年 2 月 18 日向董事会人力资源委员会（Human Resources Committee，HRC）提交的备忘录也指出了销售违规操作问题："此外，我们还建议在 2014 年对社区银行的诚实销售问题进行监测，特别是需要对各店面层面的质量控制流程进行持续的监测和评估。这个问题会带来潜在的运营和声誉风险。行动计划正在推进，其中包括：加强对业务流程的监测；对销售质量的要求加强沟通；加强对激励计划、目标和绩效管理计划的内控评估；继续高度关注持续性与高度接触的沟通政策。"

自从 2013 年 12 月《洛杉矶时报》发表相关文章后，董事会风险委员会主席 Hernandez 就找 Loughlin 谈过销售违规操作的问题，并要求 Loughlin 和富国银行其他相关人士一样关注这个问题。由于这些谈话，Loughlin 召集了社区银行的代表们在 2014 年 4 月 9 日召开 ERMC 会议并对销售问题进行了讨论。Anderson 和 Raphaelson 团队的一名成员提供了书面报告并在会上发言。Loughlin 觉得社区银行的书面报告并不能令人满意，因为它没有说明当前问题的现状，也没有提出具体的解决方案（Loughlin 助手曾要求他们这样做）。在 ERMC 会议上，Loughlin 曾问及社区银行有多少员工因违反销售规范而被解雇，得到的答案是在 2013 年有大约 1000 名员工。Loughlin 对这个数字感到震惊并表示担忧，同时她还表达了对会议上发言的不满。

在董事会风险委员会的要求下，Loughlin 计划让 Tolstedt 出席 2014 年 4 月的会议就销售违规操作问题发言，但这一计划并未实现，因为 Tolstedt 正巧在那个时间要去担任法庭陪审员。Tolstedt 将她书面发言的草稿发给 Loughlin 并征求他的意见，Loughlin 随即回信给 Tolstedt 及她的团队，建议说："风险委员会想听听 Tolstedt 的意见：交叉销售目标带来的压力是否会引致不良行为？这问题是 Hernandez 提出的。"

在 2014 年 4 月 29 日董事会上，Loughin 在他的首席风险官报告中简要报告了销售违规操作的问题。在 2014 年 8 月 4 日的风险委员会会议中，为回应有些董事提出的交叉销售风险问题，Loughin 和 Stumpf 表示，富国银行要确保它的交叉销售策略与长期客户关系的发展相一致。

整个 2014 年，Loughlin 都以更为积极的态度去解决社区银行的销售问题，并为此付出了诸多努力。2014 年 12 月 9 日，Loughlin 给风险委员会主席发邮件商讨即将召开的风险委员会会议的议程；同时，他也提到 Tolstedt 在社区银行内部为改善销售违规操作问题做了大量工作，但他认为风险委员可能并不想听这些内容（但委员会主席回应，风险委员会还是希望能了解这些情况的）。从 2014 年末至 2015 年初，Loughin 参与了富国银行风险事件结果的评估工作，以确定 2014 年与风险相关的薪酬影响。从社区银行销售问题的评估中，Loughlin 得出结论，2014 年，社区银行的领导层在清除系统的销售压力和计划针对该问题推出其他措施上取得了重大进展。在 Loughlin 看来，虽已侥幸摆脱这些问题，但对 2014 年的薪酬没有影响，因此在其与 Hardison 向人力资源委员会提交的 2015 年 2 月 16 日备忘录中建议：

"作为对 2014 年监测的 2013 年薪酬制定过程中确定的问题的后续行动，我们评估了社区银行销售诚信问题的进展，特别是门店层面的质量控制流程。我们认为，在执行期间已经采取了适当的行动来解决这些问题，因此在 2014 年不需要再对薪酬内容进行调整。"

与该结论一致，在 2015 年 2 月向董事会提交的《重大风险问题报告》将销售违规操作问题的风险级别从"高级"降为"中等"。

2015 年 4 月 28 日，Tolstedt 就销售违规操作问题向风险委员会做了书面及口头汇报。会后不久，风险委员会主席 Hernandez 打电话给 Loughlin 和 Stumpf，说 Tolstedt 的报告令人很不满意，称她并未解决应解决的问题。为此，Loughlin 认为风险管理部门应更加积极地参与对销售活动的监管，并在企业风险管理部门内组建了一个直接向他报告的小组开展相关工作。

2015 年 5 月 4 日洛杉矶市检察官办公室的诉讼立案之后，Loughlin 知道 Hernandez 认为必须由社区银行以外的人员负责处理这些不当销售行为的问题。2015 年 5 月 8 日，Hernandez 向风险委员会、Loughlin 和 Stumpf 发了邮件，内容主要是他和 Loughlin 商讨过的销售违规操作问题以及即将在 2015 年 5 月 19 日召开的风险委员会的会议安排。Hernandez 告诉 Loughlin，他发此邮件是来帮助 Loughlin 掌管处理不当销售行为问题的权力的。

在 5 月 19 日的风险委员会会议材料的准备以及召开期间，Loughlin 都在休假。会后，Stumpf 致电 Loughlin，告诉他会议进行得并不顺利，会议中所做的报告也不理想。这次使得 Loughlin 下定决心，有必要让外部的第三方机构对销售违规操作问题进行全面综合的评估，这项工作在 2015 年得到了彻底落实。

在 2015 年与 2016 年早期，Loughlin 和公司风险管理部门都加大了对于销售违规操作的审查与管理力度。不过，从某种程度上说，公司风险部门的努力往往会受制于既要开展监管却又缺乏正确的管理结构这一对矛盾。2015 年末，公司风险管理部成立了销售行为监督小组（Sales Practices Oversight Unit，SPO）。另外，它还就关键的风险决策与流程对社区银行的第一道防线提出了批评，并与负责投诉管理、公司调查、全球道德风险、人力资源以及员工关系管理等领域的其他二线业务监管部门开展合作。

2016 年 5 月，SPO 承认，虽然相关工作有所进展，但"为了建立一套运行顺畅、全面且具有可持续性的监督体系仍有大量工作要做"。

五、近期补救的进展

对公司风险管理部门的建设仍在持续进行，对于风险进行集中管理的工作在不断推进。2016 年，4100 名风险管理人员调整了汇报对象，由之前向业务部门报告调整为向公司风险管理部汇报工作。2017 年，新增的 1100 名风险管理人员进行了同样的调整。因此，包括社区银行在内的业务部门的风险管理人员现在都直接向公司风险管理部报告工作。此举消除了风险管理部在处理社区银行销售违规操作问题时的关键组织障碍。

法务部

法务部内部细分为若干部门，每个部门均由一名副总法律顾问负责，他们直接向总法律顾问汇报工作。在这些部门中，有两个与销售诚信问题密切相关，即企业服务部（Enterprise Services Division），主要是指劳动法科（Employment Law Section），另一个是诉讼部（Litigation & Workout Division）。下面将分三个时间段来说明法务部参与处理销售诚信问题的情况。

一是在 2013 年年中的洛杉矶奥兰治县事件开展调查前，当企业服务部的雇用法部与人力资源部门共同处理人员解雇问题时遇到了销售诚信问题。

二是在《洛杉矶时报》2013 年 10 月和 12 月刊发洛杉矶奥兰治县事件调查的文章到 2015 年 5 月洛杉矶市检察官提起诉讼这段时间内，企业服务部的律师就销售诚信有关问题持续提供法律建议。

三是在洛杉矶市检察官提起诉讼后，法务部的诉讼部试图对富国银行的法律风险进行评估及管理，包括聘请普华永道就客户损害以及潜在损失的范围进行量化评估。

一、2013 年年中对洛杉矶奥兰治县事件开展调查之前

在 2013 年年中之前，劳动法科的律师在与社区银行人力资源部门人员共同处理员工解雇问题的时候遇到了销售诚信的问题。这些律师以顾问的身份参与了事件的调查，包括管理层如何作出解雇员工的决策，并探讨要为富国银行员工申请忠诚保险（Fidelity Bond），以杜绝销售不诚信行为。

但劳动法科的律师并不参与所有的内部调查；他们主要是参与识别并评估与裁员相关的诉讼风险。被雇用的律师们要处理因解雇员工所产生的相关诉讼。其中也有律师参与了为解决销售诚信问题而建立的跨业务部门团队，在这种情况下，律师主要负责确认并向部门负责人汇报涉及"声誉风险"的相关问题。

其实早在 2002 年，劳动法科的律师就曾同时遇到了部分员工销售行为不当以及解雇员工的情况（法律部内部称之为"大规模裁员"）。2002年夏天，内部调查部门认定，在 2002 年第二季度，科罗拉多州整个分行的上上下下几乎全都参与了为提升业绩而进行的弄虚作假行为。尽管富国银行的大多数人都认为该事件涉及柜员不恰当推介信用卡，但也涉及员工在未经客户同意的情况下发放借记卡。该事件中的当事柜员表示，是经理们要求他们进行这样的推销，并支持这种行为。因此，富国银行想要正常申请忠诚保险，就必然需要解雇相关人员。卷入该事件的包括经理在内的部分员工被解雇或被要求辞职。而富国银行并没有解雇涉案的所有人员，

因为这将导致该分行大部分柜员和银行家被解雇，最终富国银行通过承销商获得了忠诚保险相关的豁免。劳动法科的律师就这一事件提出了法律建议。

同时，富国银行决定重新召集一个在历史上曾对忠诚保险契约的理解与阐释提出过建议的工作组。重新召集该工作组的目的是"就最大限度地减少销售诚信问题并在相关问题出现时明确责任和流程提供建议"。该工作组负责销售诚信的培训及忠诚保险改革的相关事宜。法务部劳动法科的成员及领导层均参与了这项工作。

该工作组致力于"在如何应对弄虚作假的方面给予我们的团队成员更好的培训……并让他们对此严格负责"。该工作组推出了一项新的销售诚信培训计划，并重申弄虚作假与不诚实行为不符合富国银行的核心价值观，并承诺富国银行的诚信度保证了其是值得信赖的，客户们可以安心地将资产托付给其进行管理。

在接下来的十年里，富国银行激励薪酬制度带来的弄虚作假行为所引起的"大规模裁员"仍时有发生（当然还有个别裁员的情况）。各级劳动法科律师都曾了解到或参与解决类似的解雇问题。在此期间，富国银行的劳动法科的律师通常关注的是在被解雇员工提起诉讼的情况下，销售诚信案件的诉讼成本。然而，销售诚信案件的成本在所有的雇用诉讼成本中通常只占很小的比重（如在 2013 年，劳动法科的负责人在一份报告中详细说明，过去一年半中所有的销售诚信案件仅用不到 100 万美元就解决了）。

然而，从 2011 年开始，销售诚信事件卷土重来，使得这些律师们意识到，社区银行环境下所产生的销售压力是滋生弄虚作假案件的根本原因。劳动法科的律师和负责该部门的副首席法律顾问也开始认识到富国银行由于销售诚信问题而面临重大声誉风险，尤其是大规模弄虚作假事件的爆发。

2011 年，富国银行在加州的一家分支机构解雇了 13 名银行管理人员和出纳员，原因是他们在向客户推荐信用卡时存在弄虚作假的行为，这使得销售诚信问题重新浮出水面。当被质询时，这些人均表示管理层对此知情，不仅鼓励他们这么做，还从他们的不当行为中获利。这些被解雇的员工给 Stumpf 写信，声称他们受到了不公平对待。他们表示，管理层并未对这些行为进行批评，而且这些行为在整个社区银行内也都屡见不鲜。

解雇事件发生后，富国银行在 2011 年 5 月召集了另一个工作组，以解决社区银行的销售诚信问题。其中有三名劳动法科的律师参与。工作组讨论了诸如"过度裁员和与其相关的风险""大规模解雇"和"信誉风险"以及压力、激励福利计划和员工实现销售目标的愿望对员工行为所产生的影响。在这种情况下，法律部门的成员再度意识到了声誉问题。

尽管人们加深了对大规模解雇员工可能带来的声誉风险的认识，而且事实表明，诸多此类事件都涉及未经授权的产品或账户，法务部门始终认为销售诚信问题只是导致了针对社区银行激励计划的弄虚作假，但并未影响到消费者。这使得他们低估了增强和更直接地管理销售诚信问题的必要性。

二、《洛杉矶时报》2013 年 10 月和 12 月刊发洛杉矶奥兰治县事件调查的文章到 2015 年 5 月洛杉矶市检察官提起诉讼

在《洛杉矶时报》2013 年 10 月和 12 月刊发洛杉矶奥兰治县事件调查的文章到 2015 年 5 月洛杉矶市检察官提起诉讼的这段时间里，法务部的律师为两个销售诚信项目提供了法律建议。虽然违规销售操作行为在 2014 年以"重大风险"的名义上报给了风险委员会和董事会，但伴随着这种风险而来的信息搜集、讨论和建议并没有突出或确定这些不当行为所造成的法律后果。例如，产生的一系列的民事诉讼、许多联邦和州机构为此而开展的监管行动以及由此对富国银行名誉造成的严重损害。

2013 年 9 月，SSCOT 和内部调查部门对洛杉矶奥兰治县地区银行进行了调查，起因是销售质量报告发现了不同寻常的资金流动和电话号码的变化。当时，虚拟的资金流动仅被认为是一种新形式的弄虚作假行为。

虽然一些业务部门层面的律师在调查过程中提供了建议和指导，但并未强调其重要性，而且那些高级律师是在媒体开始询问有关解雇事件以后才掌握了调查的细节。在 2013 年 10 月初，当时的企业服务部主管和劳动法科的负责人开始担忧各级别的律师们缺乏必要的磨炼。

同年 10 月底，企业服务部的负责人向总法律顾问 James Strother 和后来担任 CRO 的 Loughlin 就调查事件进行了汇报。当时法务部并没有对董事会或任何董事会设置的委员会汇报调查的现状或细节情况。

在接下来的 18 个月里，法务部的律师们积极参与了两项主要工作，设法去解决销售诚信问题——进化模型计划（Evolving Model Initiative）以及核心团队（Core Team）。核心团队是在洛杉矶奥兰治县事件的调查之后创建的，目的是确保在调查的第一阶段结束后执行的解雇方案与之前的保持一致。

三、在洛杉矶市检察官提起诉讼后

2015 年 5 月 4 日，洛杉矶市检察官向富国银行提起诉讼，指控其制定不切实际的销售目标，迫使员工采取滥用和欺诈的手段来达成目标，而富国银行则通过向客户收费的方式获利。金融监管的调查随之而来；法务部直接进入诉讼管理模式。Strother 选择了刚加入富国银行 3 个月的法务部诉讼部门的负责人来应对诉讼（与外部法律顾问合作）。法务部和社区银行也收到了风险委员会主席的指示，要求在委员会于 2015 年 5 月 19 日召开的会议上汇报该诉讼情况。

法律诉讼使得法务部的律师和富国银行的其他人士开始考虑员工的弄

虚作假行为是否会对客户造成潜在伤害。随后，社区银行和法务部开始与社区银行的储蓄团队合作，以此来更深入地了解这个问题。很明显，需要进行数据分析来充分了解这个问题可能会带来的伤害，因此法务部请普华永道来协助开展相关工作。

然而，在法务部内部（与富国银行其他部门一样）一直对于解雇进行了不正当销售的员工的数量的严重性以及该数据对富国银行所造成的潜在声誉影响缺乏足够的认识，这种情况一直延续到2016年9月洛杉矶市检察官提起诉讼并且监管当局发布服罪判决书（Consent Decrees）。法务部的关注主要集中在能够量化的货币成本——损失、罚款、处罚、赔偿。由于自负地认为这些成本相对较低，法务部未能意识到销售诚信问题反映出的富国银行文化与价值观的系统性崩溃，而且未能及时纠正这种普遍存在的滥用客户个人数据和财务信息的违规行为。

人力资源/首席行政官

一、富国银行人力资源部门的权力分散化架构

与风险管理部门一样，富国银行的人力资源部门也是分散化治理架构的一部分，大多数人力资源部门的责任和功能都被分入了业务部门内。业务部门的人力资源负责人向各自部门的负责人汇报工作，而不是向银行的人力资源总监汇报。由于富国银行历来强调权力分散化的经营模式，因此社区银行在人力资源相关业务中具有高度的自主权，而银行的人力资源部门在社区银行内只有十分有限的权力、影响力和认知度。社区银行非常不

习惯公司人力资源部门参与他们的业务讨论和决策，并且对于业务部门内的与人力资源相关的活动一直保持着戒备心理，并加以控制。

几乎所有的销售诚信案例与问题都以某种方式涉及人力资源部门，具体包括员工的解雇、招聘、培训、指导、纪律、激励性报酬、绩效管理、离职率、士气、工作环境、理赔和诉讼等方面。从整体上看，尽管人力资源部门在其系统中记录了大量信息，但无论是社区银行还是整个富国银行层面的人力资源部门都未在跟踪或评估销售违规这一问题上步伐一致，并将此问题进行上报。

二、社区银行的人力资源部门

尽管社区银行及其内部的人力资源部门努力加强培训并增强发现不当销售行为的能力，但多年以来社区银行内部的违规销售问题一直存在。虽然认识到许多严峻的问题都是由销售压力和不当销售行为所引起的，但社区银行的人力资源部门不是不能就是不愿意在导致销售诚信问题的销售模式上挑战社区银行的领导层权威，而且未能有效地将违规销售问题向外反映。

起码从 2002 年开始，社区银行的人力资源部门就在遏制销售行为问题上付出过努力。2002 年，在 Tolstedt 的指示下成立了一个工作组，专门处理区域银行业务中的销售诚信问题、提出减少销售违规行为的建议、确定问题发生时的解决流程并在业务流程中明确自身责任。工作组还为经理和员工制作培训材料，包括在日常销售场景中采用的"道路规则"（Rules of the Road）、道德守则和约束要求的有关材料、正当和不当的销售行为、弄虚作假的后果以及提出问题或报告问题的方法。

Debra Paterson 在 2009 年 4 月至 2014 年 9 月期间担任社区银行人力资源部门负责人。虽然她认识到了销售压力和不当销售问题的负面影响并试图加以解决，但她既不愿意，也无法有效地质疑 Tolstedt 倡导的销售模式，而这一模式正是问题产生的根源。

2011 年，Paterson 发起了一个关于销售诚信的项目以研究社区银行中的销售诚信问题并提出相关建议。当时，Paterson 和 Tolstedt 对与涉及销售诚信的违规问题导致的解雇人员数量表示担忧，并希望降低社区银行的人员流失率。该项目的负责人是社区银行人力资源部门中负责员工关系（Employee Relations，ER）的负责人，团队成员则包括社区银行人力资源部门、企业员工关系部门、内部调查部门、社区银行销售和服务开发部门、合规与法务部的代表。团队的主要工作包括：识别导致不当销售行为的关键性因素，确定更为有效的风险管理工具并对包括激励型奖金计划在内的社区银行项目提出建议。

2012 年，该项目团队向 Tolstedt 提交了经认真总结和提炼了的工作成果与建议。项目团队的报告指出，分支机构和地区经理采用员工评级系统，通过向员工施压并使其产生丢掉饭碗的恐惧，以推动销售工作。甚至在一些分支机构和地区，经理仅凭员工的销售情况来决定其整体的绩效评价结果。对于激励型奖金计划，项目团队负责人口头建议：（1）停止提高销售目标；（2）取消出纳人员推介业务考核目标；（3）对激励计划进行调整。但是，社区银行并没有降低出纳人员推介业务的目标，只是稍稍降低了 2013 年的总体销售目标，而且直到 2014 年才对有资格获得激励型奖金的销售目标门槛作出调整（不过调整的幅度非常小）。当然，该项目团队最重要的贡献是强化了培训［例如引入了"道德宣讲"（Ethically Speaking）培训单元］和开发新型主动监测工具［如销售质量报告卡片（Quality of Sales Report Card）］。

在 2013 年下半年《洛杉矶时报》首次刊发报道后，Paterson 加入了一个工作组，主要负责评估导致违规销售问题的原因、包括激励型奖金计划在内的潜在补救措施等。这个工作组由 Raphaelson 领导，负责推动并指导相关工作，但社区银行外部力量的参与是有限的。最终，这些试图对奖金计划进行的调整非常微小且无足轻重。银行的人力资源部门和其他部门对 Paterson 在该项工作中缺少主动性和权威性感到失望。

2014 年 9 月，Tracy Kidd 接替退休的 Paterson 成为社区银行人力资源部门新的负责人。她在向 Hardison 汇报工作的同时也向 Tolstedt 汇报。Kidd 认为社区银行在 2014 年到 2016 年间有效地推动了解决违规销售问题的进程。

三、企业人力资源部/首席行政官（CAO）

Hope Hardison 于 1993 年加入富国银行，并于 2010 年成为企业人力资源部的总监。在任人力资源总监期间，她一直向 Patricia Callahan 汇报工作。直到 2014 年春，当成为营运委员会（Operating Committee）的一员后，她开始直接向 Stumpf 汇报工作。2015 年 9 月，在 Callahan 退休后，Hardison 出任银行的首席行政官（CAO）。

在任人力资源总监期间，Hardison 对违规销售问题已有所耳闻。但直到 2013 年末洛杉矶奥兰治县调查事件时，Hardison 还不知道这一问题其实早已普遍存在。当时，她还和其他人一样，认为违规销售问题只不过是在激励型奖金系统中搞一些弄虚作假的勾当而已。Hardison 同时还是道德委员会（Ethics Committee）的团队成员和不当行为执行委员会（Team Member Misconduct Executive Committee，TMMEC）的成员。后者从 Michael Bacon（他也是负责进行内部调查的企业安全部门的主管）处接收包括销售诚信问题在内的各种员工不当行为的报告。道德委员会的报告一般更关注销售不诚信行为增加的问题，而 Bacon 有时会将这些问题列为需要关注的问题。2013 年，向 TMMEC 提交的报告包括对销售诚信问题的指控和具体的案例。2012 年至 2014 年 9 月期间，Bacon 直接向 Hardison 汇报工作，并向她提交了多份涉及销售诚信违规和小组成员的其他不当行为的报告，以及针对具体案件的专门报告。2013 年 2 月，Bacon 发送给了 Hardison 一份提交到社区银行的报告，其中以表格形式清晰地列出了违反销售诚信行为、被指控的数量、已处理完结的案件、被证明清白的员工数量、确认欺诈或违反政策以及相关人员被解雇和辞职的情况（2011 年有 935 人，2012 年有 1142 人）、对案件类型的细分归类情况（其中包括那些客户认可的虚假记项和推荐等）。Hardison 不记得是否详细审查过这份报告或者完全了解了当时销售诚信违规问题的牵涉范围及其性质。

Callahan 在富国银行长期的职业生涯中担任过许多不同职位，包括人力资源总监（1993—1997 年，1998—2005 年）、操作风险和合规负责人（2005—2007 年）、企业责任团队主管（2008 年）、富国银行与 Wachovia 银行整合事宜的负责人和首席行政官（2011—2015 年），并在 2015 年 9 月退休。Callahan 在富国银行内有着较大的影响力，部分原因是她和银行内部许多部门的员工都一起共事过，Stumpf 则把她当成红颜知己和值得信赖的顾问。Callahan 也在不同的时期参与过许多董事会的相关工作，例如，她曾是管理层在人力资源部门与企业责任委员会的主要联络人。同时，她还肩负着董事会的其他职责，其中包括新董事的招聘和入职。

其实，Callahan 早在 2002 年参与处理在科罗拉多州分行的不当行为时就已知晓社区银行的违规销售问题。据 Callahan 称，当后来听说或收到关于社区银行弄虚作假的报告（其中也包括她作为 TMMEC 成员收到的报告）时，她凭借过去的经验认为他们只是针对激励性奖金系统弄虚作假的年轻员工。Callahan 知道，不管在哪一年，富国银行都会因销售违规行为而解雇 1000 名左右的员工。她认为，相较于社区银行的业务规模看，这个数字并不是一场灾难，而且这一数字还包括因不当推介业务以及其他程度相对较轻的违规行为而被解雇的员工数。

2013 年底，在《洛杉矶时报》首次刊发有关报道之后和洛杉矶奥兰治县调查期间，Callahan 和 Hardison 敦促社区银行的高层代表一起努力解决违规销售问题。Callahan 从公司（包括其作为 CAO 职责范围的媒体关系方面）和社区银行两个层面参与解决违规销售问题。她的工作既从维护企业声誉角度出发，也包括解决潜在的问题本身。在 2013 年 11 月 8～9 日与 Tim Sloan（时任 CFO）的邮件中，Callahan 确认她当时正与 Tolstedt 一起对违规销售问题进行评估。她写道："我们正努力控制因最近解雇员工事件而带来的伤害，希望《洛杉矶时报》事件短时间内不会演变成全国性事件。"她还写道，"虽 Tolstedt 已试图减少诸如销售目标、业务推介等带来的压力，但仍需加大对违规销售行为的检查力度。"

Hardison 和 Callahan 对遭社区银行开除的员工人数都高度重视。Hardison 特别担心社区银行只顾盲目地开除员工而不寻找产生问题的根源，而 Callahan 还对解雇事件带来的声誉风险表示担忧。为此，社区银行于 2013 年末到 2014 年初"暂停"了对销售诚信违规行为的主动监控，并试图评估违规销售的根源性问题。然而，Hardison 最终认为，这些努力并没有涉及问题的根源。

2013 年末，Callahan 和 Hardison 还邀请了一名企业人力资源部的资深人士和一名就业法方面的高级律师帮助社区银行分析违规销售问题出现的原因并提出解决问题的措施建议。此事由 Raphaelson 负责，而 Hardison 则从企业人力资源部的代表那里获悉，社区银行根本不愿提供相关信息或进行大的改变。而参与此项工作的银行代表们也没有对 2013 年末至 2014 年初这段时间内社区银行采取的行动产生多大的影响。

2014 年 4 月 9 日，Hardison 参加了一次 ERMC 的会议。会上，她得知 2013 年社区银行约有 1000 名员工因销售诚信问题而被解雇。Hardison 当时就对这一数字反应强烈，并在会上明确表现出来。当注意到社区银行在了解和整改问题上并没有采取什么实际行动时，她直言不讳地表达了不满。会后，Tolstedt 在电话中指责 Hardison，认为其不应在会上"欺负"她的人。会后，Hardison 与一些人进行了沟通，以期推动社区银行更快地解决违规销售问题。

Callahan 参与了对社区银行解决违规销售问题有关工作的评估，并提议针对 2014 年和 2015 年初的销售违规行为采取切实行动。她还与 Raphaelson 和 Tolstedt 沟通了对社区银行开展相关工作的提议。她与 Tolstedt 相识多年，十分了解 Tolstedt 作为经理人和社区银行领导者的优点和不足。在 Callahan 看来，Tolstedt 有能力管理和组织社区银行这样的大型企业，并推动企业按照她设想的方向前进。一方面，她有着很强的控制欲，同时谨慎异常，在做决策和执行变革时往往谨小慎微。在 2014 年和 2015 年初，Callahan 感觉到社区银行在解决违规销售问题上不够迅速，但她自己也没有尽力去推动这项工作。

Callahan 并没有与董事会、人力资源部或企业责任委员会提及违规销售问题。Hardion 第一次提及违规销售问题是在 2014 年 2 月。当时，她提出了一个关于对社区银行管理层薪酬影响的风险进行监测的议题。

2014 年末和 2015 年初，银行的企业人力资源部参与了风险部门开展的富国银行整体风险的评估，以决定因风险问题而进行调整的 2014 年薪酬方案。Hardison 认为，尽管她在相关文件上签了名，但这些决定主要是由风险管理部门作出的。虽然在 2014 年初 Hardison 认为，社区银行没有在解决销售违规问题上付出足够多的努力，但在 2014 年末，她也认可了在富国银行内部盛行的一种观点，即社区银行在解决违规销售问题方面已花了很大的气力并正取得进展。相应地，她和 Loughlin 都建议不要因销售诚信问题对 2014 年的奖金方案再做调整了。

2015 年末和 2016 年初，Hardison 和 Loughlin 对于风险问题开展了另一项评估，以决定对管理委员会级别以下的管理人员薪酬的调整方案。2016 年 2 月在给人力资源部的报告中，她们建议根据社区银行的销售诚信问题作出相关的调整，而这些方案的提出对受影响的员工的薪酬总额进行了

1%～3%的调整。

四、最新补救措施的变化

富国银行自2015年启动了人力资源职能的集中化进程后，对其公司风险管理和企业文化方面权力和职能的转变也进一步提速。2016年起，各业务条线的人力资源主管开始直接向整个银行的人力资源部汇报工作。除了增加业务条线的透明度和加强总体监督之外，报告集中化管理还旨在加强对业务部门内部激励薪酬计划的独立监督，并强化对人才建设的管理和领导力的培训。

除了这些机构调整外，人力资源部针还对违规销售行为采取了具体的行动。他们创建了一个项目，把已离职的员工重新招聘回来，包括那些因销售压力而离开的人。他们也在积极地重新评估和思考新的办法来确定和衡量员工的敬业度和满意度，因为在过去的员工调查中，正面的"高标准"指标使其对违规销售问题的范围和性质，及其对员工的影响不得而知。

内部调查组

内部调查组是富国银行的内部组织，负责调查对员工不当行为的指控，并对已证实的行为给出处理意见。内部调查组还要就在特定情况下是否提交可疑行动报告（缩写SAR）作出决定。它提出关于解雇员工的意见，但这并非是最终决定。内部调查组独立于业务体系之外。调查人员既不存在（被迫）放弃调查销售诚信违规行为的压力，也不相信其决定会被公司业务或其他职能部门否决。

2012年前，内部调查组一直是向审计部门报告的。当时，富国银行刚任命了一位新的首席审计官。而从2012年开始到2014年9月，内部调查组转而向企业人力资源部门汇报，而从2014年9月起，它又成为企业风险管理部门的一部分。Michael Bacon领导内部调查组直至2014年9月，当时他因富国银行内部重组而被免去了企业安全部门主管的职务，随后离开。

内部调查组首先注意到2002年销售诚信案件的增加。内部调查组代表参加了由社区银行牵头的2002年销售诚信专题小组。2004年，内部调查组又参与了一项销售诚信调查工作组的工作，该工作组还包括社区银行人力资源部、社区银行管理部门和法务部门的代表。它同时处理和执行了一系列针对培训、审查和调查针对弄虚作假行为的指控的补充性措施。

在工作中，一位内部调查组的经理在2004年8月以"弄虚作假"（Gaming）为题写了一份报告，涉及销售诚信违规行为以及内部调查组了解到的与该问题相关的内容。报告包含销售行为问题的范围和对其产生的原因及造成的影响的观察。报告中写道，"这是企业内部安全调查组得出的结论"，"参与现有企业销售激励计划的团队成员认为，不弄虚作假是不可能实现销售目标的，而欺骗行为的动机则来自对没有达到预期绩效而失去工作的担忧"。该报告警告富国银行存在声誉风险，并明确指出，"如果客户认为富国银行的团队成员没有以恰当和合乎道德伦理的方式开展业务，将会导致业务的流失和其社会声誉的下降"。同时，报告还指出，富国银行已在一些涉及因销售诚信问题而被解雇员工的失业保险案件中败诉，而在案件的审理过程中，法官们也对销售激励制度表示出不齿。此外，报告还介绍了两家同行的经验——这两家银行在修改销售激励计划后显著减少了员工流失的情况，并建议富国银行同样考虑减少或消除设置给员工的销售目标，并取消因销售目标不达标而解雇员工的做法。

本报告发送给了首席审计员、一名负责员工招聘事务的内部资深律师、社区银行人力资源部门的员工、社区银行销售和服务发展主管以及 Michael Bacon。2004 年 10 月，该报告在更广的范围内进行过探讨，但显然报告中的内容及其建议未引起进一步的重视。2004 年 12 月，工作组向 Tolstedt 和 Callahan 提供了关于工作组工作的备忘录，但其中并未包含 2004 年 8 月的报告内容。

在之后的几年里，如本报告其他部分所述，Bacon 向管理层成员提交了包括销售诚信案例数据的书面报告，但该报告似乎并没有解决引发销售诚信违规行为发生的根源，也没有提出如何防止该问题发生的建议。Bacon 曾告诉一位同事，他对销售诚信问题十分担忧，并多次向领导层提出此事，但他感觉到这一问题并没有得到有效解决。

审　计

一、关于销售业务的问题和薪酬激励计划的审计

2011 年至 2016 年期间，富国银行的审计部门（以下简称审计部门）对涉及社区银行内部的销售业务问题进行了定期审计。审计发现，旨在检测、调查和纠正销售业务违规行为的程序和控制措施能够有效降低销售业务的相关风险。此外，审计部门还审查了社区银行的薪酬计划，并发现该计划并没有助长不道德行为的产生。然而，作为一项日常工作，审计部门却没有尝试找出产生不当销售行为的根源。

2011 年 4 月，审计部门审查了区域银行的"销售、服务与发展"部

门，该部门负责实施各种措施来监控和降低区域银行雇员潜在的不道德行为，如欺诈行为等。审计部门将"销售、服务与发展"部门的措施评定为"有效"（审计评级量表中满分为 5 分，其得到了 4 分）。但是，审计部门发现了一个"中度"问题——关于监控借记卡销售诚信的问题。实际上，审计部门已在内部调查中发现了有关借记卡潜在的销售问题。审计部门知情人士表示，在一般情况下，审计部门不会定期对类似问题进行调查，但当遇到具体问题时仍会对其重点审查。

2013 年 12 月，审计部门对区域银行确保销售质量/销售诚信的职能部门又进行了审计，再次认定检测销售业务违规行为的程序和控制措施是"有效"的。当时，销售质量/销售诚信职能部门，包括销售和服务质量调查分析团队，研究了对分支行不适当销售行为的指控。在审查销售质量/销售诚信职能部门时，审计部门审查了风险管理、控制系统和管理流程，以确定该职能部门是否有效接收并回应了对于销售诚信行为的指控。虽然审计部门没有审查针对个人的指控，也没有对银行经理进行面谈以确认销售问题的根源，但审计部门的知情人士解释说，他们对其"有效"评级感到满意，因为违反销售诚信的行为已被查明，并在确认违规行为后解雇了相关雇员。一名知情者还表示，审计部门在 2013 年 12 月进行审计时发现，洛杉矶地区利用监测系统进行主动监测调查。这让审计人员感到放心，因为监测系统能够最大限度地发现问题行为。

审计部门定期审核社区银行内部质量监测团队，即"存储运营控制审核"部门（SOCR），而不是分支行审核部门。SOCR 每年在考察团队成员行为、对分支机构级员工访谈、检查关键账户相关文档（如客户身份和签名采集，这些文档在开户时被集中图像处理中心收集）后，都会对富国银行分支机构进行评级。2010 年，审计部门评定 SOCR "有效"（满分 5 分，实得 4 分）。但确定了包括 ATM 卡未被及时销毁、部分文件中存在错误、质量保证工作文件不一致或没有准确地完成等"中度"问题后，2012 年

SOCR 仍再次被评定为"有效"（满分 5 分，实得 4 分）。然而，审计指出，"这些未经确认的错误没有一个会影响 SOCR 的整体评级"。2013 年，审计部门围绕这些项目纠正行动计划展开了审查，发现该计划实施得不够充分，并会引发一些新的问题。2014 年，审计部门在审查 SOCR 时发现 2012 年的部分项目中存在的问题仍未得到解决，因此给予了"需要改进"的评级。此后，审计部门放弃依靠 SOCR 的审查结果，开始亲自负责对分支机构展开审核。

审计部门除了审核以上监测和操作流程外，还从企业和区域银行层面对激励性薪酬计划进行了审计。特别是审查激励性薪酬系统，确保其不会产生负面影响并导致员工开展不当行为。最为重要的是，在 2012 年，审计部门进行了一次针对区域银行的薪酬审计，包括对分支机构职员和管理人员的激励性薪酬计划进行审查。除其他事项外，本次审计还考虑了激励计划中"混合驱动"计划对团队成员行为的潜在影响。尽管审计部门最终认为激励性薪酬计划主要是由销售驱动的，但该计划在客户服务、销售质量等因素间取得了足够的平衡。审计部门之所以得出这样的结论，是因为他们仅对相关文件进行了简单的审查。如银行经理访谈时谈到，审计部门并未通过实地调查来确定该计划如何影响员工的行为。而据一位审计知情人士透露，实践中评估激励性薪酬计划的设计运作应属于第一、第二道防线（业务和风险管理）的范畴。

二、"文化"审计

作为年度企业风险管理评估（ERMA）的一部分，审计部门对富国银行企业层面的风险和道德文化进行了评估，并从 2013 年起对社区银行和其他业务条线的风险和道德文化进行评估。与监测流程和控制的方法相比，审计部门测试企业文化的方法在系统性方面效果更差。知情人士解释说，文化是一个"软"概念，很难运用常用的审计工具进行量化和监测。2013年，审计部门将社区银行的文化评级为"强"，该评级结果综合了对组织内部风险管理发展的高度、审计结果和各种"关键性方案——聚焦于顾客"观察等多方面的内容。2014年，社区银行的企业风险管理评估特别关注了风险文化。为支持另一项被评定为"强"的文化评级，审计报告称，风险管理"在社区银行中得到了重视"，并"积极参与战略规划"。此外，审计部门发现，除了社区银行风险管理委员会、存款损失管理领导委员会、大额亏损审查小组以及商业直接风险与控制会议等其他委员会会议外，"在业务部门实施的强有力的控制措施也显示了银行对于风险管理的重点关注"。

2016年3月在审计部门发布的"2015年社区银行文化评估"中首次反映了新兴销售行为问题。在意识到提高至更高监管标准的情况下仍需保持有效的风险管理时，审计部门将整体风险管理（文化分析的一个组成部分）调整为"需要改进"的等级。同时，另一个被确定为需要加强的领域是"销售实践领域"，该领域亟待管理层对其治理和管控措施予以改进，以解决监管问题。尽管如此，审计部门仍将企业文化的评级定为"满意"，并指出通过培养一种"只需将基于需求和增值的产品和服务交付给客户"的文化来强化销售实践。2015年，基于对"高层的基调、激励性薪酬、绩效管理和银行声誉"等因素的综合考量，企业文化同样被认定为"令人满意"。

三、对销售问题的额外审计

除了审计工作外，审计部门还获得了季度报告和委员会报告等数据。这些数据表明随着时间的推移，社区银行的销售问题逐渐增加。审计部门的工作人员通过参加各类内部委员会讨论了销售诚信问题。审计部门的知情人士解释说，这些委员会没有采取实际行动或下决心治理和制定相应的政策。相反，它们意图提高高层对"宏观趋势"的认识。此外，审计人员参加了半年一次的区域银行领导会议，而会议资料显示他们讨论了有关销售诚信指控问题。知情人士还表示，他们在会上收到的信息有助于查明新出现的风险，但他们认为结果并不令人感到震惊。审计部门还编写了提交给审计检查委员会（A&E）的季度报告，其中包含对销售质量和团队成员欺诈数据的总结。

审计部门的高级管理人员在 2012 年 7 月收到了 Bacon（企业安全主管，也曾出席审计部门组织的区域性会议）的电子邮件，其中提到了"销售诚信问题的激增"和"关于销售诚信领域的关注趋势——从商业道德报告增加到行政投诉书"以及"已确认的欺诈行为的增加"。但是审计部门并没有跟进，尽管审计部门中电子邮件的接受者之一表示他认为 Bacon 正在这样做，部分原因正如该电子邮件指出的那样："企业安全调查部门继续在社区银行项目组工作，分析销售诚信问题的根本原因和实施降低"虚构销售推荐""客户关注"和"虚假输入客户身份信息"等风险的管控措施。

审计部门内的知情人士表示，他们没有理由认为社区银行内对于销售违规行为的监测和纠正程序是不完备的。相反，他们所看到的信息表明，现有的管控措施都按预期发挥着应有的作用。知情人士还表示，他们收到的对于销售不当行为的指控数量并不突出，这表明需要对审计范围进行修改。他们进一步指出，面对销售诚信指控的增加，审计部门通过检查相应的监测功能是否正常并对此作出回应。他们认为，监测功能是有效的。此外，知情人士还表示，作为第三道防线，审计部门的工作是确保由第一道（商业）和第二道（风险）防线建立的管控措施是否恰当。审计部门人员表示，他们的重点是测试特定流程的运行，并管控相应的目标风险，但一般不会调查风险的根源。根据知情者的说法，这项任务是由业务部门承担的，因为他们更熟悉风险环境、更容易获取运营数据、更接近于员工并要对员工的行为负责。

董事会

本节将详细描述富国银行董事会及董事委员会对于销售行为关注重点的变化。董事会材料最早可以追溯到 2002 年，关注的重点为 2009 年 1 月 1 日富国银行和美联银行正式合并开始到 2016 年 9 月 25 日。其间，共召开了 80 次董事会会议、80 次审计检查委员会（A&E）会议、近 80 次人力资源委员会会议、31 次风险管理委员会会议、3 次 A&E 和风险管理委员会联合会议。

报告中关于销售的部分可分为三个阶段：2014 年之前、2014 年至 2015 年 5 月、2015 年 5 月至 2016 年 9 月 25 日。

一、2014 年之前

2014 年之前，销售行为或销售质量问题并没有成为董事会或董事委员会关注的风险点。由风险、合规、法律和金融部门的最高级管理人员组成的企业风险管理委员会着手准备关于值得关注的风险点的报告，并从 2010 年第一季度开始向董事会提交。企业风险管理委员会为董事会准备季度书面报告，反映富国银行面临的最高企业风险，通常包括 20 ~ 40 个风险点。但在 2014 年之前，销售行为问题尚不在被识别的风险点中。

例如，2013 年 2 月，企业风险管理委员会向董事会提交的"最高企业风险"报告涵盖了至 2012 年底已识别出的 17 个最高风险"和 4 个"新风险"，而销售质量问题不在其中。同样，在 2013 年 4 月，企业风险管理委员会向董事会提交的报告中提出了四种"最高风险"、一种"新风险"和一份列出了包括声誉风险、战略风险、金融风险、信用风险、法律风险、市场风险、其他操作风险和其他风险分类下的 16 种风险的附录，但销售质量问题同样未被列入其中任何一个值得关注的风险点中。此外，在 2013 年企业风险管理委员会的其他报告中，销售质量问题也都未被提及。

风险管理委员会负责监管企业范围内的风险，而人力资源委员会负责监管富国银行的激励薪酬风险管理计划以及高级管理人员和员工可能导致公司面临重大财务或声誉风险的行为。在 2014 年之前，提交给这些委员会的材料中都未对销售质量问题予以关注。

事实上，在为 A&E 准备的材料中提到了销售质量问题。相关材料中指出，上市公司审计委员会的主要职责是监督和审查公司财务报表及其完整性，并监督外部和内部审计人员。A&E 将重新审核包括运营风险、法律和合规性风险、金融犯罪风险、信息和安全风险以及技术风险等在内的风险问题。

在 2014 年以前，为 A&E 准备的材料并没有强调销售行为是值得关注的风险。但早在 2002 年，委员会的材料中就曾提到了销售行为或"弄虚作假"问题。它们分别在 A&E 的季度材料的两个部分中出现：

第一，《银行保密法案》（BSA）官员发布季度情况报告。通常，该报告主要对《银行保密法案》、反洗钱（AML）和海外资产管理办公室的制裁违规活动进行讨论。报告还包括"外部欺诈调查"和"内部欺诈调查"两部分的可疑行为报告（SAR）。2009 年总计有 21 种可疑行为报告类别，都包含了违法或可能违法的行为。其中，有 5 种与处理员工的不当行为或不法行为有关，具体包括贿赂、挪用公款、贪污、滥用权力或谋私交易、神秘失踪和虚假陈述。"销售质量"可疑行为报告在虚假陈述范畴内。2012 年，新的可疑行为报告类别扩大至 75 种，提供有问题的或虚假的文件便是其中之一。在《银行保密法案》官员的部分报告中特别提到了"销售质量",另一些中则没有提及。

第二，富国银行审计与安全委员会（2012 年更名为富国银行审计服务，WFAS）也准备了一份 50～150 页的季度报告，报告涵盖了多个主题，包括企业最关注的问题（如 BSA 和 AML）、新兴问题、富国银行和美联银行的整合、审计审查和跟踪、特别审计项目、根据联邦法律法规进行的调查和年度报告要求等。富国银行审计服务（WFAS）报告中提到了两种情况下的销售质量问题。首先，银行安全部门对"团队成员的不当行为进行了调查"，不当行为涉及可能违反法律、违反道德准则或违反信息安全政策，主要包括挪用公款、贷款欺诈、伪造记录和销售质量等。其次，道德热线报告和对员工"可能违反道德准则、违法行为和可疑行为"的匿名调查报告中也包含了对销售员工行为约束的内容。此外，富国银行审计服务（WFAS）季度报告还花较大篇幅描述了有关针对销售行为的指控和调查。

2014 年之前的 A&E 报告中，将销售质量可疑行为报告和调查与挪用公款、贪污、违反道德规范、伪造记录、业务费用欺诈、银行柜员强行平账以及其他影响客户但被忽视的情况等内部问题归为一类。

但是，2014 年之前的 A&E 报告并没有明确指出销售质量是一个值得关注的风险点。例如，从 2013 年开始，在 A&E 相关会议的材料中销售行为从未被提及。实际上，自 2005 年至 2013 年，季度报告中仅两次提及销售行为。当然，对销售问题缺乏关注并不令人意外，其原因主要来自两个方面：一是销售行为对富国银行的财务报表产生的影响一直没有被量化；二是违规销售行为主要来自分支机构的销售人员，而非财务报告内部控制监测的销售员工。

二、2014 年至 2015 年 5 月

2013 年 12 月 21 日《洛杉矶时报》发表了一篇主要针对洛杉矶地区不

当销售行为的文章后，董事会开始加强对销售质量问题的关注。风险管理委员会主席 Hernandez 向 Loughlin 指出，银行的风险管理应包含如何解决销售行为问题，而风险管理委员会则应知晓销售问题的相关事态及其发展。至此，监督企业范围内风险的主要职责都转移至了风险管理委员会，该委员会主要由其他委员会的主席组成。

2014 年 2 月，销售行为和交叉销售策略首次被风险管理委员会确定为风险问题。企业风险管理委员会发布了一份报告，题为"值得关注的风险问题"。在 19 个值得关注的风险中，销售行为被列为"高风险问题"，并在未来一年可能继续升级。在 2014 年 1 月 22 日提交给董事会的一份类似的报告中，企业风险管理委员会将销售行为列为十大风险之一，并补充了 11 个额外风险点。该报告于 2014 年 2 月被递交至董事会议进行讨论。报告指出，管理层特别关注"与销售行为、交叉销售策略和团队成员行为"相关的风险。2014 年 2 月，人力资源主管和首席风险管理官向人力资源委员会报告，以建议在 2014 年对社区银行的销售诚信问题进行监测。在报告中，他们指出，包括加强监控手段在内的行动计划正在付诸实施，但无需因销售诚信问题对 2013 年的奖金方案进行调整。

2014 年 4 月 17 日，Loughlin 和 Tolstedt 通过邮件讨论了将在 2014 年 4 月风险管理委员会会议上提交的一份销售行为报告草案的有关内容。Loughlin 对 Tolstedt 建议说，风险管理委员会希望听到对"交叉销售目标的压力是否会导致不良行为"的意见。当 Tolstedt 被传唤履行陪审团义务后，她的演讲被从议程中删除了。在 4 月份的董事会会议上，Loughlin 报告称，销售行为已成为银行企业风控部门当前关注的"焦点"。

在 2014 年 8 月 4 日召开的风险管理委员会会议上，风险管理委员会与高级管理层共同提出了销售行为问题。在此次会议上，Loughlin 和 Stumpf 对一位主管提出的交叉销售风险问题作出回应，并指出富国银行交叉销售策略会和长期客户关系的发展保持一致。

自 2013 年初以来，富国银行不断推进一个内容更为宽泛的项目，以加强银行风险管理队伍的建设和风险管理委员会监督职能的履行。2013 年 2 月，独立咨询公司麦肯锡参与了对富国银行风险管理实践的评估。麦肯锡公司准备了一份长达 402 页的报告，向风险部门提出了一系列的改革措施，并指出需要"全面管理与销售相关的风险（包括产品设计、产品的适宜性和交叉销售）"，但并没有对实际问题展开过多描述。2013 年夏天，麦肯锡的报告被提交至风险管理委员会、董事会和富国银行的监管机构。2013 年 10 月，银行风险部门向董事会提交了一份为期三年的计划，以实施麦肯锡公司和富国银行监管机构提出的改革方案。2014 年，董事会为银行的风险部门提供了 6000 万美元的额外资金支持，用作增加工作人员的费用。此外，风险管理委员会还和 Loughlin 探讨了通过员工素质是否足以预测本企业风险的问题。

2014 年，在向风险管理委员会提交的季度"值得关注的风险问题"报告（其中有两份同时提交至董事会）中，继续将销售行为标为高风险，尽管该风险没有被列入在具体执行层面上最重要的风险里。此后，企业风险部、社区银行和人力资源部向董事会和风险管理委员会保证，将销售行为问题纳入需重点关注的问题的行列中，保证监控环境得到改善，监控活动有效展开。

在 2015 年 2 月，得益于上述改进，"值得关注风险问题"报告中将销售行为问题从高风险降至中等风险，称管理层"正在构建对销售行为的额外监督措施"。审计部向 A&E 报告称，该委员会在 2014 年对销售行为和交叉销售进行审计评估中没有发现问题，被认为风险监管有效。人力资源总监和首席风险官向人力资源委员会建议，社区银行已经采取了适当的行动来解决销售质量问题，因此，没有必要对 2014 年销售质量问题的补偿进行调整。

2015 年 4 月，Tolstedt 向风险管理委员会报告了销售行为相关问题。

她承认，有必要解决社区银行的销售质量问题，但解决这些问题的方案有所改变。Tolstedt 表示，通过增强销售和服务行为监督团队的监管职能、加强社区银行的道德培训、改进薪酬结构和激励计划以鼓励良好行为、通过销售质量报告中加强监控部分（这里指为管理提供"在销售中客户签名、激活、流程和客户费用中"的关键质量指标），风险管理水平已经得到显著提高。报告称，2015 年第一季度，通过 QSRC 系统实现"可接受"评级的分支机构比例上升至 93%，所有地区银行高管的表现都远高于可接受的水平。报告指出，2014 年对道德热线销售质量的指控下降了 10%。Tolstedt 强调，一个大型机构无法表现得尽善尽美，销售行为问题主要是由于个别员工的不当行为造成的。

但风险管理委员会成员认为 Tolstedt 的演讲不够深刻，且过于乐观。会议结束后，委员会主席 Hernandez 告诉 Loughlin，Tolstedt 的演讲并不令人满意，她应向风险管理委员会再做一次报告，以解决销售行为问题。

三、2015 年 5 月至 2016 年 9 月

2015 年 5 月 4 日，洛杉矶市检察官对富国银行在洛杉矶的销售行为问题提起诉讼。5 月 7 日，受指控所困，风险管理委员会主席 Loughlin 就被指控的问题以及有关富国银行的政策、框架和组织活动向风险管理委员会做了报告。2015 年 5 月，"值得关注的风险问题"将销售行为恢复到了高风险级别，并指出："将销售行为定为银行的首要问题，一方面是因为这是监管关注的重要领域，另一方面是由于最近一宗针对不当销售行为的指控给富国银行带来了声誉风险。"

在 2015 年 5 月 12 日的一封电子邮件中，Stumpf 对法务部、企业风险部和社区银行的高层表示，他和风险管理委员会主席决定重新审查"洛杉矶问题"，并将其列为风险管理委员会下周的首要任务。Stumpf 要求 Tolstedt 与法律团队合作，在会议前向委员会成员提供相关信息。

在与 Stumpf 的讨论中，Hernandez 曾表示，5 月份的报告不应只讨论洛杉矶地区的案例，还应提供更多的销售行为问题以及银行对此作出的反应等内容。在复核了由社区银行准备的报告草案后，Stumpf 要求起草小组在报告中加入更多内容，包括：在过去的 12 个月内因违规销售行为而被解雇的员工数量、富国银行实施改革以来因违规销售行为而被解雇的员工比例、富国银行如何确保弥补客户的损失、开立不当账户的数量以及相应的补救措施等。

修改后的草案中包含一些必要的信息，披露了在 2013 年和 2014 年该地区银行约有 1% 的员工因违规销售行为而被解雇这一事实。一名律师质疑了该数据的真实性，这也成为社区银行和法律团队代表讨论的重点。经过探讨，这一数据被从报告中删除。每一位受访者都表示他们已不记得删除这一数据的具体原因。而相关电子邮件的内容则显示，最有可能的解释是，Anderson 致电 Tolstedt，告知她 1% 的数据并不可靠。尽管内部调查主管坚称该数据没有问题，称 2013 年社区银行有 1229 人因不当销售行为而被解雇或辞职，在 2014 达到了 1293 人，但 Anderson 仍质疑这一数字的真实性。

在 2015 年 5 月 19 日的会议上，风险管理委员会与管理层和公司法律顾问会面并听取报告。在 Strother 发表公开演讲后，Tolstedt 也发表了讲话。他们向风险管理委员会传达的信息包括：（1）随着在南加州地区开始调查，2013 年和 2014 年"零售银行业务范围"不断扩大，其间有 230 名员工被解雇；（2）70% 的员工解雇与违规变更电话号码有关（其目的是为了阻挠电话监控调查），另外的 30% 是因为滥收费用；（3）解雇员工的根本原因是其行为不当，而不是因销售目标或薪酬引起的系统性问题；（4）富国银行在监控不当行为方面取得了成效。

风险管理委员会对这份报告进行了严厉的批评。2013 年至 2014 年调查所掌握的 230 名员工被解雇一事是董事们第一次听说有大规模解雇员工的情况存在。正如参会者在电子邮件中指出的那样，委员会对此感到意外。此外，在识别可能的违规行为时，社区银行已在 3 个月的时间内对 50 起电话号码的违规变更进行了筛选。正如几名知情者回忆的那样，Hernandez 对这种做法提出了质疑。他们还回忆说，风险管理委员会对社区银行花费过多时间进行客户损失分析进行了批评。

根据内部调查结果，2013 年和 2014 年的实际员工被解雇人数分别为 1229 和 1293 人，但在 2015 年 5 月 19 日的会议上未被提及。即使社区银行认为实际的解雇人数并不是多么重要的数据，且统计的过程中或许还存在漏洞，风险管理委员会仍要求其提供准确的数据和与销售行为问题有关的信息。多名董事表示自己被报告误导了，他们一直认为，由于销售质量问题引起的员工解雇人数在 200 人至 300 人的范围内，且主要发生在南加州地区。直到 2016 年，董事会才得到准确数据，了解到了实际被解雇的员工总数。

会议结束后，Stumpf 致电正在度假的 Loughlin，告诉他这次会议（Stumpf 本人没有出席）没有产生预期效果，报告内容也不尽如人意。

在风险管理委员会对 2015 年 5 月份的报告作出严厉批评后，管理层报告称正在加大对该问题的关注。在 6 月的董事会会议上，Loughlin 报告说，企业风险部正计划对银行的销售行为进行全面审查，内容涵盖社区银行、银行抵押贷款、财富管理、经纪业务和退休管理等方面，同时还计划聘请一家第三方咨询公司，对富国银行的培训、薪酬和销售行为进行独立审查。管理层承诺在 2015 年 10 月的会议上向董事会汇报审查结果。在 2015 年 6 月提交给董事会的风险意识"提示表"上，销售行为问题与诉讼和加强监管合规活动一起被列入了跨职能和声誉风险的行列中。

2015 年 10 月 27 日，董事会会议对销售行为问题进行了回顾。董事会所有成员都收到了埃森哲（富国银行咨询顾问）的报告。埃森哲参与了对社区银行销售情况的评估。Tolstedt 在报告中介绍了埃森哲提出的改革措施，Loughlin 则就风险管理部将如何加强对销售行为的监督进行了报告。董事会还与管理层就是否继续聘请普华永道对客户损失进行评估展开了讨论（相关的评估工作于 2016 年 1 月 31 日完成）。据在场者回忆，Hernandez 再次对 Tolstedt 的报告提出了强烈批评，认为她故意在董事会面前对问题轻描淡写。

管理层向董事会报告了其工作情况。在 2015 年 11 月 17 日的 A&E 会议上，《银行保密法案》（BSA）官员称，内部调查正与以企业风险为导向的销售行为活动同步进行。他报告说，现在的销售质量问题案件占了银行内部调查案件的25%，而在75%的调查中确认发现了欺诈或违规行为。在同一会议上，首席合规官向 A&E 和风险管理委员会汇报了与监管机构的讨论内容以及对销售问题的合规补救措施。在报告中，销售行为仍被列为高风险和"银行首要"的问题。

2015 年 12 月，Hernandez 和首席独立董事 Stephen Sanger 与 Stumpf 在华盛顿会面并共进了晚餐。他们向 Stumpf 表达了 Tolstedt 无法胜任社区银行领导的看法。

与此同时，在风险管理委员会的支持下，风险管理部门迅速发展。在 2016 年 2 月的风险管理委员会会议上，Loughlin 报告称，2015 年风险管理专业人士的数量增长了 16%，共有超过 1 万名员工从事风险监控工作。2015 年 11 月，银行又新增了一名销售风险监控主管，并在 10 月聘请了社区银行销售和服务行为风险的新主管。2016 年，银行的风险预算将再增加 15.9%，并将聘请更多的销售行为监管领域的专业人士。

2016 年，为了解决诉讼问题，管理层不断向董事会报告与洛杉矶检察官和富国银行的监管机构进行的讨论内容，以及如何对监管机构提出的问题作出回应，并对销售不当行为采取补救措施等。普华永道总结了对客户损失的调查结果。此外，风险管理委员会继续保持银行风险管理部门的快速发展壮大。

2016 年 2 月 23 日，董事会的人力资源委员会开会确定了包括 Tolstedt 在内的高管们在 2015 年的补贴金额。至此，董事会成员对 Tolstedt 的评价仍大相径庭。董事会，尤其是风险管理委员会对销售行为问题感到担忧，但在这一点上，董事会成员仍认为主要是南加州地区的问题。Hernandez 曾严厉批判了 Tolstedt，认为她有意误导董事会。但大部分董事则认为，虽然 Tolstedt 过于乐观并将问题轻描淡写，但其实问题并没有那么严重。然而，许多人认为她的戒备心理、保守的管理风格、抗拒变革和不愿与社区银行外的人员合作的态度，使她不适合继续领导社区银行。此时，她仍直接向 Sloan 汇报工作，而 Sloan 表示要用 6 个月的时间来评估她的表现，大部分董事会成员对此表示赞同。尽管如此，Stumpf 仍然坚持支持她。他主张，包括 Tolstedt 在内的所有高级管理人员都应得到相同的待遇。当人力资源委员会对此提出质疑后，Stumpf 继续坚持他的观点。最终，人力资源委员会接受了他的建议。

整个春季和夏季，管理层都建议与洛杉矶检察官、美国消费者金融保护局（CFPB）和货币监理署（OCC）进行和解谈判。2016 年 5 月初，在 A&E 的董事们要求道德办公室更积极地参与之后，他们收到了银行首席全球道德官的书面报告。这份报告包含了有关销售质量违规的信息，以及 2014 年和 2015 年解雇员工或员工离职的准确数字，其中，2014 年社区银行有 1327 人，2015 年下降了 30% 至 960 人。A&E 在 7 月会议上公布了 2016 年前 5 个月解雇员工的数据。

2016 年 7 月 31 日，Sloan 完成了对 Tolstedt 的评估。同日，董事会决定将不再聘任她担任富国银行的高管。她随即宣布将于 2016 年 12 月 31 日退休。

2016 年 9 月 8 日，富国银行与洛杉矶城市检察官、CFPB 和 OCC 达成和解。根据和解协议，董事们首次了解到，在 2011 年 1 月 1 日至 2016 年 3

月 7 日期间，约有 5300 名富国银行的员工因销售违规行为而被解雇。董事会成员提议取消所有零售产品的销售目标（原计划于 2016 年 9 月 13 日宣布该决定，并将于 2017 年 1 月 1 日正式生效）。在董事会的敦促下，取消销售目标的生效日期被调整至 2016 年 10 月 1 日。

大约在 2016 年 9 月 21 日，董事会的独董们聘请 Shearman & Sterling 律师事务所提供独立的法律咨询（此前并未参与）。独董们于 2016 年 9 月 25 日会面，采纳了 Stumpf 和 Tolstedt 提交的报告中关于补偿的有关措施。Stumpf 同意放弃所有未被授予的股权奖励（价值约为 4100 万美元），并放弃 2016 年的奖金。Tolstedt 被迫放弃所有未被授予的股权奖励（约为 1900 万美元）。此外，董事会表示她也拿不到 2016 年的奖金和离职金。当天，董事们成立了独立的销售行为监督委员会，负责对销售行为进行全面调查。而董事会的各个委员会在调查结束前就纷纷对其章程进行了修改，扩大了他们对包括销售行为在内的行为风险监督和审查的范围。

英国金融业批发市场行为监管（银行同业拆借市场、外汇交易市场、大宗商品交易市场）

英国金融批发市场高度发达，其对应的行为监管探索具有全球示范性。伦敦是全球性金融中心，其金融批发市场的交易规模和影响都具有全球性，其外汇交易量和场外利率衍生品交易规模约占全球的40%，国际债券交易量约占全球的三分之二。然而，近年来，英国金融批发市场接连发生多起重大行为违规案件，如外汇市场汇率操纵案、LIBOR操纵案等，这些案件不仅损害了当事人和更广泛经济体的利益，也损害了伦敦金融中心的市场声誉。为恢复市场信心，2015年6月英国财政部、英格兰银行、英国金融行为监管局（FCA）联合发布了《公平有效的市场审查：最终报告》（FEMR），全面审视固定收益、货币和商品批发性金融市场（FICC市场），提出了强化市场标准和个人责任、提高交易行为质量、加强英国国内监管、开展国际合作、促进市场公平性以及前瞻性地识别风险六个方面21条政策建议。2016年7月、2018年5月，英国财政部、英格兰银行、英国金融行为监管局先后公布了《公平有效的市场审查：执行报告》《公平有效的市场审查：进展报告》，总结政策建议的落实情况。

一、提高市场标准，增强个人专业水准和责任

市场标准模糊和个人责任缺乏是FICC市场系列问题的重要原因。

FICC 市场业已发生的一系列具有重大影响的不当行为案例表明，市场操纵、共谋、违规使用内幕信息、误导等反映了从业人员责任缺乏，以及对市场行为标准缺乏清晰界定。其中许多机构没有充分注意到行为标准在交易实践中意味着什么，部分个人甚至认为在一家机构的不良行为记录的后果可以通过跳槽到另一家公司来避免。作为回应，FEMR 建议从五个方面加强 FICC 市场标准建设和个人责任。

（一）制定一套全球认可的 FICC 市场交易行为共同标准，力求通俗易懂，并始终如一地坚持标准

市场标准可由高级原则和或更详细的规则构成。高级原则的优点是其较为简明，能够适应市场的发展需要并包容创新。但是它们在市场上的应用需要监管机构和市场机构的判断，这可能造成市场参与者之间关于原则如何适用于特定问题的不确定性，监管机构需要在这两个极端之间寻求实现可行的平衡。尽管不当行为的具体方面在不同交易员、机构和市场上可能有所不同，但在许多情况下，其行为显著相似且可相对直接描述，因此有必要制定一套共同的标准，旨在阐明个人在批发市场与客户和交易对手互动时，应当遵守的关键行为准则和核心原则目标。准则可以围绕三个主题：（1）机构与其交易对手或客户之间的双边关系；（2）所有市场参与者维护市场诚信的义务；（3）加强竞争法在 FICC 市场的实施。考虑到许多 FICC 市场具有国际化特点，该标准由国际机构制定和颁布将是最有效的。

（二）建立对 FICC 市场人员的最低标准培训和资格要求，包括持续的职业培训

确保个人在实践中遵守前述标准的机制非常重要。培训和资格证书是确保个人理解并适用适当行为标准的重要工具，FEMR 建议围绕以下原则制定培训和资格标准框架：（1）培训和资格要求应着重于理解与 FICC 批发市场有关的行为标准；（2）培训和资格要求应包括广泛利用个人可能面临的现实世界情景的课程材料；（3）培训和资格要求应当有严格和持续的

评估程序，以确保对相关的批发市场行为标准有深刻和持久的了解。其中，培训提供者应该重点通过使用"真实场景"方案来评估参训人员的知悉情况，"围绕某一特定市场事件进行交易"的培训中，参训人员应：（1）认识和理解合法交易活动与市场操纵之间的区别，并能够在面临类似但不一定相同的情况时应用这一知识；（2）了解如何围绕某一特定市场事件进行交易，并确信该交易不会被误解为市场操纵；（3）掌握必要的步骤，以确保在利益冲突确实发生时，能够公平和有效地加以预防或管理；（4）了解处理客户订单信息的适当方式。上述是评估参训人员应该知道，并在其市场上应用的一整套行为标准。

（三）制定详细的个人监管参考模板（表格），方便机构识别在不同机构间跳槽的行为记录不佳的个人

个人监管参考模板中的个人是指高级管理人员和认证制度①管辖下的个人。模板内容包括任何相关确认属实的投诉，与评估诚信度及声誉有关的任何事宜，包括刑事罪行、违反行为守则和纪律的处分、监管调查；与评估能力有关的任何事项，包括该人士是否保持任何所需的专业状态及是否达到培训要求；与评估财务状况有关的任何事项，包括涉及破产或不利的民事诉讼，以此为机构识别交易行为不佳的人提供便利。

（四）扩大英国对市场滥用的刑事制裁范围，涵盖更广泛的 FICC 交易品种

近年来，英国对机构不当交易行为进行了空前大规模的执法罚款，提升了机构合规程度。但是同时，监管者担心机构可能会越来越多地将罚款视为经营成本，在此背景下如何进一步增加对个人责任的关注尤为必要。这其中一个具体障碍是，英国相关刑事制裁制度的范围有限，如英国法律

---

① 2016 年 3 月 7 日，英国推出了高级管理人员和认证制度（Senior Managers and Certification Regime，SM&CR），这是英国在金融危机后首创的一项针对银行业从业人员的严厉监管制度，该机制旨在确保所有金融机构高级管理人员为其违法行为承担个人责任。

对公司市场操纵可适用刑事责任，但不包括内幕交易。因此，FEMR 建议更新英国市场滥用的刑事制裁框架，扩大到更广泛的 FICC 交易品种〔包括《市场滥用行为监管条例》（*Market Abuse Regulation*，MAR）所涵盖的所有交易品种〕，对市场操纵和内幕交易行为均适用刑事责任。此外，英国司法部一直在审查"公司未能预防经济犯罪"这一新的法定犯罪案件，以及更广泛地确定公司刑事责任的规则。FEMR 建议，一旦这项工作结束，财政部应进一步考虑对滥用市场行为的刑事责任是否适当和可取。

（五）鉴于其严重性和社会危害性，将市场滥用行为犯罪的最高监禁刑期从 7 年延长为 10 年

英国涉及 FICC 市场个人刑事责任的另一个具体障碍是，市场滥用定罪的最长刑期比其他类似经济犯罪的刑期要低。英国市场操纵犯罪行为的最高刑期为 7 年，但是这一处罚明显低于其他经济犯罪，如欺诈和贿赂（最高为 10 年）或者洗钱（最高为 14 年），然而就其严重性和社会危害性而言，市场操纵与其他经济犯罪并无二致，应引入新的立法将市场滥用犯罪行为最长刑期由 7 年延长为 10 年，与欺诈和贿赂行为相一致。

二、提高 FICC 交易行为质量，增加规则清晰度和市场沟通

FICC 市场缺乏对交易行为标准的行业集体认知，市场对行为标准存在模糊和不确定性。从英国最近的执法案件中可以看出，机构内部现有的政策、程序和培训似乎很少或根本没有为交易员或其内部主管，就监管部门制定的原则、条例和规则在实践中意味着什么提供实际指导。市场参与者对可接受和不可接受的市场做法之间的界限存在不确定性认知，因此 FICC 市场需要有更强有力的共同代表，以确定和商定符合监管要求的良好市场做法标准，这些标准能更迅速地响应新的市场结构和交易模式，既

适用于传统的市场参与者，也适用于新的市场参与者，并在机构内部和机构之间得到更有效的监测和遵守。

FEMR 建议建立 FICC 市场标准委员会（FMSB）并承担相应职责。FMSB 成员应由各类市场参与者共同组成，包括买方公司、卖方公司、基础设施提供者、公司最终用户和独立人士，其成员代表应是具有丰富 FICC 市场经验的高级商业领袖，他们应代表自己的意见，而不是代表某个机构的意见，并与当局定期进行对话。FMSB 承担以下职责：（1）加强市场行为标准建设，监测市场潜在的风险和脆弱性，并在需要时对新趋势和风险及时反馈和应对。（2）依据 FICC 市场各个细分市场情况，通过编制指南、实际案例研究和其他材料，解决特定交易实践中不确定性的领域。（3）促进遵守标准，包括分享并促进涉及 FICC 业务线的内控和治理结构方面的良好做法。（4）促进行为标准的国际接轨。

目前 FMSB 已经成立，由 50 多个会员机构和 200 多位资深市场从业人员组成，其成员代表了全球的发行人、资产管理公司、交易所、托管机构和投资银行，共同帮助制定反映市场整体利益的可信标准。FMSB 已经制定了涉及新债券发行程序、商品市场二元期权、书面电子通信监测、前台人员监管、外汇交易市场行为培训和监管等领域多个良好行为标准和声明，为促进 FICC 市场行为标准和最佳实践的发展作出了贡献。

三、加强对 FICC 市场的金融监管，确保规则有"牙齿"

缺乏有效的"牙齿"（监管）是确保遵守市场准则的最大挑战之一。英国市场滥用监管制度已经涵盖了部分 FICC 市场的活动，并随着 2016 年引入《市场滥用行为监管条例》而扩大，但仍存在一些明显不足。FEMR 建议围绕三个重点领域加强对 FICC 市场的监管：第一，填补监管漏洞；第二，强化监管工具，以确保 FICC 市场人员遵守市场标准；第三，提高

FICC 市场参与者对竞争法的认识。

（一）填补监管漏洞扩展 LIBOR 监管框架的范围涵盖英国另外 7 个主要的 FICC 市场基准

基于 LIBOR 丑闻的影响，英国较早前已将其作为主要基准纳入监管范围，将 LIBOR 上报划归为受监管的活动，并将 LIBOR 造假列为刑事犯罪，但 FICC 市场其他一些基准未纳入，为此，FEMR 建议财政部扩大英国最初在 LIBOR 丑闻后实施的基准监管框架的范围，以涵盖英国另外 7 个主要的 FICC 市场基准，包括 WM/路透伦敦外汇定盘价（WM/Reuters 4 p. m. London currency fix）、基准掉期利率（ISDAfix）、ICE 布伦特原油期货合约、伦敦金定盘价、LBMA 白银定盘价、英镑/美元隔夜平均指数（SONIA）以及隔夜回购指数平均（RONIA）。政府接受了 FEMR 的建议，相关立法已于 2015 年 4 月 1 日生效，这是确保市场参与者对英国 FICC 市场主要基准信心的重要一步。这些基准的管理人和提交这些基准报价的机构现在都须遵守公平竞争法和相关规章要求，操纵或企图操纵这些基准可能构成刑事犯罪。目前，即期外汇交易市场仍不属于英国市场滥用立法的范围，因此 FEMR 建议在英国为外汇即期交易建立一个新的民事和刑事市场滥用制度，包括借鉴《全球外汇市场准则》成果，以加强外汇市场的行为标准。

（二）强化监管工具，确保 FICC 市场人员遵守市场标准

确保遵守市场准则的最大挑战之一是缺乏有效的"牙齿"。在高级管理人员和认证制度下，这种情况将发生变化，该制度将要求其管辖下机构个人遵守适当的市场行为标准并为此负责。此前，高级管理人员和认证制度已适用于英国银行、房屋信贷互助会、信用社和 PRA 监管的大型投资公司。但是，FICC 市场不当行为并不限于银行，FICC 市场其他参与者，如交易商间经纪人和资产管理公司，都超出了高级管理人员和认证制度范围，同时鉴于非银行机构在 FICC 市场正变得越来越重要，因此 FEMR 建议将高级管理人员和认证制度扩大到更广泛的受监管公司，至少包括 FICC

市场的活跃机构。2016 年《英格兰银行和金融服务法》（*Bank of England and Financial Services Act*）包括将高级管理人员和认证制度扩大到所有授权金融服务公司的条款，并于 2018 年生效。扩展这一制度有助于支持 FICC 市场参与机构作出更好的决策，并确保在整个金融服务行业，如果高级管理人员未能采取合理步骤防止其违反其职责范围内的规定，则可追究他们的个人责任。高级管理人员和认证制度提供了一个强有力的框架，机构通过该框架，可以而且应该根据 FICC 业务的监管和适当的市场标准监测其 FICC 业务人员的行为，包括要求机构每年向监管机构报告因违反行为规则而受到纪律处分的个人，这将为有关准则、管理制度提供重要支持，有助于提高整个行业的个人和市场行为标准。

（三）提高 FICC 市场参与者对竞争法的认识，强调竞争法适用于 FICC 市场行为

英国有一套完善的竞争法，适用于金融服务和其他市场领域。最近的执法案件中提出的证据表明，大多数涉案人员都意识到他们的行为是不适当的，但也许没有意识到他们的行为可能违反了竞争法，其在理解竞争法的范围和权威方面存在缺陷。对此，FEMR 建议采取步骤，提高机构和交易员对 FICC 市场活动适用竞争法的认识，包括通过 FCA 向活跃于 FICC 市场的授权机构通报 FEMR 中的材料、加强机构的内部培训，以及 FMSB 将制定的关于 FICC 市场资格和培训的新指南。作为回应，英国竞争和市场管理局于 2015 年 9 月向 FICC 市场主要机构发送了 FEMR 中关于竞争法适用于 FICC 市场的章节，在其网站上公布了这份文件，强调机构有责任确保遵守竞争法。FMSB 制定培训工作框架也将考虑采取措施提高成员机构对竞争法的认识。

四、开展国际合作，提高全球 FICC 市场标准

全球化市场需要全球性标准。考虑到 FICC 市场普遍相互关联性及英

国批发市场的全球影响力，在因不当行为引发的罚款达到历史最高水平，以及越来越多地依赖资本市场为经济复苏提供资金之际，英国监管机构认为在国际层面处理 FICC 市场不当行为的必要性具有重大现实意义。FEMR 建议发起国际行动提升全球批发市场的标准，并重点关注三个领域：（1）外汇市场；（2）基准；（3）薪酬。

（一）外汇市场应制定全球外汇市场准则，并提高交易透明度

外汇市场尤其是即期外汇是所有 FICC 市场中最全球化的。即期外汇交易在历史上一直遵循以国家为基础的自律规范，对于这样一个跨越多个司法管辖区的 24 小时交易市场，设计一套关注行为问题的单一全球监管框架具有挑战性。FEMR 建议：（1）制定一个单一的全球外汇市场准则，涵盖交易行为和平台标准、行为范例和指南、促进遵守的工具等。（2）作为前述工作的一部分，应特别注意改进外汇市场的内部控制和透明度，因为目前的部分做法可能存在不当行为，例如"最后观望机制"（Last Look）等①。2015 年 7 月，国际清算银行（BIS）在其市场委员会下设立外汇市场工作组（FX WorkingGroup，FXWG），由全球 16 个国家（地区）的中央银行代表组成。FXWG 下设市场参与者工作组（Market Participants Group，MPG），由来自上述区域的市场参与者组成，共同制定全球外汇市场统一的行为规范，即《全球外汇市场准则》（*FX Global Code*），并于 2017 年 5 月发布。该准则分为道德操守、公司治理、交易执行、信息共享、风险管理与合规、交易确认与结算六个部分，包含五十五项原则，并附有案例说

---

① "最后观望机制"就是允许流动性提供商即做市商根据市场环境和自身利益进行拒单，或者允许他们收集客户提交的订单信息，从而有可能让其进行交易前对冲甚至是超前交易。"最后观望"起初起源于早年口令式下单的交易时代，当时银行以"最后观望"作为风险管理机制以防止一些潜在市场风险发生。随着电子化外汇交易的普及，"最后观望"变成做市商一种控制外汇活动权限和平台操作的法宝。流动性提供商利用这种机制保障自己，免受市场波动和自身科技局限的影响。有观点认为"最后观望"已经不合时宜，科技的进步和实时流畅报价的普及，让客户可以即时检视价格，完全免除了"最后观望"作为风险控制工作的必要性。"最后观望"不在任何资产类别中出现，唯独是外汇交易，这已侵蚀了外汇市场的信任度，市场需要恢复更多透明度和公平性。

明及术语解释。这将有助于促进建立稳健、公平、开放、适度透明和富有流动性的全球外汇市场，推动市场诚信高效运行，重建公众信心。

（二）基准领域应优化形成机制，扩大基准计算所基于的交易范围

近年一些发生在批发市场行为不当案例都涉及对基准的操纵。批发市场或者缺乏流动性或者以双边交易为主，使得基准在批发市场扮演着非常关键的角色。在此类市场中，基准汇聚了不同的交易价格或报价，因此有助于减少交易双方的信息不对称，为市场提供关键的参考价格（如汇率、利率），降低交易成本和提高流动性，增强市场的有效性。基于金融基准的这些良好特征，对基准操纵将会导致重大社会成本，通常人们将这个责任归结到涉事的交易员或者机构，但是近年有关基准的不当行为案例表明，金融批发市场基准的设计和管理安排存在脆弱性。如 LIBOR，全球有超过 350 万亿美元的金融衍生品和公司债将其作为利率定价的基准，但其依靠主观报价形成，而不是事实上的交易价格，这一机制为报价行内部操纵行为留下了空间。再如伦敦下午 4 点 WM/路透汇率，其虽然依赖"可交易报价"，即对手方可以按该价格要求报价方成交，操纵成本相对较高，但仍然存在明显缺陷：数据取样窗口过小，只选择 4 点前后 1 分钟的交易价格为基准计算的基础，降低了报价的代表性。为此 FEMR 建议：改善基准指标设计方法，尽可能从基于报价转向基于交易形成基准；扩大基准计算所基于的交易范围（包括通过扩大定盘窗口期）；扩大报价参与者的数目；提高基准指标透明度，使用电子竞价平台、拍卖等更透明的定价方法等。此外，国际证监会组织（IOSCO）金融基准工作组研究督促基准指标管理者及时公布更多的自评估报告，为指标使用者提供指南。

（三）薪酬与行为风险领域应改进薪酬与行为风险匹配性，检查改善各类薪酬工具（如奖惩机制、追回机制）和薪酬结构的使用

薪酬是 FICC 市场行为的主要驱动因素之一。因此，制定有效的制度，使薪酬与行为风险相一致，是推动提高市场专业水平的一个重要优先事

项。尽管这方面取得了重大进展，行为风险在很大程度上被纳入机构的薪酬决定，监管机构和市场机构开发了一系列工具来改进薪酬与行为风险匹配性，如对于英国的银行，PRA 引入了一项关于奖金"追回"的规则，允许在某些情况下机构在支付奖金后也可以将其收回，最长期限可达 7 年（高管人员拟为 10 年）。此外，可变薪酬的份额占总体薪酬比重已经下降，固定薪酬的作用日益增加，但这些工具有效适用仍然存在不平衡等问题。FEMR 建议金融稳定委员会应在全球层面研究进一步改善薪酬与行为风险之间的一致性，检查改善各类薪酬工具（如奖惩机制、追回机制）和薪酬结构的使用。

五、促进更公平的 FICC 市场结构，确保市场选择多样性和可获性

FICC 市场结构与不当行为之间具有潜在关联。市场结构问题为市场滥用等不当行为提供了可能性，这些结构问题包括：基准形成机制设计较差；机构同时作为自营交易者和不受管理的代理人的利益冲突；跨不同业务线横向整合加剧利益冲突；易于串通；部分资产流动性欠佳和市场深度不足等。FICC 市场中场外交易方式普遍，究其原因是因为终端使用者需求决定了交易模式，该市场中单笔交易规模巨大或者部分交易产品标准性、流动性不足，使得场外交易成为 FICC 市场重要交易方式，但也由此带来了一些弊端：一方面，做市商和经纪商的角色存在利益冲突，其可能利用内幕信息进行抢先交易，损害客户利益。做市商机制使得市场分割，其双边定价和执行机制使得市场透明度受限，市场很难公允评估交易定价合理性，增加了信息不对称问题。另一方面，部分 FICC 市场交易品种缺乏流动性，交易不活跃，小额交易就可能引发大的价格变化，如此条件下使得市场很容易被操纵。此外，随着市场横向联合的增加，捆绑销售、交

叉补贴等增加了新进入者难度并减少选择，影响了市场的公平有效性。针对上述问题，FEMR 建议：

（一）增加场外交易市场透明度，改善如外汇市场"最后观望"等

虽然交易所等场内交易模式具有很好的透明度，但是市场交易模式最终取决于终端投资者需求，鉴于大额交易及其执行机制和部分流动性不足资产交易的需要，场外交易模式仍具有很强的竞争力，在此背景下，应针对性改善场外交易的透明度，维持或增强多种交易模式的效益，同时改善如外汇市场"最后观望"等交易行为；改善公司债券发行程序透明度，对于定价和分配机制提出更具一致性要求。

（二）警惕 FICC 市场潜在的反竞争架构和行为，促进市场选择多样性和可获性

监管机构（包括专门的反垄断部门和金融监管部门）需要警惕通过反竞争的市场结构或行为阻碍挑战性技术的发展，如匿名电子多对多交易平台（使用匿名的多对多电子交易渠道可以增加流动性好和标准化程度高的资产交易的公平性和有效性）或交易所，通过监测并对潜在的反竞争结构或行为采取行动，促进市场选择多样性和可获性。成本压力和传统流动性提供者减少已经引发了一波实质性的创新浪潮，但是采用这样的技术有时是缓慢的，即使市场基础资产似乎非常适合这种交易。这部分归咎于用户之间协作失败，或未能提供用户所需要的特定技术服务，但有时这也反映了竞争障碍。FEMR 建议，FICC 机构和交易员应该意识到，在批发市场上有很多被成功起诉的违反竞争法相关案例，包括涉及利率衍生品和商品的卡特尔、不当披露内幕价格信息、通过歧视性行为滥用市场支配地位、限制对客户服务的供给等。

（三）推进私营部门协调失败而阻碍的市场化改革

FICC 市场基础设施尽管非常重要，但私人缺乏加强基础设施建设的激励。监管机构应当准备促进市场自身难以推进的改革。例如，为提高二

级市场流动性，市场准备发行更加标准化的公司债，但市场一些咨询意见希望在匹配自身现金流和投资者需求时保留选择权。实际上，标准化的替代选择具备潜在收益。CDS等工具的标准化过程亦表明，监管机构推进以市场为导向的改革可以产生积极效果。

六、前瞻性开展行为风险识别并采取风险缓解措施，及时解决监管关注以替代费时费力的正式执法调查

针对FICC市场的执法查处程序费时费力，成本很高，且需要在不当行为发生后很长时间才能确定结果。为减少不当行为的执法成本，需要对FICC市场不当行为进行早期干预，包括识别和纠正市场结构和行为方面的风险。FEMR主要思路是从两方面展开：一方面，如何提高早期发现不当行为的可能性；另一方面，如何提高违规者的预期违法成本，这方面的核心措施是前已述及的加强个人的监管责任。

（一）及时识别由现有和新兴市场结构或行为导致的行为风险，及时采取缓解措施

风险部分内在于市场结构中，除了改善市场结构和增加透明度外，市场参与者需要提高其识别不当行为根本原因的能力，并且将这些教训适用于可能一开始并不相关的领域。监管者和机构要对新的交易行为和结构的风险保持警惕，如新的交易技术可能减少近年来发生的一些行为不当风险，增加市场有效性，但是也可能带来新的挑战，如分裂交易平台和流动性、带来不透明的交易算法或公式等。新成立的FMSB在提示这些风险时可以发挥重要作用。

（二）加强对机构不恰当交易模式和行为的监控，切实履行可疑交易报告义务

一般认为，监管者承担行为风险监管的主要责任，但实际上应当由监

管者和机构分担责任。英国相关执法案例表明，由于机构最接近自己员工和交易对手的行为，机构必须确保自己拥有监测不当行为的手段，并在必要时果断行动，否则它们自身将遭受最大的经济和声誉损失。这就需要机构内部加强监测，包括使用大数据技术、类型分析判断、语音交流数字化以及其他先进的分析技术（如关键词识别监测和监管数据核查等）。同时，机构还应对雇员不当行为规定经济上处罚，如减少个人奖金或延迟发放奖金、收回奖金或者通过监管参考表向其他机构披露个人不当行为。此外，FICC 市场参与者需要努力确保其满足了监管对于可疑交易报告义务的要求。近年来 FCA 获得了越来越多的可疑交易报告，这可为发现不当行为和市场滥用提供有用的情报来源，协助监测与监管。

（三）加强对 FICC 市场的前瞻性监管，实施多种"早期干预"行动

避免或减少针对批发市场不当行为的执法和违法成本可以通过前瞻性监管予以实现。监管机构可以实施多种前瞻性监督和"早期干预"行动，如针对行业开展的专题检查、针对单个机构的"深度检查"、运用大数据技术对市场进行监控、宣誓要求、针对技术人员审查或行使正式权力要求暂停特定交易活动等。FCA 为批发银行制定了一套 5 个问题，供其使用前瞻性方式监测行为风险。这些问题包括：（1）机构如何识别其业务的固有行为风险；（2）整个组织如何承担行为风险的责任；（3）机构如何提供支持，使员工能够改善行为；（4）董事会及高级管理层在监督组织行为方面的角色，并考虑战略决定对行为的影响；（5）机构是否有其他活动破坏改进行为的战略。这些措施将协助及早发现不当行为，及时地解决监管关注以替代费时费力的正式执法调查。

七、英国竞争法在金融批发市场行为监管中的适用

促进竞争是行为监管的重要内容，也是英国行为监管者的重要职责。

然而，最近发生在 FICC 市场的著名案例表明，企图串通操纵市场价格的不当行为损害了市场正常竞争，因此，FEMR 指出在 FICC 市场强化竞争法意识和执行十分重要。总体而言，英国竞争法覆盖全部市场和公司，违反竞争法将导致非常严重的法律后果，其中个人可能面临高达 5 年刑期和或罚款，机构可能面临最高达年全球总收入 10% 的罚款，机构和个人主动报告其参与卡特尔可以减轻或免除其处罚。

（一）违反竞争法的行为种类

英国竞争法（或"反托拉斯法"）框架涵盖所有机构和个人，包括金融市场的经营者。其没有区别批发市场和零售市场，以及 FICC 和非 FICC 市场。竞争法框架也适用于金融市场，包括目前那些不属于金融市场监管的即期外汇交易。目前，主要存在三种违反竞争法的行为类型。

1. 卡特尔。卡特尔是一种严重的反竞争行为，涉及两个或两个以上的竞争对手正式的或非正式的同意限制或停止竞争。卡特尔的运作可能涉及价格操纵、分割市场、串通投标、限制服务供应或商品生产和信息交换。竞争对手之间协议或安排可以有很多方式——包括书面合同、电话交谈、社交活动、会议或聊天室或通过电子邮件。在 FICC 市场，潜在的符合卡特尔行为的例子包括：（1）价格操纵：与一个或者多个竞争对手就为客户提供的产品或服务的价格达成协议（价格包括佣金、费用、利率等）。2013 年 12 月，欧盟委员会就利率衍生品卡特尔问题向花旗、德意志银行、巴克莱银行等 6 家银行开出 17.1 亿欧元的巨额罚单，创下欧盟对此类反垄断罚款的最高纪录。执法部门调查发现，2005 年 9 月至 2008 年 5 月，相关银行交易员探讨其提交的 Euribor 盘算细节，甚至在交易及定价策略上也相互串通，扭曲了衍生品定价组成元素。接受和解的金融机构包括巴克莱银行、德意志银行、苏格兰皇家银行以及法国兴业银行，其中，巴克莱银行由于向欧盟委员会供出该卡特尔的存在而免于受罚，其他三家银行则因为在调查中踊跃配合及接受和解协议分别获得不同程度的"罚款优惠"。

（2）市场划分：与一个或多个竞争对手达成一致，划分客户或市场，同意不参与提供某些金融工具或服务的竞争，同意在某些地区不互相竞争，或同意不互相竞争彼此客户。（3）同意限制产量或价格（如大宗商品市场或交易领域）。（4）操纵投标。

2. 其他反竞争协议或协调行为。其他反竞争协议或安排包括"水平的"（竞争者之间）或者"垂直"（供应商和客户之间）卡特尔，可以通过合同等正式方式，或者通过交谈等非正式方式达成。FICC 市场的相关例子包括：（1）非公开的直接或间接沟通商业敏感信息，如竞争对手之间披露未来定价意图。2011 年 1 月英国公平贸易办公室披露，苏格兰皇家银行向竞争对手巴克莱银行披露了其利率未来定价的商业敏感信息，旨在协调提供给大型专业服务公司的贷款价格，尽管在这些价格上没有明确的协议。苏格兰皇家银行随后被处以 2859 万英镑罚款。（2）机构和客户之间限制产品、服务或数据的转售价格和或条款协议。例如，机构要求客户不得以低于某一价格出售产品和提供服务，或强加客户不能向该机构竞争对手转售金融产品的条件。（3）机构之间（或这些机构中的个人之间）共同阻止其他竞争对手进入市场，从而保护自己的市场地位。（4）机构之间（或这些机构中的个人之间）同意合作禁止开发或引进可以减少他们在市场上的影响力和或减少其利润的新技术。但并不是所有上述协议都违反竞争法，如果其经济上或技术上的利益可以转移给消费者，或者是增加消费者利益必不可少的条件，则可以豁免遵守相关法律。

3. 滥用市场支配地位。英国竞争法禁止任何拥有市场支配地位的机构滥用市场地位行为。支配地位本质上等同于市场力量，机构只有在其能够独立于竞争对手、供应商和消费者施加的正常约束行为时，才有可能占据支配地位。具有支配地位本身并不违反竞争法，只有实际滥用该支配地位违反竞争法的，才构成违法行为。具有市场支配地位的机构可能通过不同策略排除竞争对手或掠夺客户，包括：（1）拒绝供应现有或新客户，或没有正当理由拒绝提供对基本设施、服务或数据的访问或者以不合理的条件提供上述服务。（2）没有客观理由向同类客户提供不同的价格或者条件。2004年，Clearstream Banking AG（一家主营证券清算及结算业务的提供商）被欧盟委员会发现有滥用市场支配地位行为而遭到处罚，包括拒绝向欧洲清算银行提供清算和结算服务及歧视性价格行为。（3）"捆绑"销售。如一家机构规定客户希望购买一种产品同时还必须购买另一个不同的产品。在一些环境下，捆绑可以是有效的，并导致更低价格。然而，当占支配地位的机构使用其优势在市场捆绑销售产品排挤竞争对手时，就会出现违反竞争法问题。（4）订明机构只在客户向其委托所有业务的条件下与其交易。例如，一个大型代理商与一个客户办理大宗经纪业务的条件是，客户同意其通过代理进行所有的交易活动。（5）价格过低以致不能收回销售的产品或服务成本。机构以低于成本的价格提供服务，目标是赶走竞争对手，然后再次提高价格。上述情景并不总是构成违反竞争法，具体应当考虑个案事实和环境，包括从事这种行为的具有支配地位的机构是否有客观原因。

（二）违反竞争法的法律责任

个人和机构违反竞争法的法律责任包括罚款、剥夺董事任职资格、刑事处罚、第三方损害赔偿以及声誉损害。一是对机构的大额经济处罚。机构违反竞争法最高可处以年度集团全球营业额10%的罚款和命令改变其行为。二是对个人的刑事处罚和罚款。个人通过机构从事卡特尔活动，如签署竞争者之间的定价协议、分割客户或市场，或在拍卖或投标中参与弄虚作假，根据《2002年企业法》可面临刑事起诉，最高刑罚为5年监禁和/或被处以罚款。三是民事诉讼责任。机构或个人因违反竞争法应赔偿对方损失并停止侵害。四是剥夺董事任职资格。机构的董事违反竞争法可以被剥夺担任英国公司董事资格15年。五是声誉损害。这可能是重大而长期持久的损失。

（三）竞争法执行机制

在法律适用方面，英国违反竞争法的行为受英国《1998 年竞争法》和《2002 年企业法》所管辖。在监管方面，英国竞争和市场监管局（CMA）以及金融行为监管局在金融服务领域共同行使相关执法权力，其中前者负责卡特尔违规行为。金融行为监管局的职责不限于其监管的行为和机构，而是覆盖整个金融服务领域，包括金融批发市场不在金融监管范围内的区域，如即期外汇交易。

英国还建立了针对违反竞争法的举报机制和宽恕机制。基于 CMA 的宽恕程序，机构和个人向监管机构主动报告自己参与卡特尔，可以获得减免罚款或者减免其他应当承担的法律责任的优惠待遇，个人还可能免于刑事起诉。为符合宽恕程序，申请者必须承认他们参加卡特尔，并且完全配合监管当局的调查，除非另有指示立即停止参加卡特尔活动。个人或者机构怀疑同伴、竞争者、供应商、客户等违反竞争法，可以致电监管部门。受监管的机构有义务遵守《机构从业原则》第 11 条"机构必须以开放和合作的方式和其监管者交往，并必须向 FCA 适当披露监管者合理预期的有关公司的任何情况"的要求。

参考文献

［1］奥巴马政府公布创建消费者金融保护局法案［J］．中国银监会参阅信息，2009（121）．

［2］陈柳钦．构建金融信息安全保障体系的基本思路［J］．价格与市场，2009（3）：33－36．

［3］国家外汇管理局年报（2017）［EB/OL］．http：//www.safe.gov.cn．

［4］贾凤军．关于金融信息化热点问题的深度思考［J］．中国金融电脑，2009（6）：24－26．

［5］李国安．WTO服务贸易多边规则［M］．北京：北京大学出版社，2006．

［6］廖凡，张怡．英国金融监管体制改革的最新发展及其启示［J］．金融监管研究，2012（2）：88－102．

［7］廖岷．银行业行为监管的国际经验、法理基础与现实挑战［J］．上海金融，2012（3）．

［8］廖岷．金融科技（FinTech）发展的国际经验和中国政策取向［M］．北京：中国金融出版社，2017．

［9］刘鹤．金融监管要有适应性，《21世纪金融监管——序言》［M］．北京：中信出版集团，2016．

［10］世界贸易组织秘书处．乌拉圭回合协议导读［M］．索必成，胡盈之，译．北京：法律出版社，2000．

［11］ 世界贸易组织乌拉圭回合多边贸易谈判结果法律文本。

［12］ 孙天琦．金融业行为监管与消费者保护研究［M］．北京：中国金融出版社，2017.

［13］ 孙天琦．金融消费者保护：行为经济学的理论解析与政策建议［J］．金融监管研究，2014（4）．

［14］ 孙天琦．金融消费者保护：市场失灵、政府介入与道德风险的防范［J］．经济社会体制比较，2012（2）．

［15］ 孙宁华．金融衍生产品的性质、定价与风险管理［M］．南京：南京大学出版社，2011.

［16］ 王华庆．金融消费者保护：理论逻辑与政策框架［J］．财经，2014（6）．

［17］ 王华庆．论行为监管与审慎监管的关系［J］．中国银行业，2014（5）．

［18］ 王茜．WTO 服务贸易专题［M］．北京：法律出版社，2014.

［19］ 王兆星．机构监管与功能监管的变革［J］．中国金融，2015（3）．

［20］ 徐高．有效市场：思维枷锁还是投资利器［N］．华尔街日报，2013 – 10 – 17.

［21］ 张晓朴．变革与稳健——银行监管和银行转型的思考［M］．北京：中国金融出版社，2014.

［22］ 中国社会科学院世界经济与政治研究所国际贸易研究室．《跨太平洋伙伴关系协定》文本解读［M］．北京：中国社会科学出版社，2016.

［23］ 中国世界贸易组织研究会．中国世界贸易组织年鉴 2015（总第九期）［M］．北京：中国商务出版社，2016.

［24］ 周起文．面向金融体系功能视角的信息化研究［J］．武汉金融，

2011（2）：16－19.

［25］朱小川．欧盟场外衍生品市场监管规则的演变历程及启示［J］.证券市场导报，2016（9）.

［26］朱淑娣，万玲．全球化与金融消费者权益行政法保护［M］.北京：时事出版社，2013：54.

［27］ALISTAIR MILNE. OTC Central Counterparty Clearing：Myths and Reality［J］. Journal of Risk Management in Financial Institutions，2012（5）.

［28］ARDIC，O. P.，M. HEIMANN，N. MYLENKO. Access to Financial Services and the Financial Inclusion Agenda around the World：A Cross-Country Analysis with a New Data Set［R］. Washington，D. C.：CGAP，2011（5537）.

［29］BARKOW，R. E. Insulating Agencies：Avoiding Capture Through Institutional Design［R］. Fexas Law Review，2010.

［30］CAMPBELL，J.，H. JACKSON，B. MADRIAN，P. TUFANO. Consumer Financial Protection［J］. The Journal of Economic Perspectives，2011，25（1），91－113.

［31］COLE，S.，P. TUFANO，et al. First National Bank's Golden Opportunity［R］. Harnard Business School Cass，2008.

［32］Consent Order for Civil Money Penalty（PDF）. In the Matter of：Bank of America N. A. United States Office of the Comptroller of the Currency［EB/OL］［2014－11－11］. https：//www. occ. gov/news-issuances/news-releases/2014/nr-occ-2014-157f. pdf.

［33］DALBERG. Assessment of Impact Investing Policy in Senegal［R］. US：the Rockefeller Foundation，2012，12.

［34］EHRBECK，E.，M. PICKENS，M. TARAZI. Financially Inclusive

Ecosystems: The Roles of Government Today [R]. Washington, D. C. : CGAP, 2012.

[35] FCA, Market Abuse Regulation [EB/OL]. https: //www. fca. org. uk/markets/market-abuse/regulation.

[36] FCA Fines Five Banks £ 1. 1 Billion for FX Failings and Announces Industry-wide Remediation Programme [EB/OL] (2014 – 11 – 12) [2016 – 11 – 08]. https: //www. fca. org. uk/news/press-releases/fca-fines-five-banks-% C2% A311-billion-fx-failings-and-announces-industry-wide.

[37] FCA, FCA Risk Outlook 2013.

[38] Federal Reserve Announces Fines Totaling More Than $ 1. 8 Billion Against Six Major Banking Organizations for Their Unsafe and Unsound Practices in the Foreign Exchange (FX) Markets [EB/OL] [2015 – 05 – 20]. https: // www. federalreserve. gov/newsevents/pressreleases/enforcement20150520a. htm.

[39] Five Major Banks Agree to Parent-Level Guilty Pleas [EB/OL]. https: //www. justice. gov/opa/pr/five-major-banks-agree-parent-level-guilty-pleas.

[40] FSA, Retail Conduct Risk Outlook 2011.

[41] FSA, Retail Conduct Risk Outlook 2012.

[42] G20 Principles for Innovative Financial Inclusion [R]. Thailand: AFI, 2010.

[43] [GPFI, G20 Financial Inclusion Indicators, 2013.

[44] HM Treasury. A New Approach to Financial Regulation: Building a Stronger System [R]. London: The Stationery Office Limited, February 2011.

[45] IGNACIO MAS, HANNAH SIEDEK. Banking Through Networks of Retail Agents [R]. Focus Note 47, Washington, D. C. : CGAP, 2008.

[46] JEREMY C. KRESS, Credit Default Swaps, Clearinghouses, and Systemic Risk: Why Centralized Counterparties Must Have Access to Central

Bank Liquidity ［J］. Harvard Journal on Legislation, 2011.

［47］ MIERZWINSKI, EDMUND. The Poor Still Pay More ［J］. Trial Magazine, Journal of the American Association for Justice, 44 (September): 40 - 49.

［49］ OECD. 2015 OECD/INFE Toolkit for Measuring Financial Literacy and Financial Inclusion ［EB/OL］［2016 - 04 - 20］.

［50］ OECD. Measuring Financial Literacy: Results of the OECD / International Network On Financial Education (INFE) ［EB/OL］［2012 - 03 - 26］.

［51］ POWER, G. , B. WILOSN. A Framework for Action: Social Enterprise & Impact Investing June ［R］. US: the United Nations Global Compact, 2012 (6): 24 - 27.

［52］ R GUPTE, B VENKATARAMANI and D GUPTA. Computation of Financial Inclusion index for India ［J］. Procedia-Social and Behavioral Sciences, 2012.

［53］ SHELBY, R. , The Danger of an Unaccountable Consumer Protection Czar ［J］. WALL ST. Journal, 2011.

［54］ Steven Maijoor Speech at the Economic and Monetary Affairs Committee, European Parliament, Scrutiny Hearing on MiFID II on 10 November 2015 ［EB/OL］. https://www. esma. europa. eu/system/files _ force/library/2015/ 11/2015 - 1639 _ steven _ maijoor _ - _ esma _ econ _ scrutiny _ speech _ 10 _ nov _ 2015. pdf? download = 1.

［55］ The World Bank. Establishing a Financial Consumer Protection Supervision Department: Key Observations and Lessons Learned in Five Case Study Countries ［EB/OL］［2014 - 03］. http://www. worldbank. org.

［56］ The World Bank. Global Survey on Consumer Protection and Financial Literacy: Results Brief, Regulatory Practices in 114 Economies ［EB/OL］.

2013.

［57］ Update Notes on Regulation of Branchless Banking in the Philippines ［R］. CGAP. 2010.

［58］ WILMARTH, A. E. The Dodd-Frank Act's Expansion of State Authority to Protect Consumers of Financial Services ［J］. Journal of Corporation Law, 2011.

致　谢

　　本书是中国金融四十人论坛课题"我国金融监管改革中行为监管体系的构建"的研究成果，课题组成员包括武岳、刘宏玉、刘旭、曹啸、张晓东、王昀。

　　感谢黄益平、李东荣、孙国峰、张承惠、张晓朴、钟伟等评审专家的指导，感谢课题论证会上李仁杰、裴光、王海明、许多奇等专家的意见和建议，感谢陈贵律师、李爱君教授、余文建局长，以及王锐、张韶华、杨洋、冯乾博士等专家的支持和帮助，感谢中国金融四十人论坛金石为和中国金融出版社张铁为本书出版所做的周到安排。

　　由于水平所限，本书不可避免地存在不准确乃至谬误之处，恳请各位读者不吝赐教。

孙天琦

2019 年 3 月 15 日